LE
ROMAN COMIQUE

LE
ROMAN COMIQUE

PAR SCARRON

NOUVELLE ÉDITION

Revue, annotée et précédée d'une Introduction

PAR

M. VICTOR FOURNEL

TOME II

A PARIS
Chez P. Jannet, Libraire

MDCCCLVII

Paris, imprimé par GUIRAUDET et JOUAUST, 338, rue S.-Honoré,
avec les caractères elzeviriens de P. JANNET.

LE
ROMAN COMIQUE

Chapitre XIV.

Le juge de sa propre cause[1].

Ce fut en Afrique, entre des rochers voisins de la mer, et qui ne sont eloignés de la grande ville de Fez que d'une heure de chemin, que le prince Mulei, fils du roi de Maroc, se trouva seul et à la nuit, après s'être egaré à la chasse. Le ciel etoit sans le moindre nuage, la mer etoit calme, et la lune et les etoiles la rendoient toute brillante ; enfin,

---

1. Traduit du neuvième récit des *Novelas exemplares y amorosas* de dona Maria de Zayas. Le titre seul de cette nouvelle indique suffisamment son origine. On connoît, dans la littérature espagnole, *le Geôlier de soi-même*, de Caldéron ; *le Médecin de son honneur* et *le Peintre de son déshonneur*, du même ; *le Vengeur de son injure*, de Moreto ; sans parler du *Fils de soi-même*, de Lope, et bien d'autres pièces portant des titres analogues. Lope de Vega a fait un drame intitulé : *El juez en su causa*. (V. notre notice.)

il faisoit une de ces belles nuits des pays chauds qui sont plus agreables que les plus beaux jours de nos regions froides. Le prince maure, galopant le long du rivage, se divertissoit à regarder la lune et les etoiles, qui paroissoient sur la surface de la mer comme dans un miroir, quand des cris pitoyables percèrent ses oreilles et lui donnèrent la curiosité d'aller jusqu'au lieu d'où il croyoit qu'ils pouvoient partir. Il y poussa son cheval, qui sera si l'on veut un barbe, et trouva entre des rochers une femme qui se defendoit, autant que ses forces le pouvoient permettre, contre un homme qui s'efforçoit de lui lier les mains, tandis qu'une autre femme tâchoit de lui fermer la bouche d'un linge. L'arrivée du jeune prince empêcha ceux qui faisoient cette violence de la continuer, et donna quelque relâche à celle qu'ils traitoient si mal. Mulei lui demanda ce qu'elle avoit à crier, et aux autres ce qu'ils lui vouloient faire; mais, au lieu de lui repondre, cet homme alla à lui le cimeterre à la main, et lui en porta un coup qui l'eût dangereusement blessé s'il ne l'eût evité par la vitesse de son cheval. « Mechant, lui cria Mulei, oses-tu t'attaquer au prince de Fez! — Je t'ai bien reconnu pour tel, lui repondit le Maure; mais c'est à cause que tu es mon prince et que tu me peux punir qu'il faut que j'aie ta vie ou que je perde la mienne. »

En achevant ces paroles, il se lança contre Mulei avec tant de furie que le prince, tout vaillant qu'il etoit, fut reduit à songer moins à attaquer qu'à se defendre d'un si dangereux ennemi. Les deux femmes cependant etoient aux mains,

CHAPITRE XIV.

et celle qui un moment auparavant se croyoit perdue empêchoit l'autre de s'enfuir, comme si elle n'eût point douté que son defenseur n'emportât la victoire. Le desespoir augmente le courage, et en donne même quelquefois à ceux qui en ont le moins. Quoique la valeur du prince fût incomparablement plus grande que celle de son ennemi et fût soutenue d'une vigueur et d'une adresse qui n'etoient pas communes, la punition que meritoit le crime du Maure lui fit tout hasarder et lui donna tant de courage et de force que la victoire demeura long-temps douteuse entre le prince et lui; mais le ciel, qui protége d'ordinaire ceux qu'il elève au dessus des autres, fit heureusement passer les gens du prince assez près de là pour ouïr le bruit des combattans et les cris des deux femmes. Ils y coururent et reconnurent leur maître dans le temps qu'ayant choqué celui qu'ils virent les armes à la main contre lui, il l'avoit porté par terre, où il ne le voulut pas tuer, le reservant à une punition exemplaire. Il defendit à ses gens de lui faire autre chose que de l'attacher à la queue d'un cheval, de façon qu'il ne pût rien entreprendre contre soi-même ni contre les autres. Deux cavaliers portèrent les deux femmes en croupe, et en cet equipage-là Muleï et sa troupe arrivèrent à Fez à l'heure que le jour commençoit de paroître.

Ce jeune prince commandoit dans Fez aussi absolument que s'il en eût dejà eté roi. Il fit venir devant lui le Maure, qui s'appeloit Amet, et qui etoit fils d'un des plus riches habitans de Fez. Les deux femmes ne furent connues de personne à cause que les Maures, les plus jaloux de tous les hommes, ont un extrême soin de cacher aux yeux de tout le monde leurs femmes et leurs esclaves. La femme que le prince avoit secourue le surprit, et toute sa cour aussi, par sa beauté, plus grande que quelque autre qui fût en Afrique, et par un air majestueux, que ne put cacher aux yeux de ceux qui l'admirèrent un mechant habit d'esclave. L'autre femme etoit vêtue comme le sont les femmes du pays qui ont quelque qualité, et pouvoit passer pour belle, quoiqu'elle le fût moins que l'autre; mais, quand elle auroit pu entrer en concurrence de beauté avec elle, la pâleur que la crainte faisoit paroître sur son visage diminuoit autant ce qu'elle y avoit de beau que celui de la première recevoit d'avantage d'un beau rouge qu'une honnête pudeur y faisoit eclater. Le Maure parut devant Mulei avec la contenance d'un criminel, et tint toujours les yeux attachés contre terre. Mulei lui commanda de confesser lui-même, son crime s'il ne vouloit mourir dans les tourmens. « Je sais bien ceux qu'on me prepare et que j'ai merités, repondit-il fièrement, et, s'il y avoit quelque avantage pour moi à ne rien avouer, il n'y a point de tourmens qui me le fissent faire; mais je ne puis eviter la mort, puisque je te l'ai voulu donner, et je veux bien que tu sçaches que la rage que j'ai de ne t'avoir pas tué me tourmente davantage que ne fera tout ce que tes bourreaux pourront inventer contre moi. Ces Espagnoles, ajouta-t-il, ont eté mes esclaves : l'une a su prendre un bon parti et s'accommoder à la fortune, se mariant avec mon frère Zaïde; l'autre n'a jamais voulu

changer de religion ni me savoir bon gré de
l'amour que j'avois pour elle. » Il ne voulut pas
parler davantage, quelque menace qu'on lui pût
faire. Mulei le fit jeter dans un cachot, chargé
de fers ; la renegate, femme de Zaïde, fut mise
en une prison séparée ; la belle esclave fut conduite chez un Maure nommé Zulema, homme de
condition, Espagnol d'origine, qui avoit abandonné l'Espagne pour n'avoir pu se resoudre à
se faire chretien. Il etoit de l'illustre maison de
Zegris, autrefois si renommée dans Grenade [1],
et sa femme, Zoraïde, qui etoit de la même
maison, avoit la reputation d'être la plus belle
femme de Fez, et aussi spirituelle que belle. Elle
fut d'abord charmée de la beauté de l'esclave
chretienne, et le fut aussi de son esprit dès les
premières conversations qu'elle eut avec elle. Si
cette belle chretienne eût eté capable de consolation, elle en eût trouvé dans les caresses de
Zoraïde ; mais, comme si elle eût evité tout ce qui
pouvoit soulager sa douleur, elle ne se plaisoit
qu'à être seule, pour pouvoir s'affliger davantage,
et, quand elle etoit avec Zoraïde, elle se faisoit
une extrême violence pour retenir devant elle

1. Zegris est le nom plus ou moins défiguré d'une pré-
tendue famille, originaire d'Afrique, qui, avec celle des
Abencerrages, auroit joué un grand rôle dans Grenade. Les
Abencerrages et les Zegris figurent pour la première fois dans
un roman chevaleresque de Ginez Pérès de Hita. D'après
une tradition qui paroît plus romanesque qu'historique, ces
deux maisons rivales auroient été tour-à-tour maîtresses de
l'Alhambra et de l'Albaycin, les deux principales forteresses
de Grenade, s'y seroient livré les assauts les plus terribles,
et auroient hâté, par leurs divisions, la chute de la ville et
du royaume (1480-92).

ses soupirs et ses larmes. Le prince Mulei avoit une extrême envie d'apprendre ses aventures; il l'avoit fait connoître à Zulema, et, comme il ne lui cachoit rien, il lui avoit aussi avoué qu'il se sentoit porté à aimer la belle chrétienne et qu'il le lui auroit dejà fait sçavoir si la grande affliction qu'elle faisoit paroître ne lui eût fait craindre d'avoir un rival inconnu en Espagne, qui, tout eloigné qu'il eût eté, l'eût pu empêcher d'être heureux, même en un pays où il etoit absolu. Zulema donna bon ordre à sa femme d'apprendre de la chretienne les particularités de sa vie, et par quel accident elle etoit devenue esclave d'Amet. Zoraïde en avoit autant d'envie que le prince, et n'eut pas grande peine à y faire resoudre l'esclave espagnole, qui crut ne devoir rien refuser à une personne qui lui donnoit tant de marques d'amitié et de tendresse. Elle dit à Zoraïde qu'elle contenteroit sa curiosité quand elle voudroit, mais que, n'ayant que des malheurs à lui apprendre, elle craignoit de lui faire un recit fort ennuyeux. « Vous verrez bien qu'il ne me le sera pas, lui repondit Zoraïde, par l'attention que j'aurai à l'ecouter; et, par la part que j'y prendrai, vous connoîtrez que vous ne pouvez en confier le secret à personne qui vous aime plus que moi. » Elle l'embrassa en achevant ces paroles, la conjurant de ne differer pas plus long-temps à lui donner la satisfaction qu'elle lui demandoit. Elles etoient seules, et la belle esclave, après avoir essuyé les larmes que le souvenir de ses malheurs lui faisoit repandre, elle en commença le recit, comme vous l'allez lire.

Je m'appelle Sophie; je suis Espagnole, née à

Valence et elevée avec tout le soin que des personnes riches et de qualité, comme etoient mon père et ma mère, devoient avoir d'une fille qui etoit le premier fruit de leur mariage, et qui dès son bas âge paroissoit digne de leur plus tendre affection. J'eus un frère plus jeune que moi d'une année ; il etoit aimable autant qu'on le pouvoit être, il m'aima autant que je l'aimai, et notre amitié mutuelle alla jusqu'au point que, lorsque nous n'etions pas ensemble, on remarquoit sur nos visages une tristesse et une inquietude que les plus agreables divertissemens des personnes de notre âge ne pouvoient dissiper. On n'osa donc plus nous separer ; nous apprîmes ensemble tout ce qu'on enseigne aux enfans de bonne maison de l'un et de l'autre sexe, et ainsi il arriva qu'au grand etonnement de tout le monde, je n'etois pas moins adroite que lui dans tous les exercices violens d'un cavalier, et qu'il reussissoit egalement bien dans tout ce que les filles de condition sçavent le mieux faire. Une education si extraordinaire fit souhaiter à un gentilhomme des amis de mon père que ses enfans fussent elevés avec nous ; il en fit la proposition à mes parens, qui y consentirent, et le voisinage des maisons facilita le dessein des uns et des autres. Ce gentilhomme egaloit mon père en bien et ne lui cedoit pas en noblesse ; il n'avoit aussi qu'un fils et qu'une fille, à peu près de l'âge de mon frère et de moi, et l'on ne doutoit point dans Valence que les deux maisons ne s'unissent un jour par un double mariage. Dom Carlos et Lucie (c'etoit le nom du frère et de la sœur) etoient egalement aimables : mon frère aimoit Lucie et en etoit aimé, dom Carlos m'aimoit et je l'aimois aussi. Nos parens le sçavoient bien, et, loin d'y trouver à redire, ils n'eussent pas differé de nous marier ensemble si nous eussions eté moins jeunes que nous etions. Mais l'etat heureux de nos amours innocentes fut troublé par la mort de mon aimable frère : une fièvre violente l'emporta en huit jours, et ce fut là le premier de mes malheurs. Lucie en fut si touchée qu'on ne put jamais l'empêcher de se rendre religieuse ; j'en fus malade à la mort, et dom Carlos le fut assez pour faire craindre à son père de se voir sans enfans, tant la perte de mon frère, qu'il aimoit, le peril où j'etois et la resolution de sa sœur, lui furent sensibles. Enfin la jeunesse nous guerit, et le temps modera notre affliction.

Le père de dom Carlos mourut à quelque temps de là, et laissa son fils fort riche et sans dettes. Sa richesse lui fournit de quoi satisfaire son humeur magnifique. Les galanteries qu'il inventa pour me plaire flattèrent ma vanité, rendirent son amour publique et augmentèrent la mienne. Dom Carlos etoit souvent aux pieds de mes parens, pour les conjurer de ne differer pas davantage de le rendre heureux en lui donnant leur fille. Il continuoit cependant ses depenses et ses galanteries. Mon père eut peur que son bien n'en diminuât à la fin, et c'est ce qui le fit resoudre à me marier avec lui. Il fit donc esperer à dom Carlos qu'il seroit bientôt son gendre, et dom Carlos m'en fit paroître une joie si extraordinaire qu'elle m'eût pu persuader qu'il m'aimoit plus que sa vie, quand je n'en aurois pas eté aussi assurée que je l'etois. Il me donna le bal, et toute la ville en fut priée. Pour son malheur et pour le mien, il s'y trouva un comte napolitain [1] que des affaires d'importance avoient amené en Espagne. Il me trouva assez belle pour devenir amoureux de moi, et pour me demander en mariage à mon père, après avoir eté informé du rang qu'il tenoit dans le royaume de Valence. Mon père se laissa eblouir au bien et à la qualité de cet etranger; il lui promit tout ce qu'il lui demanda, et dès le jour même il declara à dom Carlos qu'il n'avoit rien plus à pretendre en sa fille, me defendit de recevoir ses visites, et me commanda en même temps de considerer le comte italien comme un homme qui me devoit epouser au retour d'un voyage qu'il alloit faire à Madrid. Je dissimulai mon deplaisir devant mon père; mais, quand je fus seule, dom Carlos se representa à mon souvenir comme le plus aimable homme du monde. Je fis reflexion sur tout ce que le comte italien avoit de desagreable; je conçus une furieuse aversion pour lui, et je sentis que j'aimois dom Carlos plus que je n'eusse jamais cru l'aimer, et qu'il m'etoit egalement impossible de vivre sans lui et d'être heureuse avec son rival. J'eus recours à mes larmes, mais c'etoit un foible remède pour un mal comme le mien. Dom Carlos entra là-dessus dans ma chambre, sans m'en demander la permission, comme il avoit accoutumé. Il me trouva fondant en pleurs; et il ne put retenir les siens, quelque dessein qu'il eût fait de me cacher ce qu'il avoit dans l'ame, jusqu'à tant qu'il eût reconnu les ve-

---

1. On n'ignore pas qu'à cette époque l'Espagne étoit maîtresse du royaume de Naples, et que, par conséquent, les deux pays entretenoient des relations fréquentes.

ritables sentimens de la mienne. Il se jeta à mes pieds, me prenant les mains, et qu'il mouilla de ses larmes :

« Sophie, me dit-il, je vous perds donc, et un etranger, qui à peine vous est connu, sera plus heureux que moi parcequ'il aura eté plus riche. Il vous possedera, Sophie, et vous y consentez ! vous que j'ai tant aimée, qui m'avez voulu faire croire que vous m'aimiez, et qui m'etiez promise par un père ! mais, helas ! un père injuste, un père interessé, et qui m'a manqué de parole ! Si vous etiez, continua-t-il, un bien qui se pût mettre à prix, c'est ma seule fidelité qui vous pouvoit acquerir, et c'est par elle que vous seriez encore à moi plutôt qu'à personne du monde, si vous vous souveniez de celle que vous m'avez promise. Mais, s'ecria-t-il, croyez-vous qu'un homme qui a eu assez de courage pour elever ses desirs jusqu'à vous n'en ait pas assez pour se venger de celui que vous lui preferez, et trouverez-vous etrange qu'un malheureux qui a tout perdu entreprenne toutes choses ? Ah ! si vous voulez que je perisse seul, il vivra, ce rival bienheureux, puisqu'il a pu vous plaire, et que vous le protegez ; mais dom Carlos, qui vous est odieux, et que vous avez abandonné à son desespoir, mourra d'une mort assez cruelle pour assouvir la haine que vous avez pour lui. »

« Dom Carlos, lui repondis-je, vous joignez-vous à un père injuste et à un homme que je ne puis aimer pour me persecuter, et m'imputez-vous comme un crime particulier un malheur qui nous est commun ? Plaignez-moi au lieu de m'accuser, et songez aux moyens de me conserver pour vous plutôt que de me faire des reproches. Je pourrois vous en faire de plus justes, et vous faire avouer que vous ne m'avez jamais assez aimée, puisque vous ne m'avez jamais assez connue. Mais nous n'avons point de temps à perdre en paroles inutiles. Je vous suivrai partout où vous me menerez ; je vous permets de tout entreprendre, et vous promets de tout oser pour ne me separer jamais de vous. »

Dom Carlos fut si consolé de mes paroles que sa joie le transporta aussi fort qu'avoit fait sa douleur. Il me demanda pardon de m'avoir accusée de l'injustice qu'il croyoit qu'on lui faisoit, et, m'ayant fait comprendre qu'à moins que de me laisser enlever, il m'etoit impossible de n'obéir pas à mon père, je consentis à tout ce qu'il me proposa, et je lui promis que, la nuit du jour suivant, je me tiendrois prête à le suivre partout où il voudroit me mener.

Tout est facile à un amant. Dom Carlos en un jour donna ordre à ses affaires, fit provision d'argent et d'une barque de Barcelone [1] qui devoit se mettre à la voile à telle heure qu'il voudroit. Cependant j'avois pris sur moi toutes mes pierreries et tout ce que je pus assembler d'argent ; et, pour une jeune personne, j'avois su si bien dissimuler le dessein que j'avois que l'on ne s'en douta point. Je ne fus donc pas observée, et je pus sortir la nuit par la porte d'un jardin, où je trouvai

---

1. Barcelone, un des principaux ports d'Espagne, renommée pour ses barques, étoit célèbre dans les fastes de la navigation. C'est là que, vers le milieu du XVIe siècle, à l'époque où se passe cette histoire, Blasco de Garay fit, dit-on, le premier essai d'un bateau à vapeur, sous les yeux de Charles-Quint.

Claudio, un page qui etoit cher à Carlos, parcequ'il chantoit aussi bien qu'il avoit la voix belle, et faisoit paroître dans sa manière de parler et dans toutes ses actions plus d'esprit, de bon sens et de politesse que l'âge et la condition d'un page n'en doivent ordinairement avoir. Il me dit que son maître l'avoit envoyé au devant de moi pour me conduire où l'attendoit une barque, et qu'il n'avoit pu me venir prendre lui-même pour des raisons que je sçaurois de lui. Un esclave de dom Carlos qui m'etoit fort connu nous vint joindre. Nous sortîmes de la ville sans peine, par le bon ordre qu'on y avoit donné, et nous ne marchâmes pas long-temps sans voir un vaisseau à la rade et une chaloupe qui nous attendoit au bord de la mer. On me dit que mon cher dom Carlos viendroit bientôt, et que je n'avois cependant qu'à passer dans le vaisseau. L'esclave me porta dans la chaloupe, et plusieurs hommes que j'avois vus sur le rivage, et que j'avois pris pour des matelots, firent aussi entrer dans la chaloupe Claudio, qui me sembla comme s'en defendre et faire quelques efforts pour n'y entrer pas. Cela augmenta la peine que me donnoit dejà l'absence de dom Carlos. Je le demandai à l'esclave, qui me dit fierement qu'il n'y avoit plus de Carlos pour moi. Dans le même temps j'ouïs Claudio criant les hauts cris, et qui disoit en pleurant à l'esclave : « Traître Amet ! est-ce là ce que tu m'avois promis, de m'ôter une rivale et de me laisser avec mon amant ? — Imprudente Claudia, lui repondit l'esclave, est-on obligé de tenir sa parole à un traître, et ai-je dû esperer qu'une personne qui manque de fidelité à son maître m'en gardât assez pour n'avertir pas les gardes de la côte de courir après moi et de m'ôter Sophie, que j'aime plus que moi-même ? » Ces paroles, dites à une femme que je croyois un homme, et dans lesquelles je ne pouvois rien comprendre, me causèrent un si furieux deplaisir, que je tombai comme morte entre les bras du perfide Maure, qui ne m'avoit point quittée. Ma pâmoison fut longue, et, lorsque j'en fus revenue, je me trouvai dans une chambre du vaisseau, qui etoit dejà bien avant en mer.

Figurez-vous quel dut être mon desespoir, me voyant sans dom Carlos et avec des ennemis de ma loi, car je reconnus que j'etois au pouvoir des Maures, que l'esclave Amet avoit toute sorte d'autorité sur eux, et que son frère Zaïde etoit le maître du vaisseau. Cet insolent ne me vit pas plutôt en etat d'entendre ce qu'il me diroit, qu'il me declara en peu de paroles qu'il y avoit long-temps qu'il etoit amoureux de moi, et que sa passion l'avoit forcé à m'enlever et à me mener à Fez, où il ne tiendroit qu'à moi que je ne fusse aussi heureuse que j'aurois eté en Espagne, comme il ne tiendroit pas à lui que je n'eusse point à y regretter dom Carlos. Je me jetai sur lui, nonobstant la foiblesse que m'avoit laissée ma pâmoison, et avec une adresse vigoureuse à quoi il ne s'attendoit pas, et que j'avois acquise par mon education, comme je vous ai dejà dit, je lui tirai le cimeterre du fourreau, et je m'allois venger de sa perfidie, si son frère Zaïde ne m'eût saisi le bras assez à temps pour lui sauver la vie. On me desarma facilement, car, ayant manqué mon coup, je ne fis point de vains efforts contre un si grand nombre d'ennemis. Amet, à qui ma resolution avoit fait peur, fit sortir tout le monde de la chambre où l'on m'avoit mise et me laissa dans un desespoir tel que vous vous le pouvez figurer, après le cruel changement qui venoit d'arriver en ma fortune. Je passai la nuit à m'affliger, et le jour qui la suivit ne donna pas le moindre relâche à mon affliction. Le temps, qui adoucit souvent de pareils deplaisirs, ne fit aucun effet sur les miens, et au second jour de notre navigation j'etois encore plus affligée que je ne la fus la sinistre nuit que je perdis, avec ma liberté, l'esperance de revoir dom Carlos et d'avoir jamais un moment de repos le reste de ma vie. Amet m'avoit trouvée si terrible toutes les fois qu'il avoit osé paroître devant moi, qu'il ne s'y presentoit plus. On m'apportoit de temps en temps à manger, que je refusois avec une opiniâtreté qui fit craindre au Maure de m'avoir enlevée inutilement.

Cependant le vaisseau avoit passé le detroit et n'etoit pas loin de la côte de Fez quand Claudio entra dans ma chambre. Aussitôt que je le vis : « Mechant ! qui m'as trahie, lui dis-je, que t'avois-je fait pour me rendre la plus malheureuse personne du monde, et pour m'ôter dom Carlos ? — Vous en etiez trop aimée, me repondit-il, et, puisque je l'aimois aussi bien que vous, je n'ai pas fait un grand crime d'avoir voulu eloigner de lui une rivale. Mais si je vous ai trahie, Amet m'a trahie aussi, et j'en serois peut être aussi affligée que vous, si je ne trouvois quelque consolation à n'être pas seule miserable. — Explique-moi ces enigmes, lui dis-je, et m'apprends qui tu es, afin que je sçache si j'ai en toi un ennemi ou une ennemie. — Sophie, me dit-il alors, je suis d'un même sexe que vous, et comme vous j'ai eté amoureuse de dom

Carlos; mais si nous avons brûlé d'un même feu, ce n'a pas eté avec un même succès. Dom Carlos vous a toujours aimée et a toujours cru que vous l'aimiez, et il ne m'a jamais aimée, et n'a même jamais dû croire que je pusse l'aimer, ne m'ayant jamais connue pour ce que j'etois. Je suis de Valence comme vous, et je ne suis point née avec si peu de noblesse et de bien, que dom Carlos, m'ayant epousée, n'eût pu être à couvert des reproches que l'on fait à ceux qui se mesallient. Mais l'amour qu'il avoit pour vous l'occupoit tout entier, et il n'avoit des yeux que pour vous seule. Ce n'est pas que les miens ne fissent ce qu'ils pouvoient pour exempter ma bouche de la confession honteuse de ma foiblesse. J'allois partout où je le croyois trouver; je me plaçois où il me pouvoit voir, et je faisois pour lui toutes les diligences qu'il eût dû faire pour moi, s'il m'eût aimée comme je l'aimois. Je disposois de mon bien et de moi-même, etant demeurée sans parens dès mon bas âge, et l'on me proposoit souvent des partis sortables; mais l'esperance que j'avois toujours eue d'engager enfin dom Carlos à m'aimer m'avoit empêchée d'y entendre. Au lieu de me rebuter de la mauvaise destinée de mon amour, comme auroit fait toute autre personne qui eût eu comme moi assez de qualités aimables pour n'être pas meprisée, je m'excitois à l'amour de dom Carlos par la difficulté que je trouvois à m'en faire aimer. Enfin, pour n'avoir pas à me reprocher d'avoir negligé la moindre chose qui pût servir à mon dessein, je me fis couper les cheveux, et m'etant deguisée en homme, je me fis presenter à dom Carlos par un domestique qui avoit vieilli dans ma maison et qui se disoit mon père, pauvre gentilhomme des montagnes de Tolède [1]. Mon visage et ma mine, qui ne deplurent pas à votre amant, le disposèrent d'abord à me prendre. Il ne me reconnut point, encore qu'il m'eût vue tant de fois, et il fut bientôt aussi persuadé de mon esprit que satisfait de la beauté de ma voix, de ma methode de chanter et de mon adresse à jouer de tous les instrumens de musique dont les personnes de condition peuvent se divertir sans honte [2]. Il crut

1. Nous avons déjà trouvé plus haut une invention analogue, dans la nouvelle intitulée : *A trompeur trompeur et demi.*

2. En Espagne, comme en France, il y avoit certains instruments de musique exclusivement réservés aux personnes de basse condition, et dont l'usage auroit en quelque façon déshonoré un gentilhomme : chez nous, par exemple, le violon étoit de ce nombre ; il étoit réservé aux laquais, et souvent même ils avoient charge expresse d'en jouer pour divertir leurs maîtres : « Les violons se sont rendus si communs, — dit Mlle de Montpensier dans sa première lettre à Mme de Motteville, — que, sans avoir beaucoup de domestiques, chacun en ayant quelques-uns auxquels il auroit fait apprendre, il y auroit moyen de faire une fort bonne bande. » Dans *le Grondeur* de Brueys et Palaprat, Grichard dit à son valet L'Olive : « Je t'ai défendu cent fois de râcler de ton maudit violon. » (I, 6.) Tallemant raconte que Montbrun Souscarrière avoit des valets de chambre chargés spécialement de lui jouer de cet instrument. On sait que c'étoit parmi les pages et les valets de pied de Mademoiselle que Lully avoit pris les premières teintures et donné les premières révélations de son talent sur le violon. Le célèbre Beaujoyeux (Baltazirini) étoit de même un des valets de chambre de Catherine de Médicis. De là l'expression de *violon* pour désigner un sot, un pied-plat :

> Ho ! vraiment, messire Apollon,
> Vous êtes un bon violon.
> (Scarr., *Poés.*)

Il en étoit de même de la viole, instrument que Scarron

avoir trouvé en moi des qualités qui ne se trouvent pas d'ordinaire en des pages, et je lui donnai tant de preuves de fidelité et de discretion, qu'il me traita bien plus en confident qu'en domestique. Vous sçavez mieux que personne du monde si je m'en fais accroire dans ce que je vous viens de dire à mon avantage. Vous-même m'avez cent fois louée à dom Carlos en ma presence, et m'avez rendu de bons offices auprès de lui; mais j'enrageois de les devoir à une rivale, et dans le temps qu'ils me rendoient plus agreable à dom Carlos, ils vous rendoient plus haïssable à la malheureuse Claudia (car c'est ainsi que l'on m'appelle). Votre mariage cependant s'avançoit, et mes esperances reculoient; il fut conclu, et elles se perdirent. Le comte italien qui devint en ce temps-là amoureux de vous, et dont la qualité et le bien donnèrent autant dans les yeux de votre père que sa mauvaise mine et ses defauts vous donnèrent d'aversion pour lui, me fit du moins avoir le plaisir de vous voir troublée dans les vôtres, et mon âme alors se flatta de ces esperances

nous montre sur le dos du comédien La Rancune, au premier chapitre du *Roman comique*. Le hautbois, le fifre, le tabourin, la musette, le cistre et la guitare étoient encore des instruments réservés aux gens de basse condition, par exemple aux bohémiens et aux farceurs : « Pour ce qu'elle a accoustumé de servir aux basteleurs, elle ne se peut tenir de mesdire », dit le Luth, en parlant de la Guitare, dans la *Dispute du Luth et de la Guitare. (Maison des jeux,* 3e part.) Au contraire, l'épinette, « la reine de tous les instruments de musique »; le luth, qui étoit en fort grande faveur, quoiqu'il servît aux débauchés dans leurs orgies et leurs sérénades; le théorbe, qui l'avoit remplacé, le clavecin, etc., étoient réservés aux personnes de condition. V. cette même pièce et la première lettre de Mademoiselle à madame de Motteville.

folles que les changemens font toujours avoir aux malheureux. Enfin votre père prefera l'etranger, que vous n'aimiez pas, à dom Carlos, que vous aimiez. Je vis celui qui me rendoit malheureuse malheureux à son tour, et une rivale que je haïssois encore plus malheureuse que moi, puisque je ne perdois rien en un homme qui n'avoit jamais eté à moi, que vous perdiez dom Carlos, qui etoit tout à vous, et que cette perte, quelque grande qu'elle fût, vous etoit peut-être encore un moindre malheur que d'avoir pour votre tyran eternel un homme que vous ne pouviez aimer. Mais ma prosperité, ou, pour mieux dire, mon esperance, ne fut pas longue. J'appris de dom Carlos que vous vous etiez resolue à le suivre, et je fus même employée à donner les ordres necessaires au dessein qu'il avoit de vous emmener à Barcelone, et, de là, de passer en France ou en Italie. Toute la force que j'avois eue jusque alors à souffrir ma mauvaise fortune m'abandonna après un coup si rude, et qui me surprit d'autant plus que je n'avois jamais craint un pareil malheur. J'en fus affligée jusqu'à en être malade, et malade jusqu'à en garder le lit. Un jour que je me plaignois à moi-même de ma triste destinée, et que la croyance de n'être ouïe de personne me faisoit parler aussi haut que si j'eusse parlé à quelque confident de mon amour, je vis paroître devant moi le Maure Amet, qui m'avoit ecoutée, et qui, après que le trouble où il m'avoit mise fut passé, me dit ces paroles : « Je te connois, Claudia, et dès le temps que tu n'avois point encore deguisé ton sexe pour servir de page à dom Carlos ; et si je ne t'ai jamais fait sçavoir que je te connusse, c'est que j'avois

un dessein aussi bien que toi. Je te viens d'ouïr
prendre des resolutions desesperées : tu veux te
decouvrir à ton maître pour une jeune fille qui
meurt d'amour pour lui et qui n'espère plus d'en
être aimée, et puis tu te veux tuer à ses yeux pour
meriter au moins des regrets de celui de qui tu
n'as pu gagner l'amour. Pauvre fille! que vas-tu
faire, en te tuant, que d'assurer davantage à Sophie la possession de dom Carlos ? J'ai bien un
meilleur conseil à te donner, si tu es capable de
le prendre. Ote ton amant à ta rivale : le moyen en
est aisé si tu me veux croire, et, quoiqu'il demande
beaucoup de resolution, il ne t'est pas besoin d'en
avoir davantage que celle que tu as euë à t'habiller en homme et à hasarder ton honneur pour
contenter ton amour. Ecoute-moi donc avec attention, continua le Maure ; je te vais reveler un
secret que je n'ai jamais decouvert à personne,
et si le dessein que je te vais proposer ne te plaît
pas, il dependra de toi de ne le pas suivre. Je suis
de Fez, homme de qualité en mon pays ; mon
malheur me fit esclave de dom Carlos, et la beauté
de Sophie me fit le sien. Je t'ai dit en peu de paroles bien des choses. Tu crois ton mal sans remède, parce que ton amant enlève sa maîtresse
et s'en va avec elle à Barcelone. C'est ton
bonheur et le mien, si tu te sais servir de l'occasion. J'ai traité de ma rançon, et l'ai payée.
Une galiotte[1] d'Afrique m'attend à la rade, assez
près du lieu où dom Carlos en fait tenir une
toute prête pour l'exécution de son dessein. Il

---

1. Petite galère fort légère et propre pour aller en course.
(Dict. de Furetière.)

l'a différé d'un jour ; prévenons-le avec autant de diligence que d'adresse. Va dire à Sophie, de la part de ton maître, qu'elle se tienne prête à partir cette nuit à l'heure que tu la viendras querir, amène la dans mon vaisseau ; je l'emmenerai en Afrique, et tu demeureras à Valence, seule à posséder ton amant, qui peut-être t'auroit aimée aussitôt que Sophie, s'il avoit su que tu l'aimasses. »

A ces dernières paroles de Claudia, je fus si pressée de ma juste douleur, qu'en faisant un grand soupir je m'evanouis encore, sans donner le moindre signe de vie. Les cris que fit Claudia, qui se repentoit peut-être lors de m'avoir rendue malheureuse sans cesser de l'être, attirèrent Amet et son frère dans la chambre du vaisseau où j'etois. On me fit tous les remèdes qu'on me put faire ; je revins à moi, et j'ouïs Claudia qui reprochoit encore au Maure la trahison qu'il nous avoit faite. « Chien infidèle, lui disoit-elle, pourquoi m'as-tu conseillé de reduire cette belle fille au deplorable etat où tu la vois, si tu ne me voulois pas laisser auprès de mon amant ? Et pourquoi m'as-tu fait faire à un homme qui me fut si cher une trahison qui me nuit autant qu'à lui ? Comment oses-tu dire que tu es de noble naissance dans ton pays, si tu es le plus traître et le plus lâche de tous les hommes ? — Tais-toi, folle, lui répondit Amet ; ne me reproche point un crime dont tu es complice. Je t'ai déjà dit que qui a pu trahir un maître comme toi meritoit bien d'être trahie, et que, t'emmenant avec moi, j'assurois ma vie et peut-être celle de Sophie, puisqu'elle pourroit mourir de douleur, quand elle sçauroit que tu serois demeurée avec dom Carlos. »

Le bruit que firent en même temps les matelots qui étoient prêts d'entrer dans le port de la ville de Salé[1], et l'artillerie du vaisseau, à laquelle repondit celle du port, interrompirent les reproches que se faisoient Amet et Claudia et me delivrèrent pour un temps de la vue de ces deux personnes odieuses. On se debarqua ; on nous couvrit les visages d'un voile, à Claudia et à moi, et nous fûmes logées avec le perfide Amet chez un Maure de ses parens. Dès le jour suivant on nous fit monter dans un chariot couvert, et prendre le chemin de Fez, où, si Amet y fut reçu de son père avec beaucoup de joie, j'y entrai la plus affligée et la plus désespérée personne du monde. Pour Claudia, elle eut bientôt pris parti, renonçant au christianisme et epousant Zaïde, le frère de l'infidèle Amet. Cette mechante personne n'oublia aucun artifice pour me persuader de changer aussi de religion et d'epouser Amet, comme elle avoit fait Zaïde, et elle devint la plus cruelle de mes tyrans, lorsque, après avoir en vain essayé de me gagner par toute sorte de promesses, de bons traitemens et de caresses, Amet et tous les siens exercèrent sur moi toute la barbarie dont ils etoient capables. J'avois tous les jours à exercer ma constance contre tant d'ennemis, et j'etois plus forte à souffrir mes peines que je ne

---

1. Salé, à l'embouchure de la rivière de Baragray, étoit jadis le siége d'une petite république de pirates. L'entrée de son port est fermée par une barre de sable qui ne laisse passer que les vaisseaux de petite dimension.

le souhaitois, quand je commençai à croire que Claudia se repentoit d'être mechante. En public, elle me persécutoit apparemment avec plus d'animosité que les autres, et en particulier elle me rendoit quelquefois de bons offices, qui me la faisoient considérer comme une personne qui eût pu être vertueuse, si elle eût été elevée à la vertu. Un jour que toutes les autres femmes de la maison etoient allées aux bains publics, comme c'est la coutume de vous autres mahometans, elle me vint trouver où j'etois, ayant le visage composé à la tristesse, et me parla en ces termes :

« Belle Sophie ! quelque sujet que j'aie eu autrefois de vous haïr, ma haine a cessé en perdant l'espoir de posséder jamais celui qui ne m'aimoit pas assez, à cause qu'il vous aimoit trop. Je me reproche sans cesse de vous avoir rendue malheureuse et d'avoir abandonné mon Dieu pour la crainte des hommes. Le moindre de ces remords seroit capable de me faire entreprendre les choses du monde les plus difficiles à mon sexe. Je ne puis plus vivre loin de l'Espagne et de toute terre chretienne avec des infidèles, entre lesquels je sais bien qu'il est impossible que je trouve mon salut, ni pendant ma vie, ni après ma mort. Vous pouvez juger de mon veritable repentir par le secret que je vous confie, qui vous rend maîtresse de ma vie et qui vous donne moyen de vous venger de tous les maux que j'ai été forcée de vous faire. J'ai gagné cinquante esclaves chretiens, la plupart Espagnols et tous gens capables d'une grande entreprise. Avec l'argent que je leur ai secrètement donné, ils se sont assurés d'une barque capable de nous porter en Espagne, si Dieu favorise un si bon dessein. Il ne tiendra qu'à vous de suivre ma fortune, de vous sauver si je me sauve, ou, perissant avec moi, de vous tirer d'entre les mains de vos cruels ennemis et de finir une vie aussi malheureuse qu'est la vôtre. Determinez-vous donc, Sophie, et tandis que nous ne pouvons être soupçonnées d'aucun dessein, delibérons sans perdre de temps sur la plus importante action de votre vie et de la mienne. »

Je me jetai aux pieds de Claudia, et, jugeant d'elle par moi-même, je ne doutai point de la sincerité de ses paroles. Je la remerciai de toutes les forces de mon expression et de toutes celles de mon âme; je ressentis la grâce que je croyois qu'elle me vouloit faire. Nous prîmes jour pour notre fuite vers un lieu du rivage de la mer où elle me dit que des rochers tenoient notre petit vaisseau à couvert. Ce jour, que je croyois bienheureux, arriva. Nous sortîmes heureusement et de la maison et de la ville. J'admirois la bonté du ciel, dans la facilité que nous trouvions à faire reussir notre dessein, et j'en benissois Dieu sans cesse. Mais la fin de mes maux n'etoit pas si proche que je pensois. Claudia n'agissoit que par l'ordre du perfide Amet, et, encore plus perfide que lui, elle ne me conduisoit en un lieu écarté et la nuit que pour m'abandonner à la violence du Maure, qui n'eût rien osé entreprendre contre ma pudicité dans la maison de son père, quoique mahometan, moralement homme de bien. Je suivois innocemment celle qui me menoit perdre, et je ne pensois pas pouvoir jamais être assez reconnoissante envers elle de la liberté que j'esperois bientôt avoir par son moyen. Je ne me lassois point de l'en remercier ni de marcher bien vite dans des chemins rudes, environnés de rochers, où elle me disoit que ses gens l'attendoient, quand j'ouïs du bruit derrière moi, et, tournant la tête, j'aperçus Amet le cimeterre à la main. « Infâmes esclaves, s'écria-t-il, c'est donc ainsi que l'on se derobe à son maître ? » Je n'eus pas le temps de lui repondre ; Claudia me saisit les bras par derrière, et Amet, laissant tomber son cimeterre, se joignit à la renégate, et tous deux ensemble firent ce qu'ils purent pour me lier les mains avec des cordes dont ils s'etoient pourvus pour cet effet. Ayant plus de vigueur et d'adresse que les femmes n'en ont d'ordinaire, je resistai longtemps aux efforts de ces deux mechantes personnes ; mais à la longue je me sentis affoiblir, et, me defiant de mes forces, je n'avois presque plus recours qu'à mes cris, qui pouvoient attirer quelque passant en ce lieu solitaire, ou plutôt je n'esperois plus rien, quand le prince Mulei survint lorsque je l'esperois le moins. Vous avez sçu de quelle façon il me sauva l'honneur, et je puis dire la vie, puisque je serois assurement morte de douleur si le detestable Amet eût contenté sa brutalité. »

Sophie acheva ainsi le récit de ses aventures, et l'aimable Zoraïde l'exhorta d'espérer de la generosité du prince les moyens de retourner en Espagne, et dès le jour même elle apprit à son mari tout ce qu'elle avoit appris de Sophie, dont il alla informer Mulei. Encore que tout ce qu'on lui conta de la fortune de la belle chretienne ne flattât point la passion qu'il avoit pour elle, il fut pourtant bien aise, vertueux comme il etoit, d'en avoir eu connaissance et d'apprendre qu'elle etoit engagée d'affection en son pays, afin de n'avoir point à tenter une action blâmable par l'espérance d'y trouver de la facilité. Il estima la vertu de Sophie, et fut porté par la sienne à tâcher de la rendre moins malheureuse qu'elle n'etoit. Il lui fit dire par Zoraïde qu'il la renverroit en Espagne quand elle le voudroit, et, depuis qu'il en eut pris la résolution, il s'empêcha de la voir, se defiant de sa propre vertu et de la beauté de cette aimable personne. Elle n'etoit pas peu empêchée à prendre ses sûretés pour son retour : le trajet etoit long jusqu'en Espagne, dont les marchands ne trafiquoient point à Fez [1] ; et quand elle eût pu trouver un vaisseau chrétien, belle et jeune comme elle etoit, elle pouvoit trouver entre les hommes de sa loi ce qu'elle avoit eu peur de trouver entre des Maures. La probité ne se rencontre guère sur un vaisseau ; la bonne foi n'y est guère mieux gardée qu'à la guerre, et, en quelque lieu que la beauté et l'innocence se trouvent les plus foibles, l'audace des mechans se sert de son avantage et se porte facilement à tout entreprendre. Zoraïde conseilla à Sophie de s'habiller en homme, puisque sa taille, avantageuse plus que celle des autres femmes, facilitoit ce deguisement. Elle lui dit que c'etoit l'avis de Mulei, qui ne trouvoit personne

---

1. A cause de l'hostilité qui devoit régner naturellement entre les Espagnols et les fils des Maures expulsés d'Espagne, lesquels s'étoient réfugiés dans cette ville.

dans Fez à qui il la pût sûrement confier, et elle lui dit aussi qu'il avoit eu la bonté de pourvoir à la bienséance de son sexe, lui donnant une compagne de sa croyance, et travestie comme elle, et qu'elle seroit ainsi garantie de l'inquietude qu'elle pourroit avoir de se voir seule dans un vaisseau entre des soldats et des matelots. Ce prince maure avoit acheté d'un corsaire une prise qu'il avoit faite sur mer[1] : c'étoit d'un vaisseau du gouverneur d'Oran, qui portoit la famille entière d'un gentilhomme espagnol, que par animosité ce gouverneur envoyoit prisonnier en Espagne[2]. Mulei avait su que ce chrétien étoit un des plus grands chasseurs du monde, et, comme la chasse étoit la plus forte passion de ce jeune prince, il avoit voulu l'avoir pour esclave, et, afin de le mieux conserver, ne l'avoit point voulu separer de sa femme, de son fils et de sa fille. En deux ans qu'il vécut dans Fez au service de Mulei, il apprit à ce prince à tirer parfaitement de l'arquebuse sur toute sorte de gibier qui court sur la terre ou qui s'elève dans l'air, et plusieurs chasses inconnues aux Maures. Il avoit par là si bien merité les bonnes grâces du prince et s'etoit

---

1. C'est vers cette époque, à peu près, que les Barbaresques avoient commencé à faire la traite des blancs; la rapide extension de ce fléau fut même une des principales causes de l'expédition de Charles-Quint contre Tunis.
2. L'Espagne possédoit alors en Afrique Oran, Tanger et plusieurs autres places par exemple Tlemcen et le royaume dont cette ville étoit la capitale, qu'elle eut quelque temps en sa domination au commencement du XVIe siècle. Oran, construite par les Maures chassés d'Espagne, avoit été prise par les Espagnols en 1509, mais fut reprise par les Maures en 1708, pour leur echapper encore en 1732.

rendu si nécessaire à son divertissement, qu'il n'avoit jamais voulu consentir à sa rançon, et par toutes sortes de bienfaits avoit tâché de lui faire oublier l'Espagne. Mais le regret de n'être pas en sa patrie et de n'avoir plus d'espérance d'y retourner lui avoit causé une melancolie qui finit bientôt par sa mort, et sa femme n'avoit pas vécu long-temps après son mari. Mulei se sentoit du remords de n'avoir pas remis en liberté, quand ils la lui avoient demandée, des personnes qui l'avoient merité par leurs services, et il voulut, autant qu'il le pouvoit, reparer envers leurs enfans le tort qu'il croyoit leur avoir fait. La fille s'appeloit Dorothée, etoit de l'âge de Sophie, belle, et avoit de l'esprit; son frère n'avoit pas plus de quinze ans et s'appeloit Sanche. Mulei les choisit l'un et l'autre pour tenir compagnie à Sophie, et se servit de cette occasion-là pour les envoyer ensemble en Espagne. On tint l'affaire secrète; on fit faire des habits d'homme à l'espagnole pour les deux demoiselles et pour le petit Sanche. Mulei fit paroître sa magnificence dans la quantité de pierreries qu'il donna à Sophie; il fit aussi à Dorothée de beaux presens, qui, joints à tous ceux que son père avoit déjà reçus de la liberalité du prince, la rendirent riche pour le reste de sa vie.

Charles-Quint, en ce temps-là, faisoit la guerre en Afrique et avoit assiegé la ville de Tunis[1]. Il

---

1. Le dey de Tunis étoit alors le fameux Barberousse, amiral de Soliman, qui ravageoit la mer par ses pirateries. Charles-Quint, pour le vaincre à coup sûr, transporta en Afrique trente mille hommes sur cinq cents vaisseaux, et se

avoit envoyé un ambassadeur à Mulei pour traiter de la rançon de quelques Espagnols de qualité qui avoient fait naufrage à la côte de Maroc. Ce fut à cet ambassadeur que Mulei recommanda Sophie sous le nom de dom Fernand, gentilhomme de qualité qui ne vouloit pas être connu par son nom véritable, et Dorothée et son frère passoient pour être de son train, l'un en qualité de gentilhomme et l'autre de page. Sophie et Zoraïde ne se purent quitter sans regret, et il y eut bien des larmes versées de part et d'autre. Zoraïde donna à la belle chretienne un rang de perles si riche, qu'elle ne l'eût point reçu si cette aimable Maure et son mari Zulema, qui n'aimoit pas moins Sophie que faisoit sa femme, ne lui eussent fait connoître qu'elle ne pouvoit davantage les desobliger qu'en refusant ce gage de leur amitié. Zoraïde fit promettre à Sophie de lui faire sçavoir de temps en temps de ses nouvelles par la voie de Tanger, d'Oran ou des autres places que l'empereur possedoit en Afrique.

L'ambassadeur chretien s'embarqua à Salé, emmenant avec lui Sophie, qu'il faut desormais appeler dom Fernand; il joignit l'armée de l'empereur, qui etoit encore devant Tunis. Notre Espagnole deguisée lui fut presentée comme un gentilhomme d'Andalousie qui avoit eté long-temps esclave du prince de Fez. Elle n'avoit pas assez

---

mit à leur tête. Le fort de la Goulette fut enlevé d'assaut, Tunis se rendit, et Muley-Hassan fut rétabli sur le trône (1535).

1. Après sa victoire, Charles-Quint délivra de l'esclavage et fit ramener à ses frais dans leur patrie environ vingt mille chrétiens.

CHAPITRE XIV.

de sujet d'aimer sa vie pour craindre de la hasarder à la guerre, et, voulant passer pour un cavalier, elle n'eût pu avec honneur n'aller pas souvent au combat, comme faisoient tant de vaillans hommes dont l'armée de l'empereur etoit pleine. Elle se mit donc entre les volontaires, ne perdit pas une occasion de se signaler, et le fit avec tant d'eclat que l'empereur ouït parler du faux dom Fernand. Elle fut assez heureuse pour se trouver auprès de lui lorsque, dans l'ardeur d'un combat dont les chretiens eurent tout le desavantage, il donna dans une embuscade de Maures, fut abandonné des siens et environné des infidèles, et il y a apparence qu'il eût eté tué, son cheval l'ayant dejà eté sous lui, si notre amazone ne l'eût remonté sur le sien, et, secondant sa vaillance par des efforts difficiles à croire, n'eût donné aux chretiens le temps de se reconnoître et de venir degager ce vaillant empereur. Une si belle action ne fut pas sans recompense. L'empereur donna à l'inconnu dom Fernand une commanderie de grand revenu [1], et le regiment de cavalerie d'un seigneur espagnol qui avoit eté tué au dernier combat ; il lui fit donner aussi tout l'equipage d'un homme de qualité, et depuis ce temps-là il n'y eut personne dans l'armée qui fut plus estimé et plus consideré que cette vaillante fille. Toutes les actions d'un homme lui etoient si naturelles, son visage etoit si beau et la faisoit paroître si

---

1. Une commanderie étoit une espèce de bénéfice ou revenu attaché aux ordres militaires de chevalerie, et qu'on conféroit à ceux des chevaliers qui s'étoient distingués.

jeune, sa vaillance etoit si admirable en une si grande jeunesse et son esprit etoit si charmant, qu'il n'y avoit pas une personne de qualité ou de commandement dans les troupes de l'empereur qui ne recherchât son amitié. Il ne faut donc pas s'etonner si, tout le monde parlant pour elle, et plus encore ses belles actions, elle fut en peu de temps en faveur auprès de son maître.

Dans ce temps là, de nouvelles troupes arrivèrent d'Espagne sur les vaisseaux qui apportoient de l'argent et des munitions pour l'armée. L'empereur les voulut voir sous les armes, accompagné de ses principaux chefs, desquels etoit notre guerrière. Entre ces soldats nouveaux venus, elle crut avoir vu dom Carlos, et elle ne s'etoit pas trompée. Elle en fut inquiète le reste du jour, le fit chercher dans le quartier de ces nouvelles troupes, et on ne le trouva pas, parce qu'il avoit changé de nom. Elle n'en dormit point toute la nuit, se leva aussi tôt que le soleil et alla chercher elle-même ce cher amant qui lui avoit tant fait verser de larmes. Elle le trouva et n'en fut point reconnue, ayant changé de taille parce qu'elle avoit crû, et de visage parce que le soleil d'Afrique avoit changé la couleur du sien. Elle feignit de le prendre pour un autre de sa connoissance, et lui demanda des nouvelles de Seville et d'une personne qu'elle lui nomma du premier nom qui lui vint dans l'esprit. Dom Carlos lui dit qu'elle se meprenoit, qu'il n'avoit jamais eté à Seville, et qu'il étoit de Valence. « Vous ressemblez extrêmement à une personne qui m'etoit fort chère, lui dit Sophie, et, à cause de cette ressemblance, je veux bien être de vos amis, si vous n'avez point de repugnance à devenir des miens. — La même raison, lui repondit dom Carlos, qui vous oblige à m'offrir votre amitié, vous auroit déjà acquis la mienne si elle etoit du prix de la vôtre. Vous ressemblez à une personne que j'ai longtemps aimée ; vous avez son visage et sa voix, mais vous n'êtes pas de son sexe, et assurément, ajouta-t-il en faisant un grand soupir, vous n'êtes pas de son humeur. » Sophie ne put s'empêcher de rougir à ces dernières paroles de dom Carlos ; à quoi il ne prit pas garde, à cause peut-être que ses yeux, qui commençoient à se mouiller de larmes, ne purent voir les changements du visage de Sophie. Elle en fut emue, et, ne pouvant plus cacher cette emotion, elle pria dom Carlos de la venir voir en sa tente, où elle l'alloit attendre, et le quitta après lui avoir appris son quartier, et qu'on l'appeloit dans l'armée le mestre de camp[1] dom Fernand. A ce nom là, dom Carlos eut peur de ne lui avoir pas fait assez d'honneur. Il avoit déjà su à quel point il etoit estimé de l'empereur, et que, tout inconnu qu'il etoit, il partageoit la faveur de son maître avec les premiers de la cour. Il n'eut pas grande peine à trouver son quartier et sa tente, qui n'etoient ignorés de personne, et il en fut reçu autant bien qu'un simple cavalier le pouvoit être d'un des principaux officiers du camp. Il reconnut encore le visage de Sophie dans celui de dom Fernand, en fut

---

1. Un mestre de camp étoit le chef d'un régiment de cavalerie.

encore plus etonné qu'il ne l'avoit eté, et il le fut encore davantage du son de sa voix, qui lui entroit dans l'âme et y renouveloit le souvenir de la personne du monde qu'il avoit le plus aimée. Sophie, inconnue à son amant, le fit manger avec lui, et, après le repas, ayant fait retirer les domestiques et donné ordre de n'être visitée de personne, se fit redire encore une fois par ce cavalier qu'il etoit de Valence, et ensuite se fit conter ce qu'elle savoit aussi bien que lui de leurs aventures communes, jusqu'au jour qu'il avoit fait dessein de l'enlever.

« Croiriez-vous, lui dit dom Carlos, qu'une fille de condition qui avoit tant reçu de preuves de mon amour et qui m'en avoit tant donné de la sienne fut sans fidélité et sans honneur, eut l'adresse de me cacher de si grands défauts, et fut si aveuglée dans son choix qu'elle me preféra un jeune page que j'avois, qui l'enleva un jour devant celui que j'avois choisi pour l'enlever?— Mais en êtes-vous bien assuré? lui dit Sophie. Le hasard est maître de toutes choses, et prend souvent plaisir à confondre nos raisonnements par des succès les moins attendus. Votre maîtresse peut avoir été forcée à se séparer de vous, et est peut-être plus malheureuse que coupable. — Plût à Dieu, lui répondit dom Carlos, que j'eusse pu douter de sa faute! Toutes les pertes et les malheurs qu'elle m'a causés ne m'auroient pas eté difficiles à souffrir, et même je ne me croirois pas malheureux si je pouvois croire qu'elle me fût encore fidèle; mais elle ne l'est qu'au perfide Claudio, et n'a jamais feint d'aimer le malheureux dom Carlos que pour le perdre. — Il paroît par ce que vous dites, lui repartit Sophie, que vous ne l'avez guère aimée, de l'accuser ainsi sans l'entendre, et de la publier encore plus méchante que legère. — Et peut-on l'être davantage, s'ecria dom Carlos, que l'a eté cette imprudente fille, lorsque, pour ne faire pas soupçonner son page de son enlèvement, elle laissa dans sa chambre, la nuit même qu'elle disparut de chez son père, une lettre qui est de la dernière malice, et qui m'a rendu trop miserable pour n'être pas demeurée dans mon souvenir. Je vous la veux faire entendre, et vous faire juger par là de quelle dissimulation cette jeune fille etoit capable.

LETTRE.

Vous n'avez pas dû me defendre d'aimer dom Carlos, après me l'avoir donné. Un merite aussi grand que le sien ne me pouvoit donner que beaucoup d'amour, et quand l'esprit d'une jeune personne en est prevenu, l'interêt n'y peut trouver de place. Je m'enfuis donc avec celui que vous avez trouvé bon que j'aimasse dès ma jeunesse, et sans qui il me seroit autant impossible de vivre que de ne mourir pas mille fois le jour avec un etranger que je ne pourrois aimer, quand il seroit encore plus riche qu'il n'est pas. Notre faute, si c'en est une, merite votre pardon; si vous nous l'accordez, nous reviendrons le recevoir plus vite que nous n'avons fui l'injuste violence que vous nous vouliez faire. SOPHIE.

— Vous vous pouvez figurer, poursuivit dom

Carlos, l'extrême douleur que sentirent les parents de Sophie quand ils eurent lu cette lettre. Ils esperèrent que je serois encore avec leur fille caché dans Valence, ou que je n'en serois pas loin. Ils tinrent leur perte secrète à tout le monde, hormis au vice-roi, qui etoit leur parent, et à peine le jour commençoit-il de paroître que la justice entra dans ma chambre et me trouva endormi. Je fus surpris d'une telle visite autant que j'avois sujet de l'être, et quand, après qu'on m'eut demandé où etoit Sophie, je demandai aussi où elle etoit, mes parties s'en irritèrent et me firent conduire en prison avec une extrême violence. Je fus interrogé et je ne pus rien dire pour ma defense contre la lettre de Sophie. Il paroissoit par là que je l'avois voulu enlever; mais il paroissoit encore plus que mon page avoit disparu en même temps qu'elle. Les parents de Sophie la faisoient chercher, et mes amis, de leur côté, faisoient toutes sortes de diligences pour découvrir où ce page l'avoit emmenée. C'étoit le seul moyen de faire voir mon innocence; mais on ne put jamais apprendre des nouvelles de ces amants fugitifs, et mes ennemis m'accusèrent alors de la mort de l'un et de l'autre. Enfin l'injustice, appuyée de la force, l'emporta sur l'innocence opprimée; je fus averti que je serois bientôt jugé, et que je le serois à mort. Je n'esperai pas que le ciel fît un miracle en ma faveur, et je voulus donc hasarder ma delivrance par un coup de desespoir. Je me joignis à des bandolliers[1], prisonniers comme moi et tous

---

1. Vagabonds, voleurs de campagnes qui font leurs ex-

gens de résolution. Nous forçâmes les portes de notre prison, et, favorisés de nos amis, nous eûmes plus tôt gagné les montagnes les plus proches de Valence que le vice-roi n'en pût être averti. Nous fûmes longtemps maîtres de la campagne. L'infidélité de Sophie, la persécution de ses parents, tout ce que je croyois que le vice-roi avoit fait d'injuste contre moi, et enfin la perte de mon bien me mirent dans un tel desespoir que je hasardai ma vie dans toutes les rencontres où mes camarades et moi trouvâmes de la résistance, et je m'acquis par là une telle réputation parmi eux qu'ils voulurent que je fusse leur chef. Je le fus avec tant de succès que notre troupe devint redoutable aux royaumes d'Aragon et de Valence, et que nous eûmes l'insolence de mettre ces pays à contribution. Je vous fais ici une confidence bien délicate, ajouta dom Carlos ; mais l'honneur que vous me faites et mon inclination me donnent tellement à vous que je veux bien vous faire maître de ma vie, vous en révélant des secrets si dangereux. Enfin, poursuivit-il, je me lassai d'être méchant ; je me dérobai de mes camarades, qui ne s'y attendoient pas, et je pris le chemin de Barcelone, où je fus reçu simple cavalier dans les recrues qui s'embarquoient pour l'Afrique, et qui ont joint depuis peu l'armée. Je n'ai pas sujet d'aimer la vie, et, après m'être mal servi de la mienne, je ne la puis mieux employer que contre les ennemis de ma loi et pour votre service, puisque la bonté

---

péditions par troupes et avec des armes à feu. (Dict. de Furetière.) Le mot *bandoulier* a précédé *bandit*, et venoit, comme lui, des *bandes* que formoient les voleurs.

que vous avez pour moi m'a causé la seule joie dont mon âme ait eté capable depuis que la plus ingrate fille du monde m'a rendu le plus malheureux de tous les hommes. »

Sophie inconnue prit le parti de Sophie injustement accusée, et n'oublia rien pour persuader à son amant de ne point faire de mauvais jugements de sa maîtresse avant que d'être mieux informé de sa faute. Elle dit au malheureux cavalier qu'elle prenoit grande part dans ses infortunes, qu'elle voudroit de bon cœur les adoucir, et pour lui en donner des marques plus effectives que des paroles, qu'elle le prioit de vouloir être à elle, et que, lorsque l'occasion s'en presenteroit, elle emploieroit auprès de l'empereur son credit et celui de tous ses amis pour le delivrer de la persecution des parents de Sophie et du vice-roi de Valence. Dom Carlos ne se rendit jamais à tout ce que le faux dom Fernand lui put dire pour la justification de Sophie ; mais il se rendit à la fin aux offres qu'il lui fit de sa table et de sa maison. Dès le jour même cette fidèle amante parla au mestre de camp de dom Carlos et lui fit trouver bon que ce cavalier, qu'elle lui dit être son parent, prît parti avec lui ; je veux dire avec elle.

Voilà notre amant infortuné au service de sa maîtresse, qu'il croyoit morte ou infidèle. Il se voit, dès le commencement de sa servitude, tout à fait bien avec celui qu'il croit son maître, et est en peine lui-même de savoir comment il a pu faire en si peu de temps pour s'en faire tant aimer. Il est à la fois son intendant, son secretaire, son gentilhomme et son confident. Les autrès domestiques n'ont guère moins de respect pour lui que pour dom Fernand, et il seroit sans doute heureux, se connoissant aimé d'un maître qui lui paroît tout aimable, et qu'un secret instinct le force d'aimer, si Sophie perdue, si Sophie infidèle ne lui revenoit sans cesse à la pensée et ne lui causoit une tristesse que les caresses d'un si cher maître et sa fortune rendue meilleure ne pouvoient vaincre. Quelque tendresse que Sophie eût pour lui, elle etoit bien aise de le voir affligé, ne doutant point qu'elle ne fût la cause de son affliction. Elle lui parloit si souvent de Sophie, et justifioit quelquefois avec tant d'emportement et même de colère et d'aigreur celle que dom Carlos n'accusoit pas moins que d'avoir manqué à sa fidelité et à son honneur, qu'enfin il vint à croire que ce dom Fernand, qui le mettoit toujours sur le même sujet, avoit peut-être eté autrefois amoureux de Sophie, et peut-être l'etoit encore.

La guerre d'Afrique s'acheva de la façon qu'on le voit dans l'histoire. L'empereur la fit depuis en Allemagne, en Italie, en Flandres et en divers lieux. Notre guerrière, sous le nom de dom Fernand, augmenta sa reputation de vaillant et experimenté capitaine par plusieurs actions de valeur et de conduite[1]; quoique la dernière de ces qualités-là ne se rencontre que rarement en une personne aussi jeune que le sexe de cette vaillante fille la faisoit paroître.

---

1. *Conduite* signifie ici *prudence, esprit de suite*, sens qu'il a très souvent au XVIIe siècle, par exemple dans Bossuet.

L'empereur fut obligé d'aller en Flandres[1] et de demander au roi de France passage par ses Etats. Le grand roi qui regnoit alors[2] voulut surpasser en generosité et en franchise un mortel ennemi qui l'avoit toujours surmonté en bonne fortune et n'en avoit pas toujours bien usé. Charles-Quint fut reçu dans Paris comme s'il eût eté roi de France. Le beau dom Fernand fut du petit nombre des personnes de qualité qui l'accompagnèrent, et si son maître eût fait un plus long sejour dans la Cour du monde la plus galante, cette belle Espagnole, prise pour un homme, eût donné de l'amour à beaucoup de dames françoises, et de la jalousie aux plus accomplis de nos courtisans.

Cependant le vice-roi de Valence mourut en Espagne. Dom Fernand espera assez de son merite et de l'affection que lui portoit son maître pour lui oser demander une si importante charge; et il l'obtint sans qu'elle lui fût enviée. Il fit savoir le plus tôt qu'il put le bon succès de sa pretention à dom Carlos, et lui fit esperer qu'aussitôt qu'il auroit pris possession de sa vice-royauté de Valence, il feroit sa paix avec les parens de Sophie, obtiendroit sa grâce de l'empereur pour avoir eté chef de bandolliers, et même essaieroit de le remettre dans la possession de son bien, sans cesser de lui en faire dans toutes les occasions qui s'en presenteroient. Dom Carlos eût pu recevoir quelque consolation de toutes ces

---

1. Pour réprimer la révolte des Gantois, qui ne vouloient point payer les impôts votés par les états.
2. François Ier.

CHAPITRE XIV.

belles promesses, si le malheur de son amour lui eût permis d'être consolable.

L'empereur arriva en Espagne et alla droit à Madrid, et dom Fernand alla prendre possession de son gouvernement. Dès le jour qui suivit celui de son entrée dans Valence, les parens de Sophie presentèrent requête contre dom Carlos, qui faisoit auprès du vice-roi la charge d'intendant de sa maison et de secretaire de ses commandemens. Le vice-roi promit de leur rendre justice et à dom Carlos de protéger son innocence. On fit de nouvelles informations contre lui; l'on fit ouïr des temoins une seconde fois, et enfin les parens de Sophie, animés par le regret qu'ils avoient de la perte de leur fille, et par un desir de vengeance qu'ils croyoient legitime, pressèrent si fort l'affaire, qu'en cinq ou six jours elle fut en etat d'être jugée. Ils demandèrent au vice-roi que l'accusé entrât en prison. Il leur donna sa parole qu'il ne sortiroit pas de son hôtel, et leur marqua un jour pour le juger. La veille de ce jour fatal, qui tenoit en suspens toute la ville de Valence, dom Carlos demanda une audience particulière au vice-roi, qui la lui accorda. Il se jeta à ses pieds et lui dit ces paroles: « C'est demain, monseigneur, que vous devez faire connoître à tout le monde que je suis innocent. Quoique les temoins que j'ai fait ouïr me dechargent entièrement du crime dont on m'accuse, je viens encore jurer à Votre Altesse, comme si j'etois devant Dieu, que non seulement je n'ai pas enlevé Sophie, mais que le jour devant celui qu'elle fut enlevée, je ne la vis point; je n'eus point de ses nouvelles, et n'en ai pas eu depuis. Il est bien vrai que je la devois enlever; mais un malheur qui jusqu'ici m'est inconnu la fit disparoître, ou pour ma perte ou pour la sienne. — C'est assez, dom Carlos, lui dit le vice-roi, va dormir en repos. Je suis ton maître et ton ami, et mieux informé de ton innocence que tu ne penses; et quand j'en pourrois douter, je serois obligé à n'être pas exact à m'en eclaircir, puisque tu es dans ma maison, et de ma maison, et que tu n'es venu ici avec moi que sous la promesse que je t'ai faite de te proteger.»

Dom Carlos remercia un si obligeant maître de tout ce qu'il eut d'éloquence. Il s'alla coucher, et l'impatience qu'il eut de se voir bientôt absous ne lui permit pas de dormir. Il se leva aussitôt que le jour parut, et, propre et paré plus qu'à l'ordinaire, se trouva au lever de son maître. Mais je me trompe, il n'entra dans sa chambre qu'après qu'il fut habillé; car depuis que Sophie avoit deguisé son sexe, la seule Dorothée, deguisée comme elle, et la confidente de son deguisement, couchoit dans sa chambre et lui rendoit tous les services qui, rendus par un autre, lui eussent pu donner connoissance de ce qu'elle vouloit tenir si caché. Dom Carlos entra donc dans la chambre du vice-roi quand Dorothée l'eut ouverte à tout le monde, et le vice-roi ne le vit pas plus tôt qu'il lui reprocha qu'il s'etoit levé bien matin pour un homme accusé qui se vouloit faire croire innocent, et lui dit qu'une personne qui ne dormoit point devoit sentir sa conscience chargée. Dom Carlos lui repondit, un peu troublé, que la crainte d'être convaincu ne l'avoit pas tant empêché de dormir que l'esperance de se voir bientôt à couvert des poursuites de ses ennemis par la bonne justice que lui rendroit Son Altesse. « Mais vous êtes bien paré et bien galant, lui dit encore le vice-roi, et je vous trouve bien tranquille le jour que l'on doit deliberer sur votre vie. Je ne sais plus ce que je dois croire du crime dont on vous accuse. Toutes les fois que nous nous entretenons de Sophie, vous en parlez avec moins de chaleur et plus d'indifference que moi : on ne m'accuse pourtant pas comme vous d'en avoir eté aimé et de l'avoir tuée, et possible le jeune Claudio aussi, sur qui vous voulez faire tomber l'accusation de son enlevement. Vous me dites que vous l'avez aimée, continua le vice-roi, et vous vivez après l'avoir perdue, et vous n'oubliez rien pour vous voir absous et en repos, vous qui devriez haïr la vie et tout ce qui vous la pourroit faire aimer. Ah ! inconstant dom Carlos ! il faut bien qu'une autre amour vous ait fait oublier celle que vous deviez conserver à Sophie perdue, si vous l'aviez veritablement aimée, quand elle etoit toute à vous et osoit tout faire pour vous. » Dom Carlos, demi-mort à ces paroles du vice-roi, voulut y repondre ; mais il ne le lui permit pas. « Taisez-vous, lui dit-il d'un visage severe, et reservez votre eloquence pour vos juges ; car pour moi je n'en serai pas surpris, et je n'irai pas pour un de mes domestiques donner à l'empereur mauvaise opinion de mon equité. Et cependant, ajouta le vice-roi, se tournant vers le capitaine de ses gardes, que l'on s'assure de lui : qui a rompu sa prison peut bien manquer à la parole qu'il m'a donnée de ne chercher point son impunité dans sa fuite. On ôta aussitôt l'epée à dom Carlos, qui fit grand'pitié à tous ceux qui le virent environné de gardes, pâle et defait, et qui avoit bien de la peine à retenir ses larmes.

Cependant que le pauvre gentilhomme se repent de ne s'être pas assez defié de l'esprit changeant des grands seigneurs[1], les juges qui le devoient juger entrèrent dans la chambre et prirent leurs places, après que le vice-roi eut pris la sienne. Le comte italien, qui etoit encore à Valence, et le père et la mère de Sophie, parurent et produisirent leurs temoins contre l'accusé, qui etoit si desesperé de son procès, qu'il n'avoit pas quasi le courage de repondre. On lui fit reconnoître les lettres qu'il avoit autrefois ecrites à Sophie; on lui confronta les voisins et les domestiques de la maison de Sophie; et enfin on produisit contre lui la lettre qu'elle avoit laissée dans sa chambre le jour que l'on pretendoit qu'il l'avoit enlevée. L'accusé fit ouïr ses domestiques, qui temoignèrent d'avoir vu coucher leur maître; mais il pouvoit s'être levé après avoir fait semblant de s'endormir. Il juroit bien qu'il n'avoit

---

1. Scarron pouvoit parler ici d'après sa propre expérience. Peut-être songeoit-il alors à Mazarin, dont le changement à son égard étoit, du reste, parfaitement justifié. Mais, sans nous occuper de Mazarin, combien de fois n'avoit-il pas vu de belles paroles et de belles protestations d'amitié de la part des grands seigneurs se changer en indifférence, dès qu'il avoit fallu en venir au fait! Ses œuvres sont remplies de plaintes sur ce sujet. V. en particulier sa deuxième *Requête à la reine*, recueil de 1648; *Remerciements au prince d'Orange*, 1651; les premières strophes de *Héro et Léandre*, etc.

pas enlevé Sophie et representoit aux juges qu'il ne l'auroit pas enlevée pour se separer d'elle; mais on ne l'accusoit pas moins que de l'avoir tuée et le page aussi, le confident de son amour. Il ne restoit plus qu'à le juger, et il alloit être condamné tout d'une voix, quand le vice-roi le fit approcher et lui dit : « Malheureux dom Carlos ! tu peux bien croire, après toutes les marques d'affection que je t'ai données, que, si je t'eusse soupçonné d'être coupable du crime dont on t'accuse, je ne t'aurois pas amené à Valence. Il m'est impossible de ne te condamner pas, si je ne veux commencer l'exercice de ma charge par une injustice, et tu peux juger du deplaisir que j'ai de ton malheur par les larmes qui m'en viennent aux yeux. On pourroit rechercher d'accorder tes parties, si elles etoient de moindre qualité, ou moins animées à ta perte. Enfin, si Sophie ne paroît elle-même pour te justifier, tu n'as qu'à te preparer à bien mourir. » Carlos, desesperé de son salut, se jeta aux pieds du viceroi et lui dit : « Vous vous souvenez bien, Monseigneur, qu'en Afrique et dès le temps que j'eus l'honneur d'entrer au service de Votre Altesse, et toutes les fois qu'elle m'a engagé au recit ennuyeux de mes infortunes, que je les lui ai toujours contées d'une même manière, et elle doit croire qu'en ce pays-là, et partout ailleurs, je n'aurois pas avoué à un maître qui me faisoit l'honneur de m'aimer ce qu'ici j'aurois dû nier devant un juge. J'ai toujours dit la vérité à Votre Altesse comme à mon Dieu, et je lui dis encore que j'aimai, que j'adorai Sophie. — Dis que tu l'abhorres, ingrat ! interrompit le vice-roi, surprenant tout le monde.—Je l'adore, reprit dom Carlos, fort étonné de ce que le vice-roi venoit de dire. Je lui ai promis de l'épouser, continua-t-il, et je suis convenu avec elle de l'emmener à Barcelone. Mais si je l'ai enlevée, si je sais où elle se cache, je veux qu'on me fasse mourir de la mort la plus cruelle. Je ne puis l'éviter ; mais je mourrai innocent, si ce n'est mériter la mort que d'avoir aimé plus que ma vie une fille inconstante et perfide. — Mais, s'écria le vice-roi, le visage furieux, que sont devenus cette fille et ton page ? Ont-ils monté au ciel ? sont-ils cachés sous terre ? — Le page etoit galant, lui repondit dom Carlos ; elle etoit belle ; il etoit homme, elle etoit femme. — Ah ! traître ! lui dit le vice-roi, que tu découvres bien ici tes lâches soupçons et le peu d'estime que tu as eu pour la malheureuse Sophie ! Maudite soit la femme qui se laisse aller aux promesses des hommes et s'en fait mepriser par sa trop facile croyance ! Ni Sophie n'etoit point une femme de vertu commune, mechant ! ni ton page Claudio un homme. Sophie etoit une fille constante, et ton page une fille perdue, amoureuse de toi et qui t'a volé Sophie, qu'elle trahissoit comme une rivale. Je suis Sophie, injuste amant, amant ingrat ! Je suis Sophie, qui ai souffert des maux incroyables pour un homme qui ne méritoit pas d'être aimé et qui m'a cru capable de la dernière infamie. »

Sophie n'en put pas dire davantage. Son père, qui la reconnut, la prit entre ses bras ; sa mère se pâma d'un côté, et dom Carlos de l'autre. Sophie se debarrassa des bras de son père pour courir aux deux personnes evanouies, qui reprirent leurs esprits tandis qu'elle douta à qui des deux elle courroit. Sa mère lui mouilla le visage de larmes ; elle mouilla de larmes le visage de sa mère ; elle embrassa, avec toute la tendresse imaginable, son cher Dom Carlos, qui pensa en evanouir encore. Il tint pourtant bon pour ce coup, et, n'osant pas encore baiser Sophie de toute sa force, se recompensa sur ses mains, qu'il baisa mille fois l'une après l'autre. Sophie pouvoit à peine suffire à toutes les embrassades et à tous les complimens qu'on lui fit. Le comte italien, en faisant le sien comme les autres, lui voulut parler des pretentions qu'il avoit sur elle, comme lui ayant eté promise par son père et par sa mère. Dom Carlos, qui l'ouït, en quitta une des mains de Sophie, qu'il baisoit alors avidement, et, portant la sienne à son epée, qu'on lui venoit de rendre, se mit en une posture qui fit peur à tout le monde, et, jurant à faire abimer la ville de Valence, fit bien connoître que toutes les puissances humaines ne lui oteroient pas Sophie, si elle-même ne lui defendoit de songer davantage en elle ; mais elle declara qu'elle n'auroit jamais d'autre mari que son cher dom Carlos, et conjura son père et sa mère de le trouver bon, ou de se resoudre à la voir enfermer dans un couvent pour toute sa vie. Ses parens lui laissèrent la liberté de choisir tel mari qu'elle voudroit, et le comte italien, dès le jour même, prit la poste pour l'Italie ou pour tout autre pays où il voulut aller. Sophie conta toutes ses aventures, qui furent admirées de tout le monde. Un courrier alla porter la nouvelle de cette grande merveille à l'empereur, qui conserva à dom Carlos, après qu'il auroit epousé Sophie, la vice-royauté de Valence et tous les bienfaits que cette vaillante fille avoit merités sous le nom de dom Fernand, et donna à ce bienheureux amant une principauté dont ses descendans jouissent encore. La ville de Valence fit la dépense des noces avec toute sorte de magnificence, et Dorothée, qui reprit ses habits de femme en même temps que Sophie, fut mariée en même temps qu'elle avec un cavalier proche parent de dom Carlos.

CHAPITRE XV.

Effronterie du sieur de la Rappinière.

Le conseiller de Rennes achevoit de lire sa nouvelle, quand la Rappinière arriva dans l'hôtellerie. Il entra en étourdi dans la chambre où on lui avoit dit qu'etoit M. de la Garouffière; mais son visage epanoui se changea visiblement quand il vit le Destin dans un coin de la chambre, et son valet qui etoit aussi defait et effrayé qu'un criminel que l'on juge. La Garouffière ferma la porte de la chambre par dedans, et ensuite demanda au brave la Rappinière s'il ne devinoit pas bien pourquoi il l'avoit envoyé querir. « N'est-ce pas à cause d'une comedienne dont j'ai voulu avoir ma part ? repondit en riant le scelerat. — Comment, votre part ! lui dit la Garouffière, prenant un visage serieux: sont-ce là les discours d'un juge comme vous êtes, et avez-vous jamais fait pendre un si mechant homme que vous? » La Rappinière

continua de tourner la chose en raillerie et de la
vouloir faire passer pour un tour de bon compagnon; mais le senateur le prit toujours d'un ton
si severe, qu'enfin il avoua son mauvais dessein,
et en fit de mauvaises excuses au Destin, qui
avoit eu besoin de toute sa sagesse pour ne se
pas faire raison d'un homme qui l'avoit voulu of-
fenser si cruellement, après lui être obligé de la
vie, comme l'on a pu voir au commencement de
ces aventures comiques. Mais il avoit encore à
demêler avec cet inique prevôt une autre affaire
qui lui etoit de grande importance et qu'il avoit
communiquée à M. de la Garouffière, qui lui
avoit promis de lui faire avoir raison de ce mechant homme.

Quelque peine que j'aie prise à bien etudier la
Rappinière, je n'ai jamais pu decouvrir s'il etoit
moins mechant envers Dieu qu'envers les hommes, et moins injuste envers son prochain que
vicieux en sa personne [1]. Je sais seulement avec

---

1. Scarron n'a pas commis la moindre invraisemblance en
prêtant tous ces crimes à une personne qui a pour charge de
réprimer les crimes d'autrui. La police étoit souvent faite
avec la négligence la plus coupable, et pendant assez longtemps elle avoit presque abandonné le soin de la surveillance
publique. Ce ne fut guère qu'après l'apaisement des troubles de la Fronde, et même après la conclusion du traité des
Pyrénées, que le roi put enfin s'occuper de la réorganiser
sur de meilleures bases. V. *Correspondance administrative
de Louis XIV*, t. 2, p. 605, etc.; *Traité de la police* de de La
Mare, 1705, in-fol., l. 1, tit. 8, ch. 3. Bien plus, à cette
négligence se joignit parfois la connivence avec les filous.
Le lieutenant-criminel Tardieu, dont Boileau a immortalisé
la sordide avarice, fut un de ceux qui prêtèrent le plus à
cette accusation, même après la réorganisation de la police;
et l'on sait que, lorsqu'il fut assassiné, en 1665, on alloit

certitude que jamais homme n'a eu tant de vices ensemble et en plus eminent degré. Il avoua qu'il avoit eu envie d'enlever mademoiselle de l'Etoile aussi hardiment que s'il se fût vanté d'une bonne action, et il dit effrontement au conseiller et au comedien que jamais il n'avoit moins douté du succès d'une pareille entreprise : « car, continua-t-il, se tournant vers le Destin, j'avois gagné votre valet, votre sœur avoit donné dans le panneau, et, pensant vous venir trouver où je lui avois fait dire que vous etiez blessé, elle n'etoit pas à deux lieues de la maison où je l'at-

---

informer contre lui à cause de ses malversations. (*Not. de Brossette*, sur les v. 308 et 337 de la sat. X de Boïelau) « Il a mérité d'être pendu deux ou trois mille fois, dit Tallemant : il n'y a pas un plus grand voleur au monde. » (Histor. de Ferrier, sa fille, et Tardieu.) Vavasseur, le commissaire du Marais, faisoit sous-main cause commune avec les filles de sa juridiction. Malherbe parle, dans ses *Lettres* (26 juin 1610), d'un prévôt de Pithiviers qui s'étrangla dans sa prison, où il étoit enfermé comme coupable de complicité dans l'assassinat de Henri IV, de magie et de fausse monnoie. Sur les malversations de toutes sortes des gens de police et des officiers de justice, on peut voir les *Caquets de l'accouchée*, 1re journ., p. 37, 1er janv., et surtout les *Grands jours d'Auvergne*, de Fléchier, où l'on trouvera plusieurs exemples du même genre. Les choses en étoient venues au point qu'on lit dans le *Procès-verbal des confér. tenues pour l'exam. des articl. proposés pour la composit. de l'ordonn. crimin.* de 1670, sur l'art. XII : « M. le premier président a dit que l'intention qu'on avoit, lorsqu'on a institué les prévôts des maréchaux, étoit bonne ; mais que... la plupart de ces officiers sont plus à craindre que les voleurs mêmes, et qu'on a reproché aux Grands jours de Clermont que toutes les affaires criminelles les plus atroces avoient été éludées et couvertes par les mauvaises procédures des prévôts des maréchaux. L'on a fait le procès à plusieurs officiers de la maréchaussée, mais on a été persuadé d'ailleurs qu'il n'y en avoit pas un seul dont la conduite fût innocente. »

tendois quand je ne sais qui diable l'a otée à ce grand sot qui me l'amenoit, et qui m'a perdu un bon cheval, après s'être bien fait battre. « Le Destin palissoit de colère, et quelquefois aussi rougissoit de honte de voir de quel front ce scélérat lui osoit parler à lui-même de l'offense qu'il lui avoit voulu faire, comme s'il lui eût conté une chose indifferente. La Garouffière s'en scandalisoit aussi et n'avoit pas une moindre indignation contre un si dangereux homme. « Je ne sais pas, lui dit-il, comment vous osez nous apprendre si franchement les circonstances d'une mauvaise action pour laquelle M. le Destin vous auroit donné cent coups, si je ne l'en eusse empêché. Mais je vous avertis qu'il le pourra bien faire encore, si vous ne lui restituez une boîte de diamans que vous lui avez autrefois volée dans Paris dans le temps que vous y tiriez la laine. Doguin, votre complice alors et depuis votre valet, lui a avoué en mourant que vous l'aviez encore; et moi je vous déclare que, si vous faites la moindre difficulté de la rendre, vous m'avez pour aussi dangereux ennemi que je vous ai été utile protecteur. »

La Rappinière fut foudroyé de ce discours, à quoi il ne s'attendoit pas. Son audace à nier absolument une mechanceté qu'il avoit faite lui manqua au besoin. Il avoua en begayant, comme un homme qui se trouble, qu'il avoit cette boîte au Mans, et promit de la rendre avec des sermens execrables qu'on ne lui demandoit point, tant on faisoit peu de cas de tous ceux qu'il eût pu faire. Ce fut peut-être là une des plus ingénues actions qu'il fit de sa vie, et encore n'etoit-elle pas nette; car il est bien vrai qu'il rendit la boîte comme il l'avoit promis, mais il n'etoit pas vrai qu'elle fût au Mans, puisqu'il l'avoit sur lui à l'heure même, à dessein d'en faire un present à Mademoiselle de l'Etoile, en cas qu'elle n'eût pas voulu se donner à lui pour peu de chose. C'est ce qu'il confessa en particulier à M. de la Garouffière, dont il voulut par là regagner les bonnes grâces, lui mettant entre les mains cette boîte de portrait pour en disposer comme il lui plairoit. Elle etoit composée de cinq diamans d'un prix considerable. Le père de mademoiselle de l'Etoile y etoit peint en email, et le visage de cette belle fille avoit tant de rapport à ce portrait, que cela seul pouvoit suffire pour la faire reconnoître à son père. Le Destin ne savoit comment remercier assez M. de la Garouffière quand il lui donna la boîte de diamans. Il se voyoit exempté par là d'avoir à se la faire rendre par force de la Rappinière, qui ne savoit rien moins que de restituer, et qui eût pu se prevaloir contre un pauvre comedien de sa charge de prevôt, qui est un dangereux baton entre les mains d'un mechant homme. Quand cette boîte fut otée au Destin, il en avoit eu un deplaisir très grand, qui s'augmenta encore par celui qu'en eut la mère de l'Etoile, qui gardoit cherement ce bijou comme un gage de l'amitié de son mari. On peut donc aisément se figurer qu'il eut une extrême joie de l'avoir recouvrée. Il alla en faire part à l'Etoile, qu'il trouva chez la sœur du curé du bourg, en la compagnie d'Angelique et de Leandre. Ils deliberèrent ensemble de leur retour au Mans, qui fût resolu pour le lendemain. M. de la Garouffière leur offrit un carrosse, qu'ils ne voulurent pas prendre. Les comédiens et les comédiennes soupèrent avec M. de la Garouffière et sa compagnie. On se coucha de bonne heure dans l'hotelerie, et, dès la pointe du jour, le Destin et Leandre, chacun sa maîtresse en croupe, prirent le chemin du Mans, où Ragotin, la Rancune et l'Olive etoient déjà retournés. M. de la Garouffière fit cent offres de services au Destin ; pour la Bouvillon, elle fit la malade plus qu'elle ne l'etoit, pour ne point recevoir l'adieu du comedien, dont elle n'etoit pas satisfaite.

CHAPITRE XVI.

Disgrace de Ragotin.

Les deux comediens qui retournèrent au Mans avec Ragotin furent detournés du droit chemin par le petit homme, qui les voulut traiter dans une petite maison de campagne, qui etoit proportionnée à sa petitesse. Quoiqu'un fidèle et exact historien soit obligé à particulariser les accidens importans de son histoire, et les lieux où ils se sont passés, je ne vous dirai pas au juste en quel endroit de notre hemisphère etoit la maisonnette où Ragotin mena ses confrères futurs, que j'appelle ainsi parcequ'il n'etoit pas encore reçu dans l'ordre vagabond des comediens de campagne. Je vous dirai donc seulement que la maison etoit au deçà du Gange, et n'etoit pas loin de Sillé-

le-Guillaume[1]. Quand il y arriva, il la trouva
occupée par une compagnie de bohemiens, qui,
au grand deplaisir de son fermier, s'y etoient ar-
retés sous pretexte que la femme du capitaine
avoit eté pressée d'accoucher, ou plutôt par la
facilité que ces voleurs espererent de trouver à
manger impunement des volailles d'une metairie
ecartée du grand chemin. D'abord Ragotin se
fâcha en petit homme fort colère, menaça les
bohemiens du prevôt du Mans, dont il se dit allié, à cause qu'il avoit epousé une Portail[2], et
là dessus il fit un long discours pour apprendre
aux auditeurs de quelle façon les Portails etoient
parens des Ragotins, sans que son long discours
apportât aucun temperament à sa colère immo-
derée, et l'empechât de jurer scandaleusement.
Il les menaça aussi du lieutenant de prevôt la
Rappinière, au nom duquel tout genou flechis-

---

1. Petite ville à 7 lieues N.-O. du Mans. Scarron introduit
volontiers la scène aux alentours de cette ville ; c'est peut-
être à cause de ses rapports fréquents avec la famille des
Lavardin : Sillé étoit fort près des paroisses dont les Lavardin étoient seigneurs. M. Anjubault croit aussi que deux
petites métairies dépendantes du bénéfice de Scarron s'y
trouvoient situées.

2. Daniel Neveu, prévôt provincial du Maine, dont le fils,
Daniel II, occupa également cette charge, épousa, en 1626,
Marie Portail. V. Lepaige, art. Neuvillette. C'est là probablement le prévôt dont parle Scarron et dont La Rappinière étoit lieutenant. Ce nom de Portail est celui d'une famille célèbre dans la magistrature, et originaire du Mans.
M. Anjubault nous apprend qu'en 1595 Antoine Portail étoit
procureur du roi au Mans, et qu'on retrouve encore ce nom
dans la même ville en 1670; plusieurs membres de la même
famille et du même nom ont rempli les charges d'avocat général, de premier président et de président à mortier du Parlement de Paris.

soit; mais le capitaine boheme le fit enrager à force de lui parler civilement, et fut assez effronté pour le louer de sa bonne mine, qui sentoit son homme de qualité, et qui ne le faisoit pas peu repentir d'etre entré par ignorance dans son château (c'est ainsi que le scelerat appeloit sa maisonnette, qui n'etoit fermée que de haies). Il ajouta encore que la dame en mal d'enfant seroit bientôt delivrée du sien, et que la petite troupe delogeroit après avoir payé à son fermier ce qu'il leur avoit fourni pour eux et pour leurs bêtes. Ragotin se mouroit de depit de ne pouvoir trouver à quereller avec un homme qui lui rioit au nez et lui faisoit mille reverences; mais ce flegme du bohemien alloit enfin echauffer la bile de Ragotin, quand la Rancune et le frère du capitaine se reconnurent pour avoir eté autrefois grands camarades, et cette reconnoissance fit grand bien à Ragotin, qui s'alloit sans doute engager en une mauvaise affaire, pour l'avoir prise d'un ton trop haut. La Rancune le pria donc de s'apaiser, ce qu'il avoit grande envie de faire, et ce qu'il eût fait de lui-même si son orgueil naturel eût pu y consentir.

Dans ce même temps la dame bohemienne accoucha d'un garçon. La joie en fut grande dans la petite troupe, et le capitaine pria à souper les comediens et Ragotin, qui avoit dejà fait tuer des poulets pour en faire une fricassée. On se mit à table. Les bohemiens avoient des perdrix et des lievres qu'ils avoient pris à la chasse, et deux poulets d'Inde et autant de cochons de lait qu'ils avoient volés. Ils avoient aussi un jambon et des langues de bœuf, et on y entama un pâté de lièvre dont la croûte même fut mangée par quatre ou cinq bohemillons qui servirent à table. Ajoutez à cela la fricassée de six poulets de Ragotin, et vous avouerez que l'on n'y fit pas mauvaise chair. Les convives, outre les comediens, etoient au nombre de neuf, tous bons danseurs et encore meilleurs larrons. On commença des santés par celle du Roi et de messieurs les Princes, et on but en general celle de tous les bons seigneurs qui recevoient dans leurs villages les petites troupes. Le capitaine pria les comediens de boire à la memoire de defunt Charles Dodo, oncle de la dame accouchée, et qui fut pendu pendant le siege de La Rochelle par la trahison du capitaine la Grave. On fit de grandes imprecations contre ce capitaine faux frère et contre tous les prevôts, et on fit une grande dissipation du vin de Ragotin, dont la vertu fut telle que la debauche fut sans noise, et que chacun des conviés, sans même en excepter le misanthrope la Rancune, fit des protestations d'amitié à son voisin, le baisa de tendresse et lui mouilla le visage de larmes. Ragotin fit tout à fait bien les honneurs de sa maison, et but comme une eponge. Après avoir bu toute la nuit, ils devoient vraisemblablement se coucher quand le soleil se leva; mais ce même vin qui les avoit rendus si tranquilles buveurs leur inspira à tous en même temps un esprit de separation, si j'ose ainsi dire. La caravane fit ses paquets, non sans y comprendre quelques guenilles du fermier de Ragotin, et le joli seigneur monta sur son mulet, et, aussi serieux qu'il avoit eté emporté pendant le repas, prit le chemin du Mans, sans se mettre en peine si la Rancune et l'Olive le suivoient, et n'ayant de l'attention qu'à sucer une pipe à tabac qui etoit vide il y avoit plus d'une heure. Il n'eut pas fait demi-lieue, toujours suçant sa pipe vide qui ne lui rendoit aucune fumée, que celles du vin lui etourdirent tout à coup la tête. Il tomba de son mulet, qui retourna avec beaucoup de prudence à la metairie d'où il etoit parti, et pour Ragotin, après quelques soulevemens de son estomac trop chargé, qui fit ensuite parfaitement son devoir, il s'endormit au milieu du chemin. Il n'y avoit pas long-temps qu'il dormoit, ronflant comme une pedale d'orgue, quand un homme nu, comme on peint notre premier père, mais effroyablement barbu, sale et crasseux, s'approcha de lui et se mit à le deshabiller. Cet homme sauvage fit de grands efforts pour ôter à Ragotin les bottes neuves que dans une hôtellerie la Rancune s'etoit appropriées par la supposition des siennes, de la manière que je vous l'ai conté en quelque endroit de cette veritable histoire, et tous ces efforts, qui eussent eveillé Ragotin s'il n'eût pas eté mort ivre (comme on dit), et qui l'eussent fait crier comme un homme que l'on tire à quatre chevaux, ne firent autre effet que de le traîner à ecorche-cul la longueur de sept ou huit pas. Un couteau en tomba de la poche du beau dormeur ; ce vilain homme s'en saisit, et comme s'il eût voulu ecorcher Ragotin, il lui fendit sur la peau sa chemise, ses bottes, et tout ce qu'il eut de la peine à lui ôter de dessus le corps, et, ayant fait un paquet de toutes les hardes de l'ivrogne depouillé, l'emporta, fuyant comme un loup avec sa proie.

Nous laisserons courir avec son butin cet homme, qui etoit le même fou qui avoit autrefois fait si grand peur au Destin quand il commença la quête de mademoiselle Angelique, et ne quitterons point Ragotin, qui ne veille pas et qui a grand besoin d'être reveillé. Son corps nu, exposé au soleil, fut bientôt couvert et piqué de mouches et de moucherons de differentes espèces, dont pourtant il ne fut point eveillé; mais il le fut quelque temps après par une troupe de paysans qui conduisoient une charrette. Le corps nu de Ragotin ne leur donna pas plutôt dans la vue qu'ils s'ecrièrent : Le voilà ! et s'approchant de lui, faisant le moins de bruit qu'ils purent, comme s'ils eussent eu peur de l'eveiller, ils s'assurèrent de ses pieds et de ses mains, qu'ils lièrent avec de grosses cordes, et, l'ayant ainsi garrotté, le portèrent dans leur charrette, qu'ils firent aussitôt partir avec autant de hâte qu'en a un galant qui enlève une maîtresse contre son gré et celui de ses parens. Ragotin etoit si ivre que toutes les violences qu'on lui fit ne le purent eveiller, non plus que les rudes cahots de la charrette, que ces paysans faisoient aller fort vite et avec tant de precipitation qu'elle versa en un mauvais pas plein d'eau et de boue, et Ragotin par consequent versa aussi. La fraîcheur du lieu où il tomba, dont le fond avoit quelques pierres ou quelque chose d'aussi dur, et le rude branle de sa chute, l'eveillèrent, et l'etat surprenant où il se trouva l'etonna furieusement. Il se voyoit lié pieds et mains et tombé dans la boue, il se sentoit la tête toute etourdie de son ivresse et de sa chute, et ne savoit que juger de trois ou quatre paysans qui le relevoient, et d'autant d'autres qui relevoient une charrette. Il etoit si effrayé de son aventure, que même il ne parla pas en un si beau sujet de parler, lui qui etoit grand parleur de son naturel, et un moment après il n'eût pu parler à personne quand il l'eût voulu : car les paysans, ayant tenu ensemble un conseil secret, delièrent le pauvre petit homme des pieds seulement, et, au lieu de lui en dire la raison ou de lui en faire quelque civilité, observant entre eux un grand silence, tournèrent la charrette du côté qu'elle etoit venue, et s'en retournèrent avec autant de precipitation qu'ils en avoient eu à venir là.

Le lecteur discret est possible en peine de sçavoir ce que les paysans vouloient à Ragotin, et pourquoi ils ne lui firent rien. L'affaire est assurément difficile à deviner, et ne se peut sçavoir à moins que d'être revelée. Et pour moi, quelque peine que j'y aie prise, et après y avoir employé tous mes amis, je ne l'ai sçu depuis peu de temps que par hasard, et lorsque je l'esperois le moins, de la façon que je vous le vais dire. Un prêtre du bas Maine, un peu fou melancolique, qu'un procès avoit fait venir à Paris, en attendant que son procès fût en etat d'être jugé, voulut faire imprimer quelques pensées creuses qu'il avoit eues sur l'Apocalypse. Il etoit si fecond en chimères et si amoureux des dernières productions de son esprit, qu'il en haïssoit les vieilles, et ainsi pensa faire enrager un imprimeur, à qui il faisoit vingt fois refaire une même feuille. Il fut obligé par là d'en changer souvent, et enfin il s'etoit adressé à celui qui a imprimé le présent livre [1], chez qui il lut une fois quelques feuilles [2] qui parloient de cette même aventure que je vous raconte. Ce bon prêtre en avoit plus de connaissance que moi, ayant sçu des mêmes paysans qui enlevèrent Ragotin de la façon que je vous ai dit le motif de leur entreprise, que je n'avois pu sçavoir. Il connut donc d'abord où l'histoire etoit defectueuse, et, en ayant donné connoissance à mon imprimeur, qui en fut fort etonné, car il avoit cru comme beaucoup d'autres que mon roman etoit un livre fait à plaisir, il ne se fit pas beaucoup prier par l'imprimeur pour me venir voir. Lors j'appris du veritable Manceau que les paysans qui lièrent Ragotin endormi etoient les proches parens du pauvre fou qui couroit les champs, que le Destin avoit rencontré de nuit, et qui avoit depouillé Ragotin en plein jour. Ils avoient fait dessein d'enfermer leur parent, avoient souvent essayé de le faire, et avoient souvent eté bien battus par le fou, qui etoit un fort et puissant homme. Quelques

1. Le libraire qui avoit imprimé ou fait imprimer la première partie du *Romant comique* étoit Toussaint Quinet (au Palais, sous la montée de la cour des Aydes), bien connu par le mot de Scarron sur les revenus de son marquisat de Quinet, et que notre auteur fait volontiers intervenir dans ses œuvres, en s'égayant quelquefois sur son compte. V. *Aux vermiss. Dédic. de ses œuvr. burlesq. à Guillemette*, etc.

2. Les boutiques des libraires servoient souvent alors de centres de réunions où se tenoient des espèces d'assemblées littéraires, et où même les auteurs lisoient leurs œuvres. Ainsi, dans *le Berger extravagant* (l. 3), Sorel fait lire à Montenor son *Banquet des dieux* chez un libraire. On peut surtout trouver des renseignements fort curieux sur cette coutume, et un piquant tableau de ces assemblées, dans le 5e livre de *Francion*, du même.

personnes du village, qui avoient vu de loin reluire au soleil le corps de Ragotin, le prirent pour le fou endormi, et, n'en ayant osé approcher de peur d'être battues, elles en avoient averti ces paysans, qui vinrent avec toutes les précautions que vous avez vues, prirent Ragotin sans le reconnoître, et, l'ayant reconnu pour n'être pas celui qu'ils cherchoient, le laissèrent les mains liées, afin qu'il ne pût rien entreprendre contre eux. Les Memoires que j'eus de ce prêtre me donnèrent beaucoup de joie, et j'avoue qu'il me rendit un grand service ; mais je ne lui en rendis pas un petit en lui conseillant en ami de ne pas faire imprimer son livre, plein de visions ridicules.

Quelqu'un m'accusera peut-être d'avoir conté ici une particularité fort inutile ; quelque autre m'en louera de beaucoup de sincérité. Retournons à Ragotin, le corps crotté et meurtri, la bouche sèche, la tête pesante et les mains liées derrière le dos. Il se leva le mieux qu'il put, et ayant porté sa vue de part et d'autre, le plus loin qu'elle se put etendre, sans voir ni maisons ni hommes, il prit le premier chemin battu qu'il trouva, bandant tous les ressorts de son esprit [1] pour connoître quelque chose en son aventure. Ayant les mains liées comme il avoit, il recevoit une furieuse incommodité de quelques moucherons opiniâtres qui s'attachoient par malheur aux parties de son corps où ses mains garrottées ne pouvoient aller, et l'obligeoient quelquefois à se

---

1. Cette tournure de phrase se trouve en propres termes dans les *Hist. comiq.* de Cyrano de Bergerac.

coucher par terre pour s'en délivrer en les écrasant, ou en leur faisant quitter prise. Enfin il attrapa un chemin creux, revêtu de haies et plein d'eau, et ce chemin alloit au gué d'une petite rivière. Il s'en rejouit, faisant etat de se laver le corps, qu'il avoit plein de boue; mais en approchant du gué, il vit un carrosse versé, d'où le cocher et un paysan tiroient, par les exhortations d'un venerable homme d'eglise, cinq ou six religieuses fort mouillées. C'etoit la vieille abbesse d'Estival[1], qui revenoit du Mans, où une affaire importante l'avoit fait aller, et qui, par la faute de son cocher, avoit fait naufrage. L'abbesse et les religieuses, tirées du carrosse, aperçurent de loin la figure nue de Ragotin qui venoit droit à elles, dont elles furent fort scandalisées, et encore plus qu'elles le père Gifflot, directeur discret de l'abbaye. Il fit tourner vitement le dos aux bonnes mères, de peur d'irregularité, et cria de toute sa force à Ragotin qu'il n'approchât pas de plus près. Ragotin poussa toujours en avant, et commença d'enfiler une longue planche qui etoit là pour la commodité des

1. Il s'agit ici de l'abbaye d'Estival en Charnie, à 8 lieues du Mans, fondée en 1109 par Raoul II de Beaumont, vicomte du Mans, et qu'il ne faut pas confondre avec celle d'Estival-lez-le-Mans, fondée par saint Bertrand. L'abbesse d'Estival-en-Charnie étoit alors, comme nous l'apprend M. Anjubault, Claire Nau, qui conserva cette dignité de 1627 à 1660. Claire Nau étoit élève de l'abbaye du Pont-aux-Dames, de l'ordre de Cîteaux, renommée surtout pour sa grande régularité, qu'elle aura tenu, sans doute, à transporter dans la maison d'Estival. C'est là peut-être ce qui a pu suggérer à Scarron la plaisanterie qu'on lit quelques lignes plus loin : « Il fit tourner vitement le dos aux bonnes mères, *de peur d'irrégularité.* »

CHAPITRE XVI.

gens de pied, et le père Gifflot vint au devant de lui, suivi du cocher et du paysan, et douta d'abord s'il le devoit exorciser, tant il trouvoit sa figure diabolique. Enfin il lui demanda qui il etoit, d'où il venoit, pourquoi il etoit nu, pourquoi il avoit les mains liées, et lui fit toutes ces questions-là avec beaucoup d'eloquence, et ajoutant à ses paroles le ton de la voix et l'action des mains. Ragotin lui repondit incivilement: « Qu'en avez-vous à faire ? » Et voulant passer outre sur la planche, il poussa si rudement le reverend père Gifflot qu'il le fit choir dans l'eau. Le bon prêtre entraîna avec lui le cocher et le paysan, et Ragotin trouva leur manière de tomber dans l'eau si divertissante qu'il en eclata de rire. Il continua son chemin vers les religieuses, qui, le voile baissé, lui tournèrent le dos en haie, toutes le visage tourné vers la campagne. Ragotin eut beaucoup d'indifference pour les visages des religieuses, et passoit outre, pensant en être quitte, ce que ne pensoit pas le père Gifflot. Il suivit Ragotin, secondé du paysan et du cocher, qui, le plus en colère des trois, et dejà de mauvaise humeur à cause que madame l'abbesse l'avoit grondé, se detacha du gros, joignit Ragotin, et à grands coups de fouet se vengea sur la peau d'autrui de l'eau qui avoit mouillé la sienne. Ragotin n'attendit pas une seconde decharge; il s'enfuit comme un chien qu'on fouette, et le cocher, qui n'etoit pas satisfait d'un seul coup de fouet, le hâta d'aller de plusieurs autres, qui tous tirèrent le sang de la peau du fustigé. Le père Gifflot, quoique essoufflé d'avoir couru, ne se lassoit pas de crier : « Fouettez, fouettez! » de toute sa force, et le cocher, de toute la sienne, redoubloit ses coups sur Ragotin, et commençoit à s'y plaire, quand un moulin se présenta au pauvre homme comme un asile. Il y courut ayant toujours son bourreau à ses trousses, et, trouvant la porte d'une basse-cour ouverte, y entra et y fut reçu d'abord par un mâtin qui le prit aux fesses. Il en jeta des cris douloureux et gagna un jardin ouvert avec tant de précipitation, qu'il renversa six ruches de mouches à miel qui y etoient posées à l'entrée, et ce fut là le comble de ses infortunes [1]. Ces petits elephans ailés, pourvus de proboscides et armés d'aiguillons, s'acharnèrent sur ce petit corps nu, qui n'avoit point de mains pour se defendre, et le blessèrent d'une horrible manière. Il en cria si haut que le chien qui le mordoit s'enfuit de la peur qu'il en eut, ou plutôt des mouches. Le cocher impitoyable fit comme le chien, et le pere Gifflot, à qui la colère avoit fait oublier pour un temps la charité, se repentit d'avoir eté trop vindicatif, et alla lui-même hâter le meunier et ses gens, qui à son gré venoient trop lentement au secours d'un homme qu'on assassinoit dans leur jardin. Le meunier retira Ragotin d'entre les glaives pointus et venimeux de

---

[1]. Cette succession d'infortunes burlesques ne fait-elle pas songer à celles de Nicodème, dans le *Roman bourgeois* de Furetière, quand il se heurte rudement contre le front de Javotte, casse une porcelaine en voulant se retirer, glisse sur le parquet, se rattrape à un miroir qu'il fait tomber, et brise avec la porte un théorbe qui étoit contre la muraille ? (P. 98 de l'édit. Jannet.) C'est là un des lieux communs auxquels a le plus souvent recours le roman comique et familier de cette époque.

ces ennemis volans, et quoiqu'il fût enragé de la chute de ses ruches, il ne laissa pas d'avoir pitié du miserable. Il lui demanda où diable il se venoit fourrer nu et les mains liées entre des paniers à mouches ; mais quand Ragotin eût voulu lui repondre, il ne l'eût pu dans l'extrême douleur qu'il sentoit par tout son corps. Un petit ours nouveau-né, qui n'a point encore eté leché de sa mère, est plus formé en sa figure oursine que ne le fut Ragotin en sa figure humaine, après que les piqûres des mouches l'eurent enflé depuis les pieds jusqu'à la tête. La femme du meunier, pitoyable comme une femme, lui fit dresser un lit et le fit coucher. Le père Gifflot, le cocher et le paysan retournèrent à l'abbesse d'Estival et à ses religieuses, qui se rembarquèrent dans leur carrosse, et, escortées du reverend père Gifflot monté sur une jument, continuèrent leur chemin. Il se trouva que le moulin etoit à l'elu[1] du Rignon[2] ou à son gendre Bagottière (je n'ai pas bien sçu lequel). Ce du Rignon etoit parent de Ragotin, qui, s'etant fait connoître au meunier et à sa femme, en fut servi avec beaucoup de soin et pansé heureusement jusqu'à son entière convalescence par le chirurgien d'un bourg voisin. Aussitôt qu'il put marcher, il retourna au Mans,

1. Un élu étoit un officier royal subalterne, qui connoissoit en première instance de l'assiette des tailles, aides, subsides, et des différends qui y étoient relatifs. (Dict. de Furetière.)

2. On trouve au Mans, en 1620, un François de l'Epinay, sieur du Bignon, élu, membre du conseil de l'hôtel de ville. Il suffiroit d'un tout petit trait de plume à la première lettre pour en faire notre personnage.

où la joie de savoir que la Rancune et l'Olive avoient trouvé son mulet et l'avoient ramené avec eux lui fit oublier la chute de la charrette, les coups de fouet du cocher, les morsures du chien et les piqûres des mouches.

Chapitre XVII.

Ce qui se passa entre le petit Ragotin et le grand Baguenodière.

Le Destin et l'Etoile, Leandre et Angelique, deux couples de beaux et parfaits amans, arrivèrent dans la capitale du Maine sans faire de mauvaise rencontre. Le Destin remit Angelique dans les bonnes grâces de sa mère, à qui il sçut si bien faire valoir le merite, la condition et l'amour de Leandre, que la bonne Caverne commença d'approuver la passion que ce jeune garçon et sa fille avoient l'un pour l'autre autant qu'elle s'y etoit opposée. La pauvre troupe n'avoit pas encore bien fait ses affaires dans la ville du Mans; mais un homme de condition qui aimoit fort la comedie suplea à l'humeur chiche des Manceaux [1]. Il avoit la plus grande partie de son bien

---

1. Scarron fait encore allusion à cette avarice dont il accuse les Manceaux dans son *Epistre à Madame d'Hautefort* (1651), où il dit, en parlant des coquettes du Mans :

> Elles portent panne et velours,
> Mais ce n'est pas à tous les jours,
> Mais seulement aux bonnes fêtes...
> Parlerai-je de leur chaussure

CHAPITRE XVII.

dans le Maine, avoit pris une maison dans le Mans et y attiroit souvent des personnes de condition de ses amis, tant courtisans que provinciaux, et même quelques beaux esprits de Paris, entre lesquels il se trouvoit des poëtes du premier ordre, et enfin il étoit une manière de Mecenas moderne. Il aimoit passionnément la comedie et tous ceux qui s'en mêloient, et c'est ce qui attiroit tous les ans dans la capitale du Maine les meilleures troupes de comediens du royaume [1]. Ce seigneur que je vous dis arriva au Mans dans le temps que nos pauvres comediens en vouloient sortir, mal satisfaits de l'auditoire manceau. Il les pria d'y demeurer encore quinze jours pour l'amour de lui, et pour les y

> Si haute, et qui si longtemps dure,
> Car leurs souliers, quoique dorés,
> Ont l'honneur d'être un peu ferrés ;
> Que sur elles blanche chemise
> N'est point que de mois en mois mise, etc.

Les Manceaux avoient généralement, au 17e siècle, une assez mauvaise réputation. Ecoutez Regnard :

> Crispin, roux et Manceau, vient d'épouser Julie ;
> Il est du genre humain et l'opprobre et la lie ;
> On trouveroit encore à quelque vieux pilier
> Son dernier habit vert pendu chez le fripier, etc.
>
> (Satire contre les maris.)

Cette avarice, du reste, s'allie bien avec le goût prononcé pour la chicane dont on les accusoit. (V. notre note, 3e part., ch. 5.)

1. Ce goût prononcé pour la comédie étoit répandu parmi les hautes classes, surtout vers l'époque de la Fronde. Aussi les grands personnages se faisoient-ils souvent suivre, comme la cour elle-même, de leurs troupes comiques, dans leurs voyages. Loret nous apprend (*Muse hist.*, IV, p. 94 et 95 ; V. p. 19 et 24) qu'il n'y avoit pas alors de grande fête, ni même de grand repas, sans une représentation théâtrale.

obliger leur donna cent pistoles, et leur en promît autant quand ils s'en iroient. Il etoit bien aise de donner le divertissement de la comedie à plusieurs personnes de qualité, de l'un et de l'autre sexe, qui arrivèrent au Mans dans le même temps et qui y devoient faire sejour à sa prière. Ce seigneur, que j'appellerai le marquis d'Orsé[1], etoit grand chasseur et avoit fait venir au Mans son équipage de chasse, qui etoit des plus beaux qui fût en France. Les landes et les forêts du Maine font un des plus agreables pays de chasse qui se puisse trouver dans tout le reste de la France, soit pour le cerf, soit pour le lièvre, et en ce temps-là la ville du Mans se trouva pleine de chasseurs, que le bruit de cette grande fête y attira, la plupart avec leurs femmes, qui furent ravies de voir des dames de la cour pour en pouvoir parler le reste de leurs jours auprès de leur feu. Ce n'est pas une petite ambition aux provinciaux que de pouvoir dire quelquefois qu'ils ont vu en tel lieu et en tel temps des gens de la cour, dont ils prononcent toujours le nom tout sec, comme par exemple : Je perdis mon argent

---

1. M. Anjubault croit qu'il est probablement question ici du comte de Tessé, allié à la famille des Lavardin en 1638 : « Les membres de ces puissantes familles, nous écrit-il, ont occupé les premiers rangs dans le Maine. Ils avoient au Mans l'hôtel de Tessé, qui vient d'être remplacé par le nouveau palais épiscopal. Scarron eut des rapports avec ces personnages... Il est certain qu'ils le traitèrent bien, qu'il les divertit, et qu'ils prirent plaisir à garder sous leurs yeux un souvenir de sa facétieuse imagination. » C'étoit, en effet, au château de Vernie, appartenant au comte de Tessé, que figuroit, avant la révolution, la série de 27 tableaux tirés du *Roman comique*, aujourd'hui au musée communal. Scarron a fait l'épithalame du comte de Tessé.

contre Roquelaure, — Crequi a tant gagné, — Coaquin¹ court le cerf en Touraine. Et si on leur laisse quelquefois entamer un discours de politique ou de guerre, ils ne departent pas (si j'ose ainsi dire) tant qu'ils aient epuisé la matière autant qu'ils en sont capables.

Finissons la digression. Le Mans donc se trouva plein de noblesse, grosse et menue. Les hôtelleries furent pleines d'hôtes, et la plupart des gros bourgeois qui logèrent des personnes de qualité ou des nobles campagnards de leurs amis salirent en peu de temps tous leurs draps fins et leur linge damassé. Les comediens ouvrirent leur theâtre en humeur de bien faire, comme des comediens payés par avance. Le bourgeois du Mans se rechauffa pour la comédie. Les dames de la ville et de la province etoient ravies d'y voir tous les jours des dames de la cour, de qui elles apprirent à se bien habiller, au moins mieux qu'elles ne faisoient, au grand profit de leurs tailleurs, à qui elles donnèrent à reformer quantité de vieilles robes. Le bal se donnoit tous les

---

1. Jean-Baptiste Gaston, duc de Roquelaure, pair de France, maître de la garde-robe du roi, fameux par ses saillies, étoit grand joueur et fort heureux au jeu. V. son historiette dans Tallemant. Charles, duc de Créqui, pair de France, premier gentilhomme de la chambre du roi, l'un des courtisans les plus assidus de Louis XIV, étoit également connu comme un beau joueur. Coaquin, dont on trouve souvent le nom écrit, à cette époque, de la même manière, est probablement le marquis de Coëtquen, gouverneur de Saint-Malo, dont il est question dans Saint-Simon et les Lettres de Mme de Sévigné. — Je ne sais si c'est la même famille que celle-ci nomme Coaquin, comme Scarron, dans la généalogie de la maison de Sévigné adressée à Bussy (lettre du 4 déc. 1668).

soirs, où de très mechans danseurs dansèrent de très mauvaises courantes¹, et où plusieurs jeunes gens de la ville dansèrent en bas de drap d'Hollande ou d'Usseau et en souliers cirés². Nos comediens furent souvent appelés pour jouer en visite. L'Etoile et Angelique donnèrent de l'amour aux cavaliers et de l'envie aux dames. Inezille, qui dansa la sarabande³, à la prière des

1. La courante, rangée par nos pères parmi les danses *basses* ou danses *nobles*, devoit son nom aux nombreux mouvements d'allée et de venue dont elle étoit remplie, sans pourtant jamais sortir de cette gravité quelque peu majestueuse qui la faisoit préférer par Louis XIV à toutes les autres danses.

2. Le drap de Hollande et le drap d'Usseau (ainsi nommé d'un village de Languedoc, près Carcassonne, où il étoit manufacturé) étoient des draps relativement communs. Du reste, tout homme de qualité et de bel air portoit des bas de soie :

On le montre du doigt.....
Ainsi qu'un qui voudroit, en la salle d'un grand,
Avec un bas de drap tenir le premier rang,
Ou bien qui oseroit, avec un bas d'estame,
En quelque bal public caresser une dame,
Car il faut maintenant, qui veut se faire voir,
Aux jambes aussi bien qu'ailleurs la soye avoir.
(*Le Satyr. de la Court*, 3ᵉ vol. *Var. hist. et littér.*, éd. Jannet.)

Avec les bas de drap, on laissoit aussi aux provinciaux les souliers cirés ; les courtisans et gentilshommes portoient des souliers en castor, en maroquin ou en cuir dit de Roussi, qui, au lieu de se cirer, s'éclaircissoient avec des jaunes d'œuf. On lit dans le *Récit en prose et en vers de la farce des Précieuses* (Paris, 1660), où est décrit l'accoutrement à la dernière mode du marquis de Mascarille : « Ses souliers étoient si couverts de rubans qu'il ne m'est pas possible de vous dire s'ils étoient de Roussi, de vache d'Angleterre ou de maroquin. » V. aussi le *Banq. des Muses*, d'Auvray, p. 191.

3. La sarabande étoit venue d'Espagne, comme quelques autres danses du temps, entre autres la pavanne ; il étoit donc

comédiens, se fit admirer : Roquebrune en pensa mourir de repletion d'amour, tant le sien augmenta tout à coup, et Ragotin avoua à la Rancune que, s'il differoit plus longtemps à le mettre bien dans l'esprit de l'Etoile, la France alloit être sans Ragotin. La Rancune lui donna de bonnes esperances, et, pour lui temoigner l'estime particulière qu'il faisoit de lui, le pria de lui prêter pour vingt cinq ou trente francs de monnoie. Ragotin pâlit à cette prière incivile, se repentit de ce qu'il lui venoit de dire, et renonça quasi à son amour. Mais enfin, en enrageant tout vif, il fit la somme en toutes sortes d'espèces, qu'il tira de differens boursons, et la donna fort tristement à la Rancune, qui lui promit que dès le jour d'après il entendroit parler de lui.

Ce jour-là on joua le Dom Japhet, ouvrage de theâtre aussi enjoué que celui qui l'a fait a sujet de l'être peu [1]. L'auditoire fut nombreux ; la pièce

---

naturel qu'on la fît danser par Inézille, Espagnole d'origine. Des Yveteaux, s'il faut en croire le récit de Saint-Evremont, se fit jouer une sarabande par sa *bergère* à son lit de mort, pour que son âme passât *allegramente*. Segrais ne désigne pas la sarabande; mais peu importe. On la dansoit à la cour, de même que la courante (V. Bonnet, *Hist. gén. de la danse*), et l'on sait que Richelieu, suivant les *Mémoires de Brienne*, en exécuta une devant la reine, croyant par-là conquérir ses bonnes grâces. Beaucoup de poëtes du temps, et en particulier Scarron, ont publié dans leurs œuvres des vers pour courantes et sarabandes.

1. *Don Japhet d'Arménie*, comédie de Scarron, représentée pour la première fois en 1652, imprimée en 1653, avoit eu un fort grand succès, et avoit disputé la vogue à *Nicomède*. On a remarqué sans doute la réflexion que Scarron ajoute, après avoir nommé sa pièce. C'est un des rares endroits où la douleur semble prendre le dessus sur la bonne humeur et la force d'âme du patient, et elle se manifeste simplement,

fut bien representée, et tout le monde fut satisfait, à la reserve du desastreux Ragotin. Il vint tard à la comedie, et, pour la punition de ses pechés, il se plaça derrière un gentilhomme provincial à large echine et couvert d'une grosse casaque qui grossissoit beaucoup sa figure. Il etoit d'une taille si haute au dessus des plus grandes, qu'encore qu'il fût assis, Ragotin, qui n'etoit separé de lui que d'un rang de siéges, crut qu'il etoit debout et lui cria incessamment qu'il s'assît comme les autres, ne pouvant croire qu'un homme assis ne dût pas avoir sa tête au niveau de toutes celles de la compagnie. Ce gentilhomme, qui se nommoit la Baguenodière[1], ignora longtemps que Ragotin parlât à lui. Enfin Ragotin l'appela Monsieur à la plume verte, et comme veritablement il en avoit une bien touffue, bien sale et peu fine, il tourna la tête et vit le petit impatient; qui lui dit assez rudement qu'il s'assît. La Baguenodière en fut si peu emu, qu'il se retourna vers le theâtre comme si de rien n'eût eté. Ragotin lui recria encore qu'il s'assît. Il tourna encore la tête devers lui, le regarda, et se retourna vers le theâtre. Ragotin recria; Bagueno-

---

sans la moindre affectation. On peut rapprocher cette phrase de son épitaphe, et surtout de cette lettre à Marigny, où il écrit : « Je vous jure, mon cher amy, que, s'il m'étoit permis de me supprimer moi-même, qu'il y a longtemps que je me serois empoisonné. » De même, dans une de ses requêtes à la reine (1651), il dit de lui :

  Souffrant beaucoup, dormant bien peu,
   Et pourtant faisant par courage
   Bonne mine à fort mauvais jeu.

1. Suivant une clef manuscrite, l'original du type de la Baguenodière auroit été le fils de M. Pilon, avocat au Mans.

dière tourna la tête pour la troisième fois, pour la troisième fois regarda son homme, et, pour la troisième fois, se retourna vers le théâtre. Tant que dura la comedie, Ragotin lui cria de même force qu'il s'assît, et la Baguenodière le regarda toujours d'un même flégme, capable de faire enrager tout le genre humain. On eût pu comparer la Baguenodière à un grand dogue et Ragotin à un roquet qui aboie après lui, sans que le dogue en fasse autre chose que d'aller pisser contre une muraille. Enfin tout le monde prit garde à ce qui se passoit entre le plus grand homme et le plus petit de la compagnie, et tout le monde commença d'en rire dans le temps que Ragotin commença d'en jurer d'impatience, sans que la Baguenodière fît autre chose que de le regarder froidement. Ce Baguenodière etoit le plus grand homme et le plus grand brutal du monde. Il demanda avec sa froideur accoutumée à deux gentilshommes qui etoient auprès de lui de quoi ils rioient; ils lui dirent ingenument que c'etoit de lui et de Ragotin, et pensoient bien par là le congratuler plutôt que lui deplaire. Ils lui deplurent pourtant, et un *Vous êtes de bons sots*, que la Baguenodière d'un visage refrogné leur lâcha assez mal à propos, leur apprit qu'il prenoit mal la chose et les obligea à lui repartir chacun pour sa part d'un grand soufflet. La Baguenodière ne put d'abord que les pousser des coudes à droite et à gauche, ses mains etant embarrassées dans sa casaque, et, devant qu'il les eût libres, les gentilshommes, qui etoient frères et fort actifs de leur naturel, lui purent donner demi-douzaine de soufflets, dont les intervalles furent par hasard si bien compassés, que ceux qui les ouïrent sans les voir donner crurent que quelqu'un avoit frappé six fois des mains l'une contre l'autre à égaux intervalles. Enfin la Baguenodière tira ses mains de dessous sa lourde casaque; mais, pressé comme il etoit des deux frères, qui le gourmoient comme des lions, ses longs bras n'eurent pas leurs mouvemens libres. Il se voulut reculer et il tomba à la renverse sur un homme qui etoit derrière lui, et le renversa lui et son siége sur le malheureux Ragotin, qui fut renversé sur un autre, qui fut aussi renversé sur un autre, et ainsi de même jusqu'où finissoient les siéges, dont une file entière fut renversée comme des quilles. Le bruit des tombans, des dames foulées, des belles qui avoient peur, des enfans qui crioient, des gens qui parloient, de ceux qui rioient, de ceux qui se plaignoient et de ceux qui battoient des mains, fit une rumeur infernale. Jamais un aussi petit sujet ne causa de plus grands accidens, et ce qu'il y eut de merveilleux, c'est qu'il n'y eut pas une epée tirée, quoique le principal demêlé fût entre des personnes qui en portoient, et qu'il y en eût plus de cent dans la compagnie. Mais ce qui fut encore plus merveilleux, c'est que la Baguenodière se gourma et fut gourmé sans s'émouvoir non plus que de l'affaire du monde la plus indifférente, et de plus on remarqua que de toute l'après-dînée il n'avoit pas ouvert la bouche que pour dire les quatre malheureux mots qui lui attirèrent cette grêle de souffletades, et ne l'ouvrit pas jusqu'au soir, tant ce grand homme avoit flegme et une taciturnité proportionnée à sa taille.

Ce hideux chaos de tant de personnes et de

CHAPITRE XVII.

sièges mêlés les uns dans les autres fut longtemps à se debrouiller. Tandis que l'on y travailloit et que les plus charitables se mettoient entre la Baguenodière et ses deux ennemis, on entendoit des hurlemens effroyables qui sortoient comme de dessous terre. Qui pouvoit-ce être que Ragotin? En verité, quand la fortune a commencé de persecuter un miserable, elle le persecute toujours. Le siége du pauvre petit etoit justement posé sur l'ais qui couvre l'egoût du tripot. Cet egoût est toujours au milieu, immediatement sous la corde[1]. Il sert à recevoir l'eau de la pluie, et l'ais qui le couvre se lève comme un dessus de boîte. Comme les ans viennent à bout de toutes choses[2], l'ais de ce tripot où se faisoit la comedie etoit fort pourri et s'etoit rompu sous Ragotin, quand un homme honnêtement pesant l'accabla de son corps et de son siége. Cet homme fourra une jambe dans le trou où Ragotin etoit tout entier; cette jambe etoit bottée et l'eperon en piquoit Ragotin à la gorge, ce qui lui faisoit faire ces furieux hurlemens qu'on ne pouvoit deviner.

---

1. On tendoit une corde au milieu des jeux de paume, pou servir « à marquer les fautes qu'on *faisoit* en mettant dessous » (Dict. de Fur.), c'est-à-dire en envoyant la balle au-dessous de la corde. V. *Le jeu roy. de la paume*, dans la *Maison académiq.*, 1659, in-12.)

2. Cette phrase de Scarron rappelle le vers de son sonne burlesque sur son pourpoint troué :

Il n'est point de ciment que le temps ne dissoude,

Et celui de Saint-Amant, dans *le Poëte crotté* :

« Mais qu'est-ce que le temps ne lime ? »

Quelqu'un donna la main à cet homme, et dans le temps que sa jambe engagée dans le trou changea de place, Ragotin lui mordit le pied si serré, que cet homme crut être mordu d'un serpent et fit un cri qui fit tressaillir celui qui le secouroit, qui de peur en lâcha prise. Enfin il se reconnut, redonna la main à son homme, qui ne crioit plus parce que Ragotin ne le mordoit plus, et tous deux ensemble deterrèrent le petit homme, qui ne vit pas plus tôt la lumière du jour, que, menaçant tout le monde de la tête et des yeux et principalement ceux qu'il vit rire en le regardant, il se fourra dans la presse de ceux qui sortoient, meditant quelque chose de bien glorieux pour lui et bien funeste pour la Baguenodière. Je n'ai pas sçu de quelle façon la Baguenodière fut accommodé avec les deux frères ; tant y a qu'il le fut, du moins n'ai-je pas ouï dire qu'ils se soient depuis rien fait les uns aux autres. Et voilà ce qui troubla en quelque façon la première representation que firent nos comediens devant l'illustre compagnie qui se trouvoit lors dans la ville du Mans.

CHAPITRE XVIII.

Qui n'a pas besoin de titre.

On representa le jour suivant le Nicomède de l'inimitable M. de Corneille [1]. Cette comedie [2] est admirable, à mon jugement, et celle de cet excellent poète de theâtre en laquelle il a plus mis du sien et a plus fait paroître la fecondité et

---

1. A cette époque, la réputation de Corneille avoit entièrement, et depuis long-temps, triomphé des premières attaques, et le public ne se souvenoit plus des critiques de l'Académie, de Mairet, de Scudéry et de Claveret. Corneille n'étoit plus alors que *l'admirable*, *l'inimitable* et *l'incomparable*; son nom ne paroissoit guère sans être escorté de ces épithètes, qui sembloient en être devenues partie intégrante. V. encore Rom. com., III, 8. On peut lire, dans *la Prétieuse, ou le mystère des ruelles*, de l'abbé de Pure, un curieux éloge du même poète, qui vient à l'appui de notre remarque. (I, p. 357).

2. Ce nom de *comédie* s'appliquoit, même encore long-temps après Corneille, comme un terme générique, aux pièces de théâtre, sans en excepter les tragédies proprement dites. On le trouve en ce sens dans Mme de Sévigné : « Les *comédies* de Corneille, dit le P. Bouhours, ont un caractère romain et je ne sais quoi d'héroïque; les *comédies* de Racine ont quelque chose de fort touchant, etc. » Du reste, quoique *Nicomède* ait porté dès son origine le titre de tragédie, le ton général et le caractère de cette pièce, qui ne renferme pas de catastrophe tragique, sont plutôt d'une comédie héroïque que d'une tragédie : on sait, sans parler du rôle de Prusias, que celui du héros principal n'est autre chose que le caractère du railleur mis en scène. Aussi, quand on

la grandeur de son genie, donnant à tous les acteurs des caractères fiers, tous differens les uns des autres. La representation n'en fut point troublée, et ce fut peut-être à cause que Ragotin ne s'y trouva pas. Il ne se passoit guère de jour qu'il ne s'attirât quelque affaire, à quoi sa mauvaise gloire et son esprit violent et presomptueux contribuoient autant que sa mauvaise fortune, qu jusqu'alors ne lui avoit point fait de quartier. Le petit homme avoit passé l'après-dînée dans la chambre du mari d'Inezille, l'operateur Ferdinando Ferdinandi, Normand, se disant Venitien, comme je vous ai déjà dit, medecin spagyrique[1] de profession, et, pour dire franchement ce qu'il etoit, grand charlatan, et encore plus grand fourbe. La Rancune, pour se donner quelque relâche des importunités que lui faisoit sans cesse Ragotin,

---

reprit *Nicomède* pour la première fois, après plus de quatrevingts ans d'interruption, en 1756, les acteurs ne lui donnèrent d'abord que le titre de tragi-comédie. Du reste, Scarron se trouve ici d'accord, probablement sans s'en douter, pour le nom qu'il donne à cette pièce, avec les principes exposés par Corneille lui-même dans son *Epître dédicatoire* de don *Sanche d'Aragon*, où, expliquant pourquoi il a intitulé cet ouvrage *comédie* héroïque, il en prend occasion de développer ce qui fait, suivant lui, la base essentielle et la différence constitutive de la tragédie et de la comédie.

1. Epithète savante et prétentieuse, tirée de deux mots grecs (σπᾶν ἀγείρειν), dont s'affûbloient les médecins *chimiques* qui n'étoient pas de la Faculté, à l'encontre des médecins *galéniques*.

> Le trop lent *galénique*,
> Le chimique trop prompt, l'impudent *spagirique*,
> Auront chacun leur dupe, et, par divers chemins,
> Feront expérience aux frais des corps humains.
>
> (Sénecé, *Les trav. d'Apollon*, sat.)

à qui il avoit promis de le faire aimer de mademoiselle de l'Etoille, lui avoit fait accroire que l'operateur etoit un grand magicien, qui pouvoit faire courir en chemise, après un homme, la femme du monde la plus sage ; mais qu'il ne faisoit de semblables merveilles que pour ses amis particuliers dont il connoissoit la discretion, à cause qu'il s'étoit mal trouvé d'avoir fait agir son art pour des plus grands seigneurs de l'Europe. Il conseilla à Ragotin de mettre tout en usage pour gagner ses bonnes grâces, ce qu'il lui assura ne lui devoir pas être difficile, l'opérateur étant homme d'esprit, qui devenoit aisément amoureux de ceux qui en avoient, et qui, quand une fois il aimoit quelqu'un, n'avoit plus rien de reservé pour lui. Il n'y a qu'à louer ou à respecter un homme glorieux, on lui fait faire ce que l'on veut. Il n'en est pas de même d'un homme patient, il n'est pas aisé à gouverner, et l'expérience apprend qu'une personne humble, et qui a le pouvoir sur soi de remercier quand on l'a refusée, vient plutôt à bout de ce qu'elle entreprend que celle qui s'offense d'un refus. La Rancune persuada à Ragotin ce qu'il voulut, et Ragotin, dès l'heure même, alla persuader à l'operateur qu'il étoit un grand magicien. Je ne vous redirai point ce qu'il lui dit ; il suffit que l'operateur, qui avoit été averti par la Rancune, joua bien son personnage et nia qu'il fût magicien d'une manière à faire croire qu'il l'étoit. Ragotin passa l'après-dînée auprès de lui, qui avoit un matras sur le feu pour quelque operation chimique, et pour ce jour-là n'en put rien tirer d'affirmatif, dont l'impatient Manceau passa une nuit fort mauvaise. Le jour suivant, il entra dans la chambre de l'opérateur, qui etoit encore dans le lit. Inezille le trouva fort mauvais ; car elle n'etoit plus d'âge à sortir de son lit fraîche comme une rose, et elle avoit besoin tous les matins d'être longtemps enfermée en particulier, devant que d'être en etat de paroître en public. Elle se coula donc dans un petit cabinet, suivie de sa servante Morisque, qui lui porta toutes ses munitions d'amour [1], et cependant Ragotin remit le sieur Ferdinandi sur la magie, et le sieur Ferdinandi s'ouvrit plus qu'il n'avoit fait, mais sans lui vouloir rien promettre. Ragotin lui voulut donner des marques de sa largesse. Il fit fort bien apprêter le dîner, et y convia les comediens et les comediennes. Je ne vous dirai point les particularités du repas ; vous sçaurez seulement qu'on s'y rejouit beaucoup et qu'on y mangea de grande force. Après dîner, Inezille fut priée par le Destin et les comediennes de leur dire quelque historiette espagnole de celles qu'elle composoit ou

1. Voir, sur ces *medicamenta faciei*, dont usoient les dames du 17e siècle autant que celles du nôtre, un endroit du *Roman satyrique* de Jean de Lannel, 1624 (l. II, p. 194 et suiv.). —V. aussi, dans Scarron, *l'Héritier ridicule* (V. 1), un passage qui semble fait exprès pour cette note :

Blanc, perles, coques d'œufs, lard et pieds de mouton,
Baume, lait virginal, et cent mille autres drogues,
De testes sans cheveux, aussi razes que gogues,
Font des miroirs d'amour, de qui les faux appas
Estallent des beautez qu'ils ne possèdent pas.
On les peut appeler visages de moquette :
Un tiers de leur personne est dessous la toilette,
L'autre dans les patins ; le pire est dans le lit ;

et Molière, *Préc. rid.*, IV, sans parler de quelques ouvrages plus autorisés sur la matière, tels que le *Parfumeur françois*, de Simon Barbe, 1693, etc.

traduisoit tous les jours, à l'aide du divin [1] Roquebrune, qui lui avoit juré par Apollon et les neuf Sœurs qu'il lui apprendroit dans six mois toutes les grâces et les finesses de notre langue. Inezille ne se fit point prier, et, tandis que Ragotin fit la cour au magicien Ferdinandi, elle lut d'un ton de voix charmant la Nouvelle que vous allez lire dans le suivant chapitre.

Chapitre XIX.

Les deux Frères rivaux [2].

Dorothée et Feliciane de Montsalve etoient les deux plus aimables filles de Seville, et, quand elles ne l'eussent pas été, leur bien et leur condition les eussent fait rechercher de tous les cavaliers qui avoient envie de se bien marier. Dom Manuel, leur père, ne s'etoit point encore declaré en faveur de personne, et Dorothée, sa fille, qui, comme aînée, devoit être mariée devant sa sœur, avoit

---

1. On prodiguoit alors cette épithète aux poètes, surtout dans les madrigaux, odes et sonnets qu'on leur adressoit pour être insérés en tête de leurs œuvres. Le duc de Saint-Aignan, flatté d'avoir été nommé dans la *Légende de Bourbon*, traita Scarron lui-même de *divin* dans une épître en vers. Ailleurs Mlle Descars lui parle de sa *divine* plume. (Œuvr. de Scarr., rec. de 1648.)

2. Traduite librement de la première nouvelle des *Alivios de Cassandra*, intitulée : *La confusion de una noche*. V. notre notice en tête du volume.

comme elle si bien menagé ses regards et ses actions, que le plus presomptueux de ses pretendans avoit encore à douter si ses promesses amoureuses en etoient bien ou mal reçues. Cependant ces belles filles n'alloient point à la messe sans un cortége d'amans bien parés ; elles ne prenoient point d'eau benite que plusieurs mains, belles ou laides, ne leur en offrissent à la fois; leurs beaux yeux ne se pouvoient lever de dessus leurs livres de prières qu'ils ne se trouvassent le centre de je ne sais combien de regards immoderés, et elles ne faisoient pas un pas dans l'eglise qu'elles n'eussent des reverences à rendre. Mais si leur merite leur causoit tant de fatigues dans les lieux publics et dans les eglises, il leur attiroit souvent devant les fenêtres de la maison de leur père des divertissemens qui leur rendoient supportable la severe clôture à quoi les obligeoient leur sexe et la coutume de la nation. Il ne se passoit guère de nuit qu'elles ne fussent regalées de quelque musique, et l'on couroit fort souvent la bague devant leurs fenêtres, qui donnoient sur une place publique.

Un jour, entre autres, un etranger s'y fit admirer par son adresse sur tous les cavaliers de la ville, et fut remarqué pour un homme parfaitement bien fait par les deux belles sœurs. Plusieurs cavaliers de Seville, qui l'avoient connu en Flandre, où il avoit commandé un regiment de cavalerie, le convièrent de courir la bague avec eux; ce qu'il fit habillé à la soldate. A quelques jours de là, on fit dans Seville la ceremonie de sacrer un evêque. L'etranger, qui se faisoit appeler dom Sanche de Sylva, se trouva dans l'eglise où se

CHAPITRE XIX.

faisoit la ceremonie, avec les plus galans de Seville, et les belles sœurs de Monsalve s'y trouvèrent aussi, entre plusieurs dames deguisées comme elles à la mode de Seville, avec une mante de grosse etoffe et un petit chappeau couvert de plumes sur la tête. Dom Sanche se trouva par hasard entre les deux belles sœurs et une dame, qu'il accosta, mais qui le pria civilement de ne parler point à elle et de laisser libre la place qu'il occupoit à une personne qu'elle attendoit. Dom Sanche lui obéit, et, s'approchant de Dorothée de Montsalve, qui étoit plus près de lui que sa sœur et qui avoit vu ce qui s'étoit passé entre cette dame et lui : « J'avois espéré, lui dit-il, qu'etant etranger, la dame à qui j'ai voulu parler ne me refuseroit pas sa conversation ; mais elle m'a puni d'avoir cru trop temerairement que la mienne n'etoit pas à mepriser. Je vous supplie, continua-t-il, de n'avoir pas tant de rigueur qu'elle pour un etranger qu'elle vient de maltraiter, et, pour la gloire des dames de Seville, de lui donner sujet de se louer de leur bonté. — Vous m'en donnez un bien grand de vous traiter aussi mal qu'a fait cette dame, lui repondit Dorothée, puisque vous n'avez recours à moi qu'à son refus ; mais, afin que vous n'ayez pas à vous plaindre des dames de mon pays, je veux bien ne parler qu'avec vous tant que durera la ceremonie, et par là vous jugerez que je n'ai point donné ici de rendez-vous à personne. — C'est de quoi je suis etonné, faite comme vous êtes, lui dit dom Sanche, et il faut que vous soyez bien à craindre ou que les galans de cette ville soient bien timides, ou plutôt que celui dont j'occupe le poste soit absent. — Et pensez-vous, lui dit Dorothée, que je sçache si peu comment il faut aimer qu'en l'absence d'un galant je ne m'empêchasse pas bien d'aller en une assemblée où je le trouverois à redire? Ne faites pas une autre fois un si mauvais jugement d'une personne que vous ne connoissez pas. — Vous connoîtriez bien, répliqua dom Sanche, que je juge de vous plus avantageusement que vous ne pensez, si vous me permettiez de vous servir autant que mon inclination m'y porte. — Nos premiers mouvemens ne sont pas toujours bons à suivre, lui dit Dorothée, et de plus il se trouve une grande difficulté dans ce que vous me proposez. — Il n'y en a point que je ne surmonte pour meriter d'être à vous, lui repartit dom Sanche. — Ce n'est pas un dessein de peu de jours, lui repondit Dorothée; vous ne songez peut-être pas que vous ne faites que passer par Seville, et peut-être ne sçavez-vous pas aussi que je ne trouverois pas bon qu'on ne m'aimât qu'en passant. — Accordez-moi seulement ce que je vous demande, lui dit-il, et je vous promets que je serai dans Seville toute ma vie. — Ce que vous me dites là est bien galant, repartit Dorothée, et je m'etonne fort qu'un homme qui sçait dire de pareilles choses n'ait point encore ici choisi de dame à qui il pût debiter sa galanterie. N'est-ce point qu'il ne croit point qu'elles en valent la peine? — C'est plutôt qu'il se defie de ses forces, lui dit dom Sanche. — Repondez-moi precisément à ce que je vous demande, lui dit Dorothée, et m'apprenez confidemment celle de nos dames qui auroit le pouvoir de vous arrêter dans Seville. — Je vous ai dejà dit que vous m'y arrêteriez si vous vouliez, lui repondit dom Sanche. — Vous ne m'avez jamais vue, lui dit Dorothée; declarez-vous donc sur quelque autre. — Je vous avouerai donc, puisque vous me l'ordonnez, lui dit dom Sanche, que, si Dorothée de Montsalve avoit autant d'esprit que vous, je croirois un homme heureux dont elle estimeroit le merite et souffriroit les soins. — Il se trouve dans Seville plusieurs dames qui l'egalent et même qui la surpassent, lui dit Dorothée; mais, ajouta-t-elle, n'avez-vous point ouï dire qu'entre ses galans il s'en trouvât quelqu'un qu'elle favorisât plus que les autres? — Comme je me suis vu fort eloigné de la meriter, lui dit dom Sanche, je ne me suis pas beaucoup mis en peine de m'informer de ce que vous dites. — Pourquoi ne la meriteriez-vous pas aussitôt qu'un autre? lui demanda Dorothée. Le caprice des dames est quelquefois étrange, et souvent le premier abord d'un nouveau venu fait plus de progrès que plusieurs années de service des galans qui sont tous les jours devant leurs yeux. — Vous vous defaites de moi adroitement, dit dom Sanche, en me donnant courage d'en aimer une autre que vous, et je vois bien par là que vous ne considéreriez guère les services d'un nouveau galant, au prejudice de celui avec qui il y a longtemps que vous êtes engagée. — Ne vous mettez pas cela dans l'esprit, lui repondit Dorothée, et croyez plutôt que je ne suis pas assez facile à persuader par une simple cajolerie pour croire la vôtre l'effet d'une inclination naissante, et même ne m'ayant jamais vue. — S'il ne manque que cela à la declaration d'amour que je vous fais pour la rendre recevable, repartit dom Sanche, ne vous cachez pas davantage à un étranger qui est déjà charmé de votre esprit. — Le vôtre ne le seroit pas de mon visage, lui repondit Dorothée. — Ah! vous ne pouvez être que fort belle, repliqua dom Sanche, puisque vous avouez si franchement que vous ne l'êtes pas, et je ne doute plus à cette heure que vous ne vous vouliez défaire de moi parceque je vous ennuie, ou que toutes les places de votre cœur ne soient dejà prises. Il n'est donc pas juste, ajouta-t-il, que la bonté que vous avez eue à me souffrir se lasse davantage, et je ne veux pas vous laisser croire que je n'aie eu dessein que de passer mon temps, lorsque je vous offrois tout celui de ma vie. — Pour vous témoigner, lui dit Dorothée, que je ne veux pas avoir perdu celui que j'ai employé à m'entretenir avec vous, je serai bien aise de ne m'en separer point que je ne sache qui vous êtes. — Je ne puis faillir en vous obeissant. Sachez donc, aimable inconnue, lui dit-il, que je porte le nom de Sylva, qui est celui de ma mère; que mon père est gouverneur de Quito dans le Perou, que je suis dans Seville par son ordre, et que j'ai passé toute ma vie en Flandre, où j'ai merité des plus beaux emplois de l'armée et une commanderie de Saint-Jacques. Voilà en peu de paroles ce que je suis, continua-t-il, et il ne tiendra desormais qu'à vous que je ne vous puisse faire sçavoir, en un lieu moins public, ce que je veux être toute ma vie. — Ce sera le plus tôt que je pourrai, lui dit Dorothée, et cependant, sans vous mettre en peine de me connoître davantage, si vous ne voulez vous mettre en danger de ne me connoître jamais, contentez-vous de savoir que je suis de qualité et que mon visage ne fait pas peur. »

Dom Sanche la quitta, lui faisant une profonde reverence, et alla joindre un grand nombre de galans à louer qui s'entretenoient ensemble. Quelques dames tristes, de celles qui sont toujours en peine de la conduite des autres et fort en repos de la leur, qui se font d'elles-mêmes arbitres du mal et du bien, quoiqu'on puisse faire des gageures sur leur vertu comme sur tout ce qui n'est pas bien averé, et qui croient qu'avec un peu de rudesse brutale et de grimace devote elles ont de l'honneur à revendre, quoique l'enjoûment de leur jeunesse ait eté plus scandaleux que le chagrin de leurs rides n'a eté de bon exemple, ces dames donc, le plus souvent de connoissance très courte, diront ici que mademoiselle Dorothée est pour le moins une etourdie, non seulement d'avoir si brusquement fait de si grandes avances à un homme qu'elle ne connoissoit que de vue, mais aussi d'avoir souffert qu'on lui parlât d'amour, et que, si une fille sur qui elles auroient du pouvoir en avoit fait autant, elle ne seroit pas un quart d'heure dans le monde. Mais que les ignorantes sachent que chaque pays a ses coutumes particulières, et que, si en France les femmes, et même les filles, qui vont partout sur leur bonne foi, s'offensent, ou du moins le doivent faire, de la moindre declaration d'amour, qu'en Espagne, où elles sont resserrées comme des religieuses, on ne les offense point de leur dire qu'on les aime, quand celui qui le leur diroit n'auroit pas de quoi se faire aimer. Elles font bien davantage : ce sont toujours presque les dames qui font les premières avances, et qui sont les premières prises, parcequ'elles sont les dernières à être vues des galans qu'elles voient tous les jours dans les églises, dans le cours, et de leurs balcons et jalousies [1].

Dorothée fit confidence à sa sœur Feliciane de la conversation qu'elle avoit eue avec dom Sanche, et lui avoua que cet etranger lui plaisoit davantage que tous les cavaliers de Seville ; et sa sœur approuva fort le dessein qu'elle avoit fait sur sa liberté. Les deux belles sœurs moralisèrent long-temps sur les priviléges avantageux qu'avoient les hommes par dessus les femmes, qui n'étoient presque jamais mariées qu'au choix de leurs parens, qui n'etoit pas toujours à leur gré, au lieu que les hommes se pouvoient choisir des femmes aimables. « Pour moi, disoit Dorothée à sa sœur, je suis bien assurée que l'amour ne me fera jamais rien faire contre mon devoir ; mais je suis aussi bien resolue de ne me marier jamais avec un homme qui ne possedera pas lui seul tout ce que j'aurois à chercher en plusieurs autres, et j'aime bien mieux passer ma vie dans un couvent qu'avec un mari que je ne pourrois pas aimer. » Feliciane dit à sa sœur qu'elle avoit pris cette resolution-là aussi bien qu'elle, et elles s'y fortifièrent l'une l'autre par tous les raisonnemens que leurs beaux esprits leur fournirent sur ce sujet.

Dorothée trouvoit de la difficulté à tenir à dom Sanche la parole qu'elle lui avoit donnée de se

---

[1]. C'est du moins ainsi que les choses se passent presque toujours dans les romans, nouvelles et drames espagnols ou imités de l'espagnol.

faire connoître à lui, et elle en témoignoit à sa sœur beaucoup d'inquietude; mais Feliciane, qui etoit heureuse à trouver des expediens, fit souvenir à sa sœur qu'une dame de leurs parentes, et de plus de leurs intimes amies (car toutes les parentes n'en sont pas)[1], la serviroit de tout son cœur dans une affaire où il y alloit de son repos. « Vous sçavez bien, lui disoit cette bonne sœur, la plus commode du monde, que Marine, qui nous a servies si long-temps, est mariée à un chirurgien qui loue de notre parente une petite maison jointe à la sienne, et que les deux maisons ont une entrée l'une dans l'autre. Elles sont dans un quartier eloigné, et quand on remarqueroit que nous irions visiter notre parente plus souvent que nous n'aurions jamais fait, on ne prendra pas garde que ce dom Sanche entre chez un chirurgien, outre qu'il y peut entrer de nuit et deguisé. »

Cependant que Dorothée dresse à l'aide de sa sœur le plan de son intrigue amoureuse, qu'elle dispose sa parente à la servir et instruit Marine de ce qu'elle a à faire, dom Sanche songe en son inconnue, ne sçait si elle lui a promis de lui faire sçavoir de ses nouvelles pour se moquer de lui, et la voit tous les jours sans la connoître, ou dans les églises, ou à son balcon, recevant les adorations de ses galans, qui sont tous de la connoissance de dom Sanche, et les plus grands amis qu'il ait dans Seville. Il s'habilloit un matin, songeant

1. Nouvelle allusion probablement à sa belle-mère, et sans doute aussi à ses sœurs et à son frère du second lit, Madeleine, Claude et Nicolas Scarron, dont il eut beaucoup à se plaindre, et contre qui il fut obligé de plaider. V. *factum* ou *requête*, etc.

à son inconnue, quand on lui vint dire qu'une femme voilée le demandoit. On la fit entrer, et il en reçut le billet que vous allez lire :

BILLET.

Je vous aurois plus tôt fait sçavoir de mes nouvelles si je l'avois pu. Si l'envie que vous avez eue de me connoître vous dure encore, trouvez-vous, au commencement de la nuit, où celle qui vous a donné mon billet vous dira, et d'où elle vous conduira où je vous attendrai.

Vous pouvez vous figurer la joie qu'il eut. Il embrassa avec emportement la bienheureuse ambassadrice, et lui donna une chaîne d'or, qu'elle prit après quelque petite ceremonie. Elle lui donna heure au commencement de la nuit en un lieu ecarté, qu'elle lui marqua, où il se devoit rendre sans suite, et prit congé de lui, le laissant l'homme du monde le plus aise et le plus impatient. Enfin la nuit vint : il se trouva à l'assignation embelli et parfumé, où l'attendoit l'ambassadrice du matin. Il fut introduit par elle dans une petite maison de mauvaise mine, et ensuite en un fort bel appartement, où il trouva trois dames, toutes le visage couvert d'un voile. Il reconnut son inconnue à sa taille, et lui fit d'abord des plaintes de ce qu'elle ne levoit pas son voile. Elle ne fit point de façons, et sa sœur et elle se decouvrirent au bienheureux dom Sanche pour les belles dames de Montsalve. « Vous voyez, lui dit Dorothée en ôtant son voile, que je disois la verité quand je vous assurois qu'un etranger obtenoit quelquefois en un moment ce que des galans qu'on voyoit tous les jours ne meritoient pas en plusieurs années ; et vous seriez, ajouta-t-elle, le plus ingrat de tous les hommes si vous n'estimiez pas la faveur que je vous fais, ou si vous en faisiez des jugemens à mon desavantage. — J'estimerai toujours tout ce qui me viendra de vous comme s'il me venoit du Ciel, lui dit le passionné dom Sanche, et vous verrez bien par le soin que j'aurai à me conserver le bien que vous me ferez que, si jamais je le perds, ce sera plutôt par mon malheur que par ma faute.

    Ils se dirent en peu de temps
    Tout ce que l'amour nous fait dire
    Quand il est maître de nos sens.

La maîtresse du logis et Feliciane, qui sçavoient bien vivre, s'etoient eloignées d'une honnête distance de nos deux amans, et ainsi ils eurent toute la commodité qu'il leur falloit pour s'entredonner de l'amour encore plus qu'ils n'en avoient, quoiqu'ils en eussent dejà beaucoup, et prirent jour pour s'en donner, s'il se pouvoit, encore davantage. Dorothée promit à dom Sanche de faire ce qu'elle pourroit pour se voir souvent avec lui ; il l'en remercia le plus spirituellement qu'il put ; les deux autres dames se mêlèrent en même temps dans leur conversation, et Marine les fit souvenir de se separer quand il en fut temps. Dorothée en fut triste, dom Sanche en changea de visage ; mais il fallut pourtant se dire adieu. Le brave cavalier ecrivit dès le jour suivant à sa belle dame, qui lui fit une reponse telle qu'il la pouvoit souhaiter. Je ne vous ferai point voir ici de leurs billets amoureux, car il n'en est point tombé entre mes mains. Ils se virent souvent dans le même lieu et de la même façon qu'ils s'etoient vus la première fois, et vinrent à s'aimer si fort, que, sans repandre leur sang comme Pirame et Tisbé, ils ne leur en durent guère en tendresse impetueuse.

On dit que l'amour, le feu et l'argent ne se peuvent long-temps cacher. Dorothée, qui avoit son galant etranger dans la tête, n'en pouvoit parler petitement, et elle le mettoit si haut au dessus de tous les gentilshommes de Seville, que quelques dames qui avoient leurs interêts cachés aussi bien qu'elle, et qui l'entendoient incessamment parler de dom Sanche et l'elever au mepris de ce qu'elles aimoient, y prirent garde et s'en piquèrent. Feliciane l'avoit souvent avertie en particulier d'en parler avec plus de retenue, et cent fois, en compagnie, quand elle la voyoit se laisser emporter au plaisir qu'elle prenoit de parler de son galant, lui avoit marché sur les pieds jusqu'à lui faire mal. Un cavalier amoureux de Dorothée en fut averti par une dame de ses intimes amies, et n'eut point de peine à croire que Dorothée aimoit dom Sanche, parcequ'il se souvint que depuis que cet etranger etoit dans Séville, les esclaves de cette belle fille, desquels il etoit le plus enchaîné, n'en avoient pas reçu le moindre petit regard favorable. Ce rival de dom Sanche etoit riche, de bonne maison, et etoit agreable de dom Manuel, qui ne pressoit pourtant pas sa fille de l'epouser, à cause que toutes les fois qu'il lui en parloit elle le conjuroit de ne la marier pas si jeune. Ce cavalier (je me viens de souvenir qu'il s'appeloit dom Diègue) voulut s'assurer davantage de ce qu'il ne faisoit encore que soupçonner. Il avoit un valet de chambre de ceux qu'on appelle braves garçons, qui ont d'aussi beau linge que leurs maîtres ou qui portent le leur, qui font les modes entre les autres valets, et qui en sont autant enviés qu'estimés des servantes. Ce valet se nommoit Gusman, et, ayant eu du ciel une demi-teinture de poesie, faisoit la plûpart des romances de Seville[1], ce qui est à Paris des chansons de Pont-Neuf[2]; il les chan-

1. L'Andalousie, et en particulier Séville, sa capitale, furent de tout temps, dans la réalité comme dans les romans et la poésie, l'asile favori de la bohême espagnole, des vagabonds et joueurs de guitare. Ce n'est pas sans raison que Beaumarchais en a fait le séjour de son Figaro, et que la même ville est restée le lieu privilégié des sérénades dans toutes les romances. Il y avoit surtout le faubourg Triana, qui, à peu près comme notre Pont-Neuf, étoit le centre de réunion de ces personnages, le quartier-général de leurs tours, de leurs exercices de toutes sortes et de leurs vols. Dans la Nouvelle de Cervantes intitulée : *Rinconet et Cortadille*, qui « contient toutes les ruzes et les subtilitez des plus fins et des plus madrez coupeurs de bourses » (trad. de Rosset), le lieu de la scène est à Séville. Cette nouvelle peut même nous donner une idée de ce que Scarron appelle les romances de Séville (qu'il compare d'ailleurs aux chansons du Pont-Neuf; voir la note suiv.), par les chants populaires que Cervantes fait exécuter à ses voleurs et à ses vagabonds, s'accompagnant, l'un d'un balai de palme verte en guise de violon, l'autre d'un patin sur lequel il frappe comme sur un tambour, un autre encore de fragments de plats qui lui servent de castagnettes.

2. Les écrivains comiques et satyriques du temps, Sorel, Cyrano, Scarron, d'Assoucy, Boileau, Saint-Amant, Naudé dans le *Mascurat*, Tallemant, etc., etc., font souvent allusion aux chantres et poètes du Pont-Neuf, les hôtes quotidiens du Cheval de bronze. Dès le matin, on entendoit retentir

toit sur sa guitare, et ne les chantoit pas toutes unies et sans y faire de la broderie des lèvres ou de la langue. Il dansoit la sarabande, n'etoit jamais sans castagnettes, avoit eu envie d'être comedien, et faisoit entrer dans la composition de son merite quelque bravoure, mais, pour vous dire les choses comme elles sont, un peu filoutière. Tous ces beaux talens, joints à quelque éloquence de memoire que lui avoit communiquée celle de son maître, l'avoient rendu sans contredit le blanc[1] (si je l'ose ainsi dire) de tous les desirs amoureux des servantes qui se croyoient aimables[2]. Dom Diègue lui commanda de se ra-

les refrains, parmi les cris des marchands de libelles et de poésies, qui en étoient quelquefois les auteurs eux-mêmes. « Contraint par la nécessité, lit-on dans l'*Histoire du poète Sibus* (recueil en prose de Sercy, 2e v.), il alla encore sur le Pont-Neuf chanter quelques chansons qu'il avoit faites. » Maillet, le *poète crotté*, y heurtoit maître Guillaume, et le comte de Permission y coudoyoit le Savoyard. Celui-ci (de son vrai nom Philippot) étoit le plus célèbre de tous, et il chantoit, en bouffonnant et en se faisant accompagner de jeunes garçons, tantôt des chansons burlesques de Gautier Garguille, tantôt des siennes propres, qu'on a recueillies dans un volume curieux. D'Assoucy, dans ses *Aventures* (p. 247 et suiv.), donne d'intéressants détails sur ce personnage. V. également *Dict.* de Bayle, édit.. 1741, t. 2, p. 249 N. C. La muse du Pont-Neuf embouchoit aussi quelquefois la trompette pour célébrer à sa manière les événements nationaux. Les mots *chansons du Pont-Neuf* étoient passés en proverbe, pour désigner, dit Furetière, « les chansons communes qui se chantent parmi le peuple, avec grande facilité et sans art. » On dit encore aujourd'hui : un pont-neuf.

1. C'est-à-dire le but, la cible.
2. C'est là le type du valet des romans picaresques, tel qu'on le retrouve aussi dans quelques pages de *Francion*, dans *Gil-Blas* et *le Mariage de Figaro*. Les Crispins et les Frontins de notre comédie classique ont également plusieurs traits de cette physionomie, comme aussi le Mascarille de

doucir pour Isabelle, jeune fille qui servoit les dames de Montsalve. Il obeit à son maître. Isabelle s'en aperçut, et se crut heureuse d'etre aimée de Gusman, qu'elle aima en peu de temps, et qui, de son côté, vint aussi à l'aimer et à continuer tout de bon ce qu'il n'avoit commencé que pour obeir à son maître. Si Gusman eveilloit la convoitise des servantes de la plus grande ambition, Isabelle etoit un parti avantageux pour le valet d'Espagne qui eût eu les pensées les plus hautes. Elle etoit aimée de ses maîtresses, qui etoient fort liberales, et avoit quelque bien à attendre de son père, qui etoit un honnête artisan. Gusman songea donc serieusement à être son mari; elle l'agrea pour tel; ils se donnèrent mutuellement la foi de mariage, et vecurent depuis ensemble comme s'ils eussent eté mariés. Isabelle avoit bien du deplaisir de ce que Marine, la femme du chirurgien chez qui Dorothée et dom Sanche se voyoient secrètement, et qui avoit servi sa maîtresse devant elle, etoit encore sa confidente dans une affaire de cette nature, où la liberalité d'un amant se faisoit toujours paroître. Elle avoit eu connoissance de la chaîne d'or que dom Sanche avoit donnée à Marine, de plusieurs autres presens qu'il lui avoit faits, et s'imaginoit qu'elle en avoit reçu bien d'autres. Elle en haïssoit Marine à mort, et c'est ce qui m'a fait croire que la belle fille etoit un peu interessée. Il ne faut donc pas s'etonner si, à la première prière que lui fit

---

Molière : « J'ai un certain valet... qui passe, au sentiment de beaucoup de gens, pour une manière de bel-esprit, etc. » (*Préc. rid.* I.)

Gusman de lui avouer s'il etoit vrai que Dorothée aimât quelqu'un, elle fit part du secret de sa maîtresse à un homme à qui elle s'etoit donnée tout entière. Elle lui apprit tout ce qu'elle savoit de l'intrigue de nos jeunes amans, et exagera long-temps la bonne fortune de Marine, que dom Sanche enrichissoit, et ensuite pesta contre elle d'emporter ainsi des profits qui etoient mieux dus à une servante de la maison. Gusman la pria de l'avertir du jour que Dorothée se trouveroit avec son galant. Elle le fit, et il ne manqua pas d'en avertir son maître, à qui il apprit tout ce qu'il avoit appris de la peu fidèle Isabelle.

Dom Diègue, habillé en pauvre, se posta auprès de la porte du logis de Marine la nuit que lui marqua son valet, y vit entrer son rival, et, à quelque temps de là, arrêter un carrosse devant la maison de la parente de Dorothée, d'où cette belle fille et sa sœur descendirent, laissant dom Diègue dans la rage que vous pouvez vous imaginer. Il fit dessein, dès lors, de se delivrer d'un si redoutable rival en l'ôtant du monde, s'assura d'assassins de louage, attendit dom Sanche plusieurs nuits de suite, et enfin le trouva et l'attaqua, secondé de deux braves bien armés aussi bien que lui. Dom Sanche, de son côté, etoit en etat de se bien defendre, et, outre le poignard et l'epée, avoit deux pistolets à sa ceinture. Il se defendit d'abord comme un lion, et connut bien que ses ennemis en vouloient à sa vie et etoient couverts à l'epreuve des coups d'epée. Dom Diègue le pressoit plus que les autres, qui n'agissoient qu'au prix de l'argent qu'ils en avoient reçu. Il lâcha quelque temps le pied devant ses ennemis pour tirer le bruit du combat loin de la maison où etoit sa Dorothée; mais enfin, craignant de se faire tuer à force d'être discret, et se voyant trop pressé de dom Diègue, il lui tira un de ses pistolets et l'etendit par terre demi-mort et demandant un prêtre à haute voix. Au bruit du coup de pistolet les braves disparurent. Dom Sanche se sauva chez lui, et les voisins sortirent dans la rue et trouvèrent dom Diègue, qu'ils reconnurent, tirant à sa fin, et qui accusa dom Sanche de sa mort. Notre cavalier en fut averti par ses amis, qui lui dirent que, quand la justice ne le chercheroit pas, les parens de dom Diègue ne laisseroient pas la mort de leur parent impunie, et tâcheroient assurément de le tuer, en quelque lieu qu'ils le trouvassent. Il se retira donc dans un couvent, d'où il fit savoir de ses nouvelles à Dorothée, et donna ordre à ses affaires pour pouvoir sortir de Seville quand il le pourroit faire sûrement.

La justice cependant fit ses diligences, chercha dom Sanche et ne le trouva point. Après que la première ardeur des poursuites fut passée, et que tout le monde fut persuadé qu'il s'etoit sauvé, Dorothée et sa sœur, sous un pretexte de devotion, se firent mener par leur parente dans le couvent où s'etoit retiré dom Sanche, et là, par l'entremise d'un bon père, les deux amans se virent dans une chapelle, se promirent une fidelité à toutes epreuves, et se separèrent avec tant de regret, et se dirent des choses si pitoyables, que sa sœur, sa parente et le bon religieux, qui en furent temoins, en pleurèrent, et en ont toujours pleuré depuis toutes les fois qu'ils y ont songé.

Il sortit deguisé de Seville, et laissa, devant que de partir, des lettres au facteur de son père, pour les lui faire tenir aux Indes. Par ces lettres, il lui faisoit savoir l'accident qui l'obligeoit à s'absenter de Seville, et qu'il se retiroit à Naples. Il y arriva heureusement, et fut bien venu auprès du vice-roi, à qui il avoit l'honneur d'appartenir. Quoiqu'il en reçût toutes sortes de faveurs, il s'ennuya dans la ville de Naples pendant une année entière, puisqu'il n'avoit point de nouvelles de Dorothée.

Le vice-roi arma six galères qu'il envoya en course contre le Turc. Le courage de dom Sanche ne lui laissa pas negliger une si belle occasion de l'exercer, et celui qui commandoit ces galères le reçut dans la sienne et le logea dans la chambre de poupe, ravi d'avoir avec lui un homme de sa condition et de son merite. Les six galères de Naples en trouvèrent huit turques presque à la vue de Messine et n'hesitèrent point à les attaquer. Après un long combat, les chretiens prirent trois galères ennemies et en coulèrent deux à fond. La patronne des galères chretiennes s'etoit attachée à celle des Turcs, qui, pour être mieux armée que les autres, avoit fait aussi plus de resistance. La mer cependant etoit devenue grosse, et l'orage s'etoit augmenté si furieusement, qu'enfin les chretiens et les Turcs songèrent moins à s'entrenuire qu'à se garantir de l'orage. On deprit donc de part et d'autre les crampons de fer dont les galères avoient eté accrochées, et la patronne turque s'eloigna de la chretienne dans le temps que le trop hardi dom Sanche s'etoit jeté dedans et n'avoit été suivi de personne. Quand il se vit lui seul au pouvoir des ennemis, il prefera la mort à l'esclavage, et, au hasard de tout ce qui en pourroit arriver, se lança dans la mer, esperant en quelque façon, comme il etoit grand nageur, de gagner à la nage les galères chretiennes ; mais le mauvais temps empêcha qu'il n'en fût aperçu, quoique le general chretien, qui avoit été temoin de l'action de dom Sanche, et qui se desesperoit de sa perte, qu'il croyoit inevitable, fît revirer sa galère du côté qu'il s'etoit jeté dans la mer. Dom Sanche cependant fendoit les vagues de toute la force de ses bras, et après avoir nagé quelque temps vers la terre, où le vent et la marée le portoient, il trouva heureusement une planche des galères turques que le canon avoit brisées, et se servit utilement de ce secours, venu à propos, qu'il crut que le ciel lui avoit envoyé. Il n'y avoit pas plus d'une lieue et demie du lieu où le combat s'etoit fait jusqu'à la côte de Sicile, et dom Sanche y aborda plus vite qu'il ne l'esperoit, aidé comme il etoit du vent et de la marée. Il prit terre sans se blesser contre le rivage, et après avoir remercié Dieu de l'avoir tiré d'un peril si evident, il alla plus avant en terre, autant que sa lassitude le put permettre, et d'une eminence qu'il monta aperçut un hameau habité de pêcheurs, qu'il trouva les plus charitables du monde. Les efforts qu'il avoit faits pendant le combat, qui l'avoient fort echauffé, et ceux qu'il avoit faits dans la mer, et le froid qu'il y avoit souffert et ensuite dans ses habits mouillés, lui causèrent une violente fièvre qui lui fit longtemps garder le lit ; mais enfin il guerit sans y faire autre chose que de vivre de regime. Pendant sa maladie, il fit dessein de laisser tout le monde dans la croyance qu'on devoit avoir de sa mort, pour n'avoir plus tant à se garder de ses ennemis les parens de dom Diègue, et pour eprouver la fidelité de Dorothée.

Il avoit fait grande amitié en Flandre avec un marquis sicilien, de la maison de Montalte, qui s'appeloit Fabio. Il donna ordre à un pêcheur de s'informer s'il etoit à Messine, où il savoit qu'il demeuroit, et ayant sçu qu'il y etoit, il y alla en habit de pêcheur, et entra la nuit chez ce marquis, qui l'avoit pleuré avec tous ceux qui avoient été affligés de sa perte. Le marquis Fabio fut ravi de retrouver un ami qu'il avoit cru perdu. Dom Sanche lui apprit de quelle façon il s'etoit sauvé, et lui conta son aventure de Seville, sans lui cacher la violente passion qu'il avoit pour Dorothée. Le marquis sicilien s'offrit d'aller en Espagne, et même d'enlever Dorothée, si elle y consentoit, et de l'amener en Sicile. Dom Sanche ne voulut pas recevoir de son ami de si perilleuses marques d'amitié; mais il eut une extrême joie de ce qu'il vouloit bien l'accompagner en Espagne. Sanchez, valet de dom Sanche, avoit été si affligé de la perte de son maître, que, quand les galères de Naples vinrent se rafraîchir à Messine, il entra dans un couvent pour y passer le reste de ses jours. Le marquis Fabio l'envoya demander au superieur, qui l'avoit reçu à la recommandation de ce seigneur sicilien, et qui ne lui avoit pas encore donné l'habit de religieux. Sanchez pensa mourir de joie quand il revit son cher maître, et ne songea plus à retourner dans son couvent. Dom Sanche l'envoya en Espagne préparer ses voies et pour lui faire savoir des nouvelles de Dorothée, qui cependant avoit cru avec tout le monde que dom Sanche etoit mort. Le bruit en alla jusqu'aux Indes ; le père de dom Sanche en mourut de regret et laissa à un autre fils qu'il avoit quatre cent mille ecus de bien, à condition d'en donner la moitié à son frère si la nouvelle de sa mort se trouvoit fausse. Le frère de dom Sanche se nommoit dom Juan de Peralte, du nom de son père. Il s'embarqua pour l'Espagne, avec tout son argent, et arriva à Seville un an après l'accident qui y etoit arrivé à dom Sanche. Ayant un nom different du sien, il lui fut aisé de cacher qu'il fût son frère, ce qu'il lui etoit important de tenir secret, à cause du long sejour que ses affaires l'obligèrent de faire dans une ville où son frère avoit des ennemis. Il vit Dorothée et en devint amoureux comme son frère ; mais il n'en fut pas aimé comme lui. Cette belle fille affligée ne pouvoit rien aimer après son cher dom Sanche : tout ce que dom Juan de Peralte faisoit pour lui plaire l'importunoit, et elle refusoit tous les jours les meilleurs partis de Seville, que son père, dom Manuel, lui proposoit.

Dans ce temps-là, Sanchez arriva à Seville, et, suivant les ordres que lui avoit donnés son maître, il voulut s'informer de la conduite de Dorothée. Il sçut du bruit de la ville qu'un cavalier fort riche, venu depuis peu des Indes, en etoit amoureux et faisoit pour elle toutes les galanteries d'un amant bien raffiné. Il l'ecrivit à son maître et lui fit le mal plus grand qu'il n'etoit, et son maître se l'imagina encore plus grand que son valet ne le lui avoit fait. Le marquis Fabio et dom Sanche s'embarquèrent à Messine sur les galères d'Espagne qui y retournoient, et arrivèrent heureusement à Saint-Lucar, où ils prirent la poste jusqu'à Seville. Ils y entrèrent de nuit et descendirent dans le logis que Sanchez leur avoit arrêté. Ils gardèrent la chambre le lendemain, et la nuit dom Sanche et le marquis Fabio allèrent faire la ronde dans le quartier de dom Manuel. Ils ouïrent accorder des instrumens sous les fenêtres de Dorothée, et ensuite une excellente musique, après laquelle une voix seule, accompagnée d'un theorbe, se plaignit long-temps des rigueurs d'une tigresse deguisée en ange. Dom Sanche fut tenté de charger Messieurs de la serenade ; mais le marquis Fabio l'en empêcha, lui representant que c'etoit tout ce qu'il pourroit faire si Dorothée avoit paru à son balcon pour obliger son rival, ou si les paroles de l'air qu'on avoit chanté etoient des remercîmens de faveurs reçues plutôt que des plaintes d'un amant qui n'etoit pas content. La serenade se retira peut-être assez mal satisfaite, et dom Sanche et le marquis Fabio se retirèrent aussi.

Cependant Dorothée commençoit à se trouver importunée de l'amour du cavalier indien. Son père dom Manuel avoit une extrême passion de la voir mariée, et elle ne doutoit point que, si cet Indien, dom Juan de Peralte, riche et de bonne maison comme il etoit, s'offroit à lui pour son gendre, il ne fût preferé à tous les autres, et elle plus pressée de son père qu'elle n'avoit encore eté. Le jour qui suivit la serenade dont le marquis Fabio et dom Sanche avoient eu leur part, Dorothée s'en entretint avec sa sœur et lui dit qu'elle ne pouvoit plus souffrir les galanteries de l'Indien, et qu'elle trouvoit étrange qu'il les fît si publiques devant que d'avoir fait parler à son père. « C'est un procédé que je n'ai jamais approuvé, lui dit Feliciane, et, si j'étois en votre place, je le traiterois si mal la première fois que l'occasion s'en presenteroit, qu'il seroit bientôt desabusé de l'esperance qu'il a de vous plaire. Pour moi, il ne m'a jamais plu, ajouta-t-elle ; il n'a point ce bon air qu'on ne prend qu'à la Cour [1], et la grande depense qu'il fait dans Seville n'a rien de poli et rien qui ne sente son etranger. » Elle s'efforça ensuite de faire une fort desagreable peinture de dom Juan de Peralte, ne se souvenant pas qu'au commencement qu'il parut dans Seville elle avoit avoué à sa sœur qu'il ne lui deplaisoit pas, et que toutes les fois qu'elle avoit eu à en parler elle l'avoit fait en le louant avec quelque sorte d'emportement. Dorothée, remarquant sa sœur si changée, ou qui feignoit de l'être, dans les sentimens qu'elle avoit eus autrefois pour ce cavalier, la soupçonna d'avoir de l'inclination pour lui, autant qu'elle lui vouloit faire croire de n'en avoir point, et pour s'en eclaircir elle lui dit qu'elle n'etoit point offensée

---

1. On reconnoît là, appliquée à la cour d'Espagne, l'opinion commune à toute la *bonne cabale* et à la plupart des écrivains courtisans du XVIIe siècle. Ce n'étoit pas seulement Mascarille qui tenoit « que, hors de Paris, il n'y avoit point de salut pour les honnêtes gens. » (*Préc. rid.*, sc. 10.) Bussy-Rabutin a dit de même que partout ailleurs qu'à Versailles on devient ridicule.

des galanteries de dom Juan par l'aversion qu'elle eût pour sa personne, et qu'au contraire, lui trouvant dans le visage quelque air de celui de dom Sanche, il auroit été plus capable de lui plaire qu'aucun autre cavalier de Seville, outre qu'elle savoit bien qu'etant riche et de bonne maison il obtiendroit aisément le consentement de son père. « Mais, ajouta-t-elle, je ne puis rien aimer après dom Sanche, et, puisque je n'ai pu être sa femme, je ne la serai jamais d'un autre, et je passerai le reste de mes jours dans un couvent. — Quand vous ne seriez pas encore bien resolue à un si etrange dessein, lui dit Feliciane, vous ne pouvez m'affliger davantage que de me le dire. — N'en doutez point, ma sœur, lui repondit Dorothée ; vous serez bientôt le plus riche parti de Seville, et c'est ce qui me faisoit avoir envie de voir dom Juan pour lui persuader d'avoir pour vous les sentimens d'amour qu'il a pour moi, après l'avoir desabusé de l'esperance qu'il a que je puisse jamais consentir à l'épouser ; mais je ne le verrai que pour le prier de ne m'importuner plus de ses galanteries, puisque je vois que vous avez tant d'aversion pour lui. Et en verité, continua-t-elle, j'en ai du deplaisir : car je ne vois personne dans Seville avec qui vous puissiez être aussi bien mariée que vous le seriez avec lui. — Il m'est plus indifferent que haïssable, lui dit Feliciane, et si je vous ai dit qu'il me deplaisoit, ç'a été plutôt par quelque complaisance que j'ai voulu avoir pour vous, que par une veritable aversion que j'eusse pour lui. — Avouez plutôt, ma chère sœur, lui repondit Dorothée, que vous ne me parlez pas ingenuëment, et quand vous m'avez témoigné peu d'estime pour dom Juan, que vous ne vous êtes pas souvenue que vous me l'avez quelquefois extrêmement loué, ou que vous avez plutôt craint qu'il ne me plût trop, que decouvert qu'il ne vous plaisoit guère. »

Feliciane rougit à ces dernières paroles de Dorothée et se defit extrêmement. Elle lui dit, l'esprit fort troublé, quantité de choses mal arrangées, qui la defendirent moins qu'elles ne la convainquirent de ce que l'accusoit sa sœur, et enfin elle lui confessa qu'elle aimoit dom Juan. Dorothée ne desapprouva pas son amour, et lui promit de la servir de tout son pouvoir. Dès le jour même, Isabelle, qui avoit rompu tout commerce avec son Gusman depuis l'accident arrivé à dom Sanche, eut ordre de Dorothée d'aller trouver dom Juan, de lui porter la clef d'une porte du jardin de dom Manuel, et de lui dire que Dorothée et sa sœur l'y attendroient, et qu'il se rendît à l'assignation à minuit, quand leur père seroit couché. Isabelle, qui avoit été gagnée de dom Juan, et qui avoit fait ce qu'elle avoit pu pour le mettre bien dans l'esprit de sa maîtresse, sans y avoir reussi, fut fort surprise de la voir si changée et fort aise de porter une bonne nouvelle à une personne à qui elle n'en avoit encore porté que de mauvaises, et de qui elle avoit dejà reçu beaucoup de presens. Elle vola chez ce cavalier, qui eût eu peine à croire sa bonne fortune, sans la fatale clef du jardin qu'elle lui remit entre les mains. Il mit dans les siennes une petite bourse de senteur[1], pleine de cinquante

---

1. C'est-à-dire une bourse parfumée, remplie de senteurs. On

pistoles, dont elle eut pour le moins autant de joie qu'elle venoit de lui en donner.

Le hasard voulut que, la même nuit que dom Juan devoit avoir entrée dans le jardin du père de Dorothée, dom Sanche, accompagné de son ami le marquis, vint encore faire la ronde à l'entour du logis de cette belle fille pour s'assurer davantage des desseins de son rival. Le marquis et lui etoient sur les onze heures dans la rue de Dorothée, quand quatre hommes bien armés s'arrêtèrent auprès d'eux. L'amant jaloux crut que c'etoit son rival; il s'approcha de ces hommes et leur dit que le poste qu'ils occupoient lui etoit commode pour un dessein qu'il avoit, et qu'il les prioit de le lui céder. « Nous le ferions par civilité, lui repondirent les autres, si le même poste que vous nous demandez n'etoit absolument nécessaire à un dessein que nous avons aussi, et qui sera executé assez tôt pour ne retarder pas longtemps l'exécution du vôtre. » La colère de dom Sanche etoit dejà au plus haut point où elle pouvoit aller : mettre donc l'epée à la main et charger ces hommes, qu'il trouvoit incivils, fut presque la même chose. Cette attaque imprevue de dom Sanche les surprit et les mit en desordre, et le marquis les chargeant d'aussi grande vigueur qu'avoit fait son ami, ils se defendirent mal et furent poussés plus vite que le pas jusqu'au bout de la rue. Là dom Sanche reçut une legère blessure dans un bras, et perça celui qui l'avoit blessé d'un si grand coup qu'il fut longtemps à retirer son épée du corps de son ennemi,

---

disoit, dans le même sens et de la même manière : des peaux, des gants de senteur.

et crut l'avoir tué. Le marquis, cependant, s'etoit opiniâtré à poursuivre les autres, qui fuirent devant lui de toute leur force aussitôt qu'ils virent tomber leur camarade. Dom Sanche vit à l'un des deux bouts de la rue des gens avec de la lumière qui venoient au bruit du combat; il eut peur que ce ne fût la justice, et c'etoit elle. Il se retira en diligence dans la rue où le combat avoit commencé, et de cette rue dans une autre, au milieu de laquelle il trouva tête pour tête un vieux cavalier qui s'eclairoit d'une lanterne, et qui avoit mis l'epée à la main au bruit que faisoit dom Sanche, qui venoit à lui en courant. Ce vieux cavalier etoit dom Manuel, qui revenoit de jouer chez un de ses voisins, comme il faisoit tous les soirs, et alloit entrer chez lui par la porte de son jardin, qui etoit proche du lieu où le trouva dom Sanche. Il cria à notre amoureux cavalier : « Qui va là ? — Un homme, lui repondit dom Sanche, à qui il importe de passer vite si vous ne l'en empêchez. — Peut-être, lui dit dom Manuel, vous est-il arrivé quelque accident qui vous oblige à chercher un asile ; ma maison, qui n'est pas eloignée, vous en peut servir. — Il est vrai, lui repondit dom Sanche, que je suis en peine de me cacher à la justice, qui peut-être me cherche, et puisque vous êtes assez généreux pour offrir votre maison à un etranger, il vous fie son salut en toute assurance, et vous promet de n'oublier jamais la grâce que vous lui faites, et de ne s'en servir qu'autant de temps qu'il lui est nécessaire pour laisser passer outre ceux qui le cherchent. » Dom Manuel, là dessus, ouvrit sa porte d'une clef qu'il avoit sur lui, et, ayant fait entrer dom Sanche dans son jardin, le mit dans un bois de lauriers en attendant qu'il iroit donner ordre à le cacher mieux dans sa maison sans qu'il fût vu de personne.

Il n'y avoit pas longtemps que dom Sanche etoit caché entre ces lauriers, quand il vit venir à lui une femme qui lui dit en l'approchant : « Venez, mon cavalier, ma maîtresse Dorothée vous attend. » A ce nom-là, dom Sanche pensa qu'il pouvoit bien être dans la maison de sa maîtresse, et que le vieux cavalier etoit son père. Il soupçonna Dorothée d'avoir donné assignation dans le même lieu à son rival, et suivit Isabelle plus tourmenté de sa jalousie que de la peur de la justice. Cependant dom Juan vint à l'heure qu'on lui avoit donnée, ouvrit la porte du jardin de dom Manuel avec la clef qu'Isabelle lui avoit donnée, et se cacha dans les mêmes lauriers d'où dom Sanche venoit de sortir. Un moment après, il vit venir un homme droit à lui ; il se mit en état de se defendre s'il etoit attaqué, et fut bien surpris quand il reconnut cet homme pour dom Manuel, qui lui dit qu'il le suivît et qu'il l'alloit mettre en un lieu où il n'auroit pas à craindre d'être pris. Dom Juan conjectura des paroles de dom Manuel qu'il pouvoit avoir fait sauver dans son jardin quelque homme poursuivi de la justice. Il ne put faire autre chose que de le suivre, en le remerciant du plaisir qu'il lui faisoit, et l'on peut croire qu'il ne fut pas moins troublé du péril qu'il couroit que fâché de l'obstacle qui faisoit manquer son amoureux dessein. Don Manuel le conduisit dans sa chambre, et l'y laissa pour s'aller faire dresser un lit dans une autre.

Laissons-le dans la peine où il doit être, et reprenons son frère dom Sanche de Sylva. Isabelle le conduisit dans une chambre basse, qui donnoit sur le jardin, où Dorothée et Feliciane attendoient dom Juan de Peralte, l'une comme un amant à qui elle a grande envie de plaire, l'autre pour lui declarer qu'elle ne peut l'aimer, et qu'il feroit mieux de tâcher de plaire à sa sœur. Dom Sanche entra donc où etoient les deux belles sœurs, qui furent bien surprises de le voir. Dorothée en demeura sans sentiment, comme une personne morte, et si sa sœur ne l'eût soutenue et ne l'eût mise dans une chaise, elle seroit tombée de sa hauteur. Dom Sanche demeura immobile ; Isabelle pensa mourir de peur et crut que dom Sanche mort leur apparoissoit pour venger le tort que lui faisoit sa maîtresse. Feliciane, quoique fort effrayée de voir dom Sanche ressuscité, etoit encore plus en peine de l'accident de sa sœur, qui reprit enfin ses esprits, et alors dom Sanche lui dit ces paroles : « Si le bruit qui a couru de ma mort, ingrate Dorothée, n'excusoit en quelque façon votre inconstance, le desespoir qu'elle me cause ne me laisseroit pas assez de vie pour vous en faire des reproches. J'ai voulu faire croire à tout le monde que j'etois mort pour être oublié de mes ennemis, et non pas de vous, qui m'avez promis de n'aimer jamais que moi, et qui avez si tôt manqué à votre promesse. Je me pourrois venger, et faire tant de bruit par mes cris et par mes plaintes que votre père s'en eveilleroit et trouveroit l'amant que vous cachez dans sa maison ; mais, insensé que je suis, j'ai peur encore de vous deplaire, et je m'afflige davantage de ce que je ne dois plus vous aimer, que de ce que vous en aimez un autre. Jouissez, belle infidèle, jouissez de votre cher amant; ne craignez plus rien dans vos nouvelles amours : je vous delivrerai bientôt d'un homme qui vous pourroit reprocher toute votre vie que vous l'avez trahi lorsqu'il exposoit sa vie pour vous venir revoir. »

Dom Sanche voulut s'en aller après ces paroles; mais Dorothée l'arrêta, et alloit tâcher de se justifier, quand Isabelle lui dit, fort effrayée, que dom Manuel la suivoit. Dom Sanche n'eut que le temps de se mettre derrière la porte. Le vieillard fit une reprimande à ses filles de ce qu'elles n'etoient pas encore couchées, et, cependant qu'il eut le dos tourné vers la porte de la chambre, dom Sanche en sortit, et, gagnant le jardin, s'alla remettre dans le même bois de lauriers où il s'etoit dejà mis, et où, preparant son courage à tout ce qui lui pourroit arriver, il attendit une occasion de sortir quand elle se presenteroit. Dom Manuel etoit entré dans la chambre de ses filles pour y prendre de la lumière et pour aller de là ouvrir la porte de son jardin aux officiers de la justice, qui y frappoient pour la faire ouvrir, parcequ'on leur avoit dit que dom Manuel avoit retiré dans sa maison un homme qui pouvoit être de ceux qui venoient de se battre dans la rue. Dom Manuel ne fit point de difficulté de les laisser chercher dans sa maison, croyant bien qu'ils ne feroient pas ouvrir sa chambre, et que le cavalier qu'ils cherchoient y etoit enfermé. Dom

CHAPITRE XIX.

Sanche, voyant qu'il ne pouvoit eviter d'être trouvé par le grand nombre de sergens qui s'etoient repandus par le jardin, sortit du bois de lauriers où il etoit, et, s'approchant de dom Manuel, qui etoit fort surpris de le voir, lui dit à l'oreille qu'un cavalier d'honneur gardoit sa parole et n'abandonnoit jamais une personne qu'il avoit prise en sa protection. Dom Manuel pria le prevôt, qui etoit son ami, de lui laisser dom Sanche en sa garde, ce qui lui fut aisement accordé, et à cause de sa qualité, et parceque le blessé ne l'etoit pas dangereusement. La justice se retira, et dom Manuel ayant reconnu, par les mêmes discours qu'il avoit tenus à dom Sanche quand il le trouva et que ce cavalier lui redit, que c'etoit veritablement celui qu'il avoit reçu dans son jardin, ne douta point que l'autre ne fût quelque galant introduit dans sa maison par ses filles ou par Isabelle. Pour s'en eclaircir, il fit entrer dom Sanche de Sylva dans une chambre, et le pria d'y demeurer jusqu'à ce qu'il le vînt trouver. Il alla dans celle où il avoit laissé dom Juan de Peralte, à qui il feignit que son valet etoit entré en même temps que les officiers de la justice, et qu'il demandoit à parler à lui. Dom Juan savoit bien que son valet de chambre etoit fort malade et peu en etat de le venir trouver, outre qu'il ne l'eût pas fait sans son ordre quand il eût su où il etoit, ce qu'il ignoroit. Il fut donc fort troublé de ce que lui dit dom Manuel, à qui, à tout hasard, il repondit que son valet n'avoit qu'à l'aller attendre dans son logis. Dom Manuel le reconnut alors pour ce jeune gentilhomme indien qui faisoit tant de bruit dans Seville, et, etant bien informé de sa qualité et de son bien, resolut de ne le laisser point sortir de sa maison qu'il n'eût epousé celle de ses filles avec qui il auroit le moindre commerce. Il s'entretint quelque temps avec lui pour s'eclaircir davantage des doutes dont il avoit l'esprit agité. Isabelle, du pas de la porte, les vit parlant ensemble et l'alla dire à sa maîtresse. Dom Manuel entrevit Isabelle et crut qu'elle venoit de faire quelque message à dom Juan de la part de sa fille. Il le quitta pour courir après elle dans le temps que le flambeau qui eclairoit la chambre acheva de brûler et s'eteignit de lui-même.

Cependant que le vieillard ne trouve pas Isabelle où il la cherche, cette fille apprend à Dorothée et à Feliciane que dom Sanche etoit dans la chambre de leur père, et qu'elle les avoit vus parler ensemble. Les deux sœurs y coururent sur sa parole. Dorothée ne craignoit point de trouver son cher dom Sanche avec son père, resolue qu'elle etoit de lui confesser qu'elle l'aimoit et qu'elle en avoit eté aimée, et de lui dire à quelle intention elle avoit donné assignation à dom Juan. Elle entra donc dans la chambre, qui etoit sans lumière, et s'etant rencontrée avec dom Juan dans le temps qu'il en sortoit, elle le prit pour dom Sanche, l'arrêta par le bras, et lui parla en cette sorte : « Pourquoi me fuis-tu, cruel dom Sanche, et pourquoi n'as-tu pas voulu entendre ce que j'aurois pu repondre aux injustes reproches que tu m'as faits ? J'avoue que tu ne m'en pourrois faire d'assez grands si j'etois aussi coupable que tu as en quelque façon sujet de le croire ; mais tu sçais bien qu'il y a des choses fausses qui ont quelquefois plus d'apparence de verité que la verité même, et qu'elle se decouvre toujours avec le temps ; donne-moi donc celui de te la faire voir en debrouillant la confusion où ton malheur et le mien, et peut-être celui de plusieurs autres, nous vient de mettre. Aide-moi à me justifier, et ne hasarde pas d'être injuste pour être trop precipité à me condamner devant que de m'avoir convaincue. Tu peux avoir ouï dire qu'un cavalier m'aime, mais as-tu ouï dire que je l'aime aussi ? Tu peux l'avoir trouvé ici, car il est vrai que je l'y ai fait venir ; mais quand tu sçauras à quel dessein je l'ai fait, je suis assurée que tu auras un cruel remords de m'avoir offensée lorsque je te donne la plus grande marque de fidelité que je te puis donner. Que n'est-il en ta presence, ce cavalier dont l'amour m'importune ? Tu connoîtrois par ce que je lui dirois si jamais il a pu dire qu'il m'aimât, et si j'ai jamais voulu lire les lettres qu'il m'a ecrites. Mais mon malheur, qui me l'a toujours fait voir quand sa vue m'a pu nuire, m'empêche de le voir quand il me pourroit servir à te desabuser. »

Dom Juan eut la patience de laisser parler Dorothée sans l'interrompre, pour en apprendre encore davantage qu'elle ne lui en devoit decouvrir. Enfin, il alloit peut-être la quereller, quand dom Sanche, qui cherchoit de chambre en chambre le chemin du jardin, qu'il avoit manqué, et qui ouït la voix de Dorothée qui parloit à dom Juan, s'approcha d'elle avec le moindre bruit qu'il put et fut pourtant ouï de dom Juan et des deux sœurs. Dans ce même temps dom Manuel entra dans la même chambre avec de la lumière, que portoient devant lui quelques uns de ses domestiques. Les deux rivaux se virent et furent vus se regardant fierement l'un l'autre, la main sur la garde de leurs epées. Dom Manuel se mit au milieu d'eux et commanda à sa fille d'en choisir un pour mari, afin qu'il se battît contre l'autre. Dom Juan prit la parole et dit que, pour lui, il cedoit toutes ses pretentions, s'il en pouvoit avoir, au cavalier qu'il voyoit devant lui. Dom Sanche dit la même chose et ajouta que, puisque dom Juan avoit eté introduit chez dom Manuel par sa fille, il y avoit apparence qu'elle l'aimoit et en etoit aimée; que, pour lui, il mourroit mille fois plutôt que de se marier avec le moindre scrupule. Dorothée se jeta aux pieds de son père et le conjura de l'entendre. Elle lui conta tout ce qui s'etoit passé entre elle et dom Sanche de Sylva devant qu'il eût tué dom Diègue pour l'amour d'elle. Elle lui apprit que dom Juan de Peralte etoit ensuite devenu amoureux d'elle, le dessein qu'elle avoit eu de le desabuser et de lui proposer de demander sa sœur en mariage, et elle conclut que, si elle ne pouvoit persuader son innocence à dom Sanche, elle vouloit dès le jour suivant entrer dans un couvent pour n'en sortir jamais. Par sa relation les deux frères se reconnurent: dom Sanche se raccommoda avec Dorothée, qu'il demanda en mariage à dom Manuel; dom Juan lui demanda aussi Feliciane, et dom Manuel les reçut pour ses gendres avec une satisfaction qui ne se peut exprimer.

Aussitôt que le jour parut, dom Sanche envoya querir le marquis Fabio, qui vint prendre part en la joie de son ami. On tint l'affaire secrète jusqu'à tant que dom Manuel et le marquis eurent disposé un cousin, heritier de dom Diègue, à oublier la mort de son parent et à s'accommoder avec dom Sanche. Pendant la negociation, le marquis Fabio devint amoureux de la sœur de ce cavalier et la lui demanda en mariage. Il reçut avec beaucoup de joie une proposition si avantageuse à sa sœur, et dès lors se laissa aller à tout ce qu'on lui proposa en faveur de dom Sanche. Les trois mariages se firent en un même jour; tout y alla bien de part et d'autre, et même longtemps, ce qui est à considerer.

CHAPITRE XX.

De quelle façon le sommeil de Ragotin fut interrompu.

L'agreable Inezille acheva de lire sa nouvelle et fit regretter à tous ses auditeurs de ce qu'elle n'etoit pas plus longue. Tandis qu'elle la lut, Ragotin, qui, au lieu de l'ecouter, s'etoit mis à entretenir son mari sur le sujet de la magie, s'endormit dans une chaise basse où il etoit, ce que l'operateur fit aussi. Le sommeil de Ragotin n'etoit pas tout à fait volontaire, et s'il eût pu resister aux vapeurs des viandes qu'il avoit mangées en grande quantité, il eût été attentif par bienséance à la lecture de la nouvelle d'Inezille. Il ne dormoit donc pas de toute sa force, laissant souvent aller sa tête jusqu'à ses genoux, et la relevant, tantôt demi endormi, et tantôt se reveillant en sursaut, comme on fait plus souvent qu'ailleurs au sermon, quand on s'y ennuie.

Il y avoit un belier dans l'hôtellerie, à qui la canaille qui va et vient d'ordinaire en de semblables maisons avoit accoutumé de presenter la tête, les mains devant, contre lesquelles le belier prenoit sa course, et choquoit rudement de la sienne, je veux dire de sa tête, comme tous les beliers font de leur naturel. Cet animal alloit sur sa bonne foi par toute l'hôtellerie, et entroit même dans les chambres, où l'on lui donnoit souvent à manger. Il etoit dans celle de l'operateur dans le temps qu'Inezille lisoit sa nouvelle. Il aperçut Ragotin à qui le chapeau etoit tombé de la tête, et qui, comme je vous ai dejà dit, la haussoit et baissoit souvent. Il crut que c'etoit un champion qui se presentoit à lui pour exercer sa valeur contre la sienne. Il recula quatre ou cinq pas en arrière, comme l'on fait pour mieux sauter, et partant comme un cheval dans une carrière, alla heurter de sa tête armée de cornes celle de Ragotin, qui etoit chauve par en haut. Il la lui auroit cassée comme un pot de terre, de la force qu'il la choqua; mais, par bonheur pour Ragotin, il la prit dans le temps qu'il la haussoit, et ainsi ne fit que lui froisser superficiellement le visage. L'action du belier surprit tellement ceux qui la virent qu'ils en demeurèrent comme en extase, sans toutefois oublier d'en rire; si bien que le belier, qu'on faisoit toujours choquer plus d'une fois, put sans empêchement reprendre autant de champ qu'il lui en falloit pour une seconde course, et vint inconsiderement donner dans les genoux de Ragotin, dans le temps que, tout etourdi du choc du belier et le visage ecorché et sanglant en plusieurs endroits, il avoit porté ses mains à ses yeux, qui lui faisoient grand mal, ayant eté egalement foulés l'un et l'autre chacun de sa corne en particulier, parceque celles du belier etoient entre elles à la même distance qu'etoient entre eux les yeux du malheureux Ragotin. Cette seconde attaque du belier les lui fit ouvrir, et il n'eut pas plutôt reconnu l'auteur de son dommage, qu'en la colère où il etoit il frappa de sa main fermée le belier par la tête, et se fit grand mal contre ses cornes. Il en enragea beaucoup, et encore plus d'ouïr rire toute l'assistance, qu'il querella en general, et sortit de la chambre en furie. Il sortoit aussi de l'hôtellerie, mais l'hôte l'arrêta pour compter, ce qui lui fut peut-être aussi fâcheux que les coups de cornes du belier.

FIN DE LA SECONDE PARTIE.

LE
ROMAN COMIQUE
DE
Mr SCARRON

TROISIÈME PARTIE.

A Monsieur

MONSIEUR BOULLIOUD

Ecuyer et Conseiller du Roi
en la senechaussée et siége presidial de Lyon (1).

ONSIEUR,

Je ne sçais si c'est vous donner une grande marque de mon respect que de vous interesser dans le bon ou dans le mauvais accueil que le public pourra faire à cet ouvrage. Comme je ne vous offre rien du mien, je ne devrois pas pretendre que vous me sçussiez gré de mon

---

1. C'est peut-être Guillaume Bollioud (*sic*), qui succéda à son père Pierre Bollioud dans les charges d'auditeur de camp, de conseiller au parlement de Dombes et au présidial de Lyon, et qui fut également échevin en 1678 et 1679. Ces fonctions étoient pour ainsi dire héréditaires dans la famille. V. Pernety, *Lyonn. dign. de mém.* Cependant voici ce que m'écrit M. Péricaud aîné : « Je viens de recevoir de M. Belin, magistrat à Lyon, une lettre où se trouve le passage suivant : « Lettres de provisions du conseiller du roi à la « Cour des Monnoies de Lyon, données à Paris, le 12 dé- « cembre 1720, à Jean-François Boullioud de Chanzieu,

present, et, puisqu'il n'est peut-être pas digne de vous, il est encore à craindre que vous n'ayez point pour lui toute l'indulgence que j'oserai m'en promettre. En effet, Monsieur, vous pourriez bien vous faire le juge d'une chose dont je ne vous fais que le protecteur, et desavouer le dessein de celui qui vous la presente, si vous ne trouvez pas qu'elle merite votre approbation. Je l'expose beaucoup en l'exposant aux yeux d'un homme aussi sage et aussi eclairé que vous, et toute la bonne opinion que j'en ai conçue ne me persuade pas que vous en deveniez plus favorable à un *Roman comique*. Car enfin ce n'est pas dans ces sortes de livres que l'on recherche le solide ou le delicat; il semble qu'ils ne tiennent ordinairement ni de l'un ni de l'autre, et tout l'avantage que l'on se propose dans leur lecture, c'est d'y perdre assez agreablement quelques momens et de s'y delasser l'esprit d'une occupation ou plus importante ou plus serieuse. Ainsi, comme le vôtre ne s'attache qu'à ce qui a de la force ou de l'elevation, ne vous surprendrai-je point lorsque je vous demanderai votre aveu pour cette production d'un esprit enjoué, et que je l'autoriserai de votre nom pour la rendre recommandable? Non, Monsieur, il ne faut pas que vous condamniez d'abord ma liberté, ou (pour

« (Chanzieu, fief situé sur la paroisse d'Oullins, limitrophe de
« Saint-Genis-Laval), avocat, en remplacement de Claude
« Boullioud de Festans, son père, entré en fonctions le 22
« mars 1706. » Un de mes amis possède la Suite d'Offray, Amst. 1705. On a ajouté à la main, sur la dédicace: « Bouilloud de Chanzieu, de Saint-Genis-Laval. » On trouve encore d'autres traces historiques de cette famille à Lyon.—En 1649, il y avoit un Pierre Scarron qui portoit le même titre de conseiller en la sénéchaussée et siége présidial de Lyon, et qui étoit en même temps aumônier du roi, chanoine et sacristain en l'église de Saint-Paul. Ce Pierre Scarron devoit être de la famille de notre auteur, laquelle étoit venue s'établir à Lyon, attirée par l'industrie de la ville, puis étoit allée se fixer à Paris, mais en conservant des liaisons avec Lyon et les Lyonnois.

mieux dire) que vous desapprouviez ce temoignage public de ma reconnoissance ; je vous ai de si singulières obligations et je suis à vous en tant de manières, qu'il me falloit satisfaire à tous ces devoirs, et joindre à mon ressentiment des marques de la fidèle passion que je vous ai vouée. Ce n'etoit pas repondre tout-à-fait à vos bontés que d'en conserver un juste souvenir ; elles exigeoient de moi quelque chose de plus particulier, et je n'ai pas cru, enfin, pouvoir les reconnoître par une plus forte preuve de mon respect, dans l'impuissance où je me vois de les reconnoître autant que j'y suis sensible. Aussi osai-je me flatter que vous la recevrez de fort bonne grâce et qu'elle achèvera de vous persuader que l'on ne peut pas vous honorer avec plus de zèle ni avec une plus parfaite deference. Mais, Monsieur, après avoir agreé mon present, ne jugerez-vous pas favorablement de mon auteur, et le croirez-vous sans merite, puisque je ne doute presque plus que vous ne l'estimiez ? Ses expressions sont naturelles, son style est aisé, ses aventures ne sont point mal imaginées, et, pour s'accommoder à son sujet, il etale partout un tour d'agrement qui lui tient lieu de force et de delicatesse. En un mot, il vient de fournir une carrière qu'un illustre de notre temps avoit laissée imparfaite, et il a fouillé jusque dans ses cendres pour y reprendre son genie et pour nous le redonner après sa mort. C'est de la sorte que l'on peut parler des deux premiers volumes du *Roman comique*, et c'est dans ce troisième que M. Scarron revivra tout entier, ou du moins par la meilleure partie de lui-même. Il est peu de gens qui ne sçachent que cet homme eut un talent merveilleux pour tourner toutes choses au plaisant, et qu'il s'est rendu inimitable dans cette ingenieuse et charmante manière d'ecrire. Elle a été reçue avec applaudissement de tout le monde ; les esprits forts, qui s'offensent de tout ce qui semble opposé à une vertu severe, n'ont pu s'empêcher de la goûter, et les moins raisonnables ont eté forcés de l'approuver malgré leur caprice (1). Si bien que vous me permettrez, Monsieur, d'esperer un heureux succès dans mon dessein, et de croire non seulement que ma liberté ne vous deplaira pas, mais même que vous appuierez avec joie la suite d'un ouvrage dont la reputation est si bien etablie. Après tout, ne sera-ce pas votre interêt plutôt que le mien ? et depuis que de mes mains elle sera passée dans les vôtres, pourrez-vous la regarder que comme une chose qui est absolument à vous ? Aussi n'aura-t-elle point de meilleur titre pour s'autoriser ou pour se produire avec avantage. Un magistrat d'un caractère tout à fait singulier, et qui, dans un âge si peu avancé, possède des lumières et des qualités que l'on admire, fera sa plus grande recommandation, et son aveu lui procurera celui de tous les esprits raisonnables. Mais, puisqu'elle peut servir à votre gloire et qu'elle publiera à son tour les bontés et le merite de son protecteur, souffrez qu'elle soit aujourd'hui un hommage que je vous rends et un temoignage eclatant de la respectueuse passion avec laquelle je me dois dire,

Monsieur,

Votre très humble, très obeissant et très obligé serviteur,

A. OFFRAY.

1. Boileau, — un de ces *esprits forts* dont parle Offray, — quoiqu'il condamnât sévèrement le genre adopté par Scarron, ne laissoit pas de se relâcher de sa rigueur en faveur du *Roman comique*. L'auteur de *la Pompe funèbre de M. Scarron* (Paris, Ribou, 1660) fait prononcer l'éloge de l'écrivain burlesque, en guise de réparation d'honneur, par le poète satirique, et il lui fait dire que le défunt a été le plus galant et le plus agréable homme de son siècle.

AVIS AU LECTEUR.

Lecteur, qui que tu sois, qui verras cette troisième partie du Roman comique paroître au jour après la mort de l'incomparable Monsieur Scarron, auteur des deux premières, ne t'etonne pas si un genie beaucoup au dessous du sien a entrepris ce qu'il n'a pu achever. Il avoit promis de te le faire voir revu, corrigé et augmenté[1]; mais la mort le prevint dans ce dessein et l'empêcha de continuer les histoires du Destin et de Leandre, non plus que celle de la Caverne, qu'il fait paroître au Mans sans dire de quelle manière elle et sa mère sortirent du château du baron de Sigognac, et c'est sur quoi tu seras eclairci dans cette troisième partie. Je ne doute point que l'on ne m'accuse de temerité d'avoir voulu en quelque sorte donner la perfection à l'ouvrage d'un si grand homme, mais sçache que pour peu d'esprit que l'on ait, on peut bien inventer des histoires fabuleuses telles que sont celles qu'il nous a données dans les deux premières parties de ce roman. J'avoue franchement que ce que tu y

---

1. Dans l'avis *au lecteur scandalisé des fautes d'impression*, qui précède la 1re partie.

verras n'est pas de sa force, et qu'il ne repond pas ni au sujet ni à l'expression de son discours ; mais sçache du moins que tu y pourras satisfaire ta curiosité, si tu en as assez pour desirer une conclusion au dernier ouvrage d'un esprit si agreable et si ingenieux. Au reste j'ai attendu longtemps à la donner au public, sur l'avis que l'on m'avoit donné qu'un homme d'un merite fort particulier y avoit travaillé sur les Mémoires de l'auteur : s'il l'eût entrepris, il auroit sans doute beaucoup mieux reussi que moi ; mais, après trois années d'attente sans en avoir rien vu paroître, j'ai hasardé le mien, nonobstant la censure des critiques. Je te le donne donc, tout defectueux qu'il est, afin que, quand tu n'auras rien de meilleur à faire, tu prennes la peine de le lire.

LE ROMAN COMIQUE
TROISIÈME PARTIE.

CHAPITRE PREMIER.
Qui fait l'ouverture de cette troisième partie.

Vous avez vu en la seconde partie de ce roman le petit Ragotin, le visage tout sanglant du coup que le belier lui avoit donné quand il dormoit assis sur une chaise basse dans la chambre des comediens, d'où il etoit sorti si fort en colère que l'on ne croyoit point qu'il y retournât jamais; mais il etoit trop piqué de mademoiselle de l'Etoile, et il avoit trop d'envie de sçavoir le succès de la magie de l'operateur, ce qui l'obligea (après s'être lavé la face) à retourner sur ses pas, pour voir quel effet auroit la promesse del signore Ferdinando Ferdinandi, qu'il crut avoir trouvé en la personne d'un avocat qu'il rencontra et qui alloit au palais. Il etoit si etourdi du coup du belier, et avoit l'esprit si troublé de celui que l'Etoile lui avoit donné au cœur sans y penser, qu'il se persuada facilement que cet avocat etoit l'operateur; aussi il l'aborda fort civilement et lui tint ce discours: « Monsieur, je suis ravi d'une si heureuse rencontre; je la cherchois avec tant d'impatience que je m'en allois exprès à votre logis pour apprendre de vous l'arrêt de ma vie ou de ma mort. Je ne doute pas que vous n'ayez employé tout ce que votre science magique vous a pu suggerer pour me rendre le plus fortuné de tous les hommes; aussi ne serai-je pas ingrat à le reconnoître. Dites-moi donc si cette miraculeuse Etoile me departira de ses benignes influences? » L'avocat, qui n'entendoit rien en tout ce beau discours, non plus que de raillerie, l'interrompit aussitôt, et lui dit fort brusquement: « Monsieur Ragotin, s'il etoit un peu plus tard, je croirois que vous êtes ivre[1]; mais il faut que vous soyez fou tout à fait. Eh! à qui pensez-vous parler? Que diable m'allez-vous dire de magie et d'influence des astres? Je ne suis ni sorcier ni astrologue; eh quoi! ne me connoissez-vous pas? — Ah! monsieur, repartit Ragotin, que vous êtes cruel! vous êtes si bien informé de mon mal, et vous m'en refusez le remède! Ah! je... » Il alloit poursuivre, quand l'avocat le

---

1. D'un bout à l'autre du *Roman comique*, le petit avocat Ragotin nous est présenté comme un ivrogne fieffé, et en cela il ne dérogeoit pas aux habitudes de la plupart des avocats et hommes de loi d'alors. V. *l'Adieu du plaideur à son argent* (*Var. histor.* de Fournier, éd. Jannet, t. 2, p. 205), et aussi un passage des *Grands jours tenus à Paris* (id., t. 1, p. 196).

laissa là en lui disant : « Vous êtes un grand extravagant pour un petit homme ; adieu ! » Ragotin le vouloit suivre, mais il s'aperçut de sa méprise, dont il fut bien honteux ; aussi il ne s'en vanta pas, et vous ne la liriez pas ici, si je ne l'avois apprise de l'avocat même, qui s'en divertit bien avec ses amis.

Ce petit fou continua son chemin, et alla au logis des comediens, où il ne fut pas plutôt entré qu'il ouït la proposition que la Caverne et le Destin faisoient de quitter la ville du Mans et de chercher quelque autre poste, ce qui le demonta si fort qu'il pensa tomber de son haut, et dont la chute n'eût pas eté perilleuse (quand cet accident lui fût arrivé) à cause de la modification [1] de son individu ; mais ce qui l'acheva tout à fait, ce fut la resolution qui fut prise de dire adieu le lendemain à la bonne ville du Mans, c'est-à-dire à ses habitans, et notamment à ceux qui avoient eté leurs fidèles auditeurs, et de prendre la route d'Alençon à l'ordinaire [2], sur l'assurance qu'ils avoient eue que le bruit de peste qui avoit couru etoit faux. J'ai dit à l'ordinaire, car cette sorte de gens (comme beaucoup d'autres) ont leur cours limité, comme celui du soleil dans le Zodiaque. En ce pays-là ils viennent de Tours à Angers, d'Angers à la Flèche, de la Flèche au Mans, du Mans à Alençon, d'Alençon à Argen-

---

1. C'est-à-dire de la manière d'être.
2. On lit dans Chappuzeau, au sujet des acteurs de province : « Leurs troupes, pour la plupart, changent souvent, et presque tous les carêmes. Elles ont si peu de fermeté que, dès qu'il s'en est fait une, elle parle de se désunir. » (III, 13.)

tan ou à Laval, selon la route qu'ils prennent de Paris ou de Bretagne; quoi qu'il en soit, cela ne fait guère à notre roman. Cette deliberation ayant eté prise unanimement par les comediens et comediennes, ils se resolurent de representer le lendemain quelque excellente pièce, pour laisser bonne bouche à l'auditoire manceau. Le sujet n'en est pas venu à ma connoissance. Ce qui les obligea de quitter si promptement, ce fut que le marquis d'Orsé (qui avoit obligé la troupe à continuer la comedie) fut pressé de s'en aller en Cour; tellement que, n'ayant plus de bienfaiteur, et l'auditoire du Mans diminuant tous les jours, ils se disposèrent à en sortir. Ragotin voulut s'ingerer d'y former une opposition, apportant beaucoup de mauvaises raisons, dont il etoit toujours pourvu, auxquelles l'on ne fit nulle consideration, ce qui fâcha fort le petit homme, lequel les pria de lui faire au moins la grâce de ne sortir point de la province du Maine, ce qui etoit très facile, en prenant le jeu de paume qui est au faubourg de Mont-Fort, lequel en depend, tant au spirituel qu'au temporel, et que de là ils pourroient aller à Laval (qui est aussi du Maine), d'où ils se rendroient facilement en Bretagne, suivant la promesse qu'ils en avoient faite à monsieur de la Garouffière; mais le Destin lui rompit les chiens en disant que ce ne seroit point le moyen de faire affaires, car, ce mechant tripot etant, comme il est, fort eloigné de la ville et au deçà de la rivière, la belle compagnie ne s'y rendroit que rarement, à cause de la longueur du chemin; que le grand jeu de paume du marché aux moutons etoit environné de toutes les meilleures maisons d'Alençon, et au milieu de la ville; que c'étoit là où il se falloit placer, et payer plutôt quelque chose de plus que de ce malotru tripot de Mont-Fort, le bon marché duquel etoit une des plus fortes raisons de Ragotin; ce qui fut deliberé d'un commun accord, et qu'il falloit donner ordre d'avoir une charrette pour le bagage et des chevaux pour les demoiselles. La charge en fut donnée à Leandre, parce qu'il avoit beaucoup d'intrigues dans le Mans, où il n'est pas difficile à un honnête homme de faire en peu de temps des connoissances.

Le lendemain l'on representa la comedie, tragedie pastorale, ou tragicomedie, car je ne sais laquelle, mais qui eut pourtant le succès que vous pouvez penser. Les comediennes furent admirées de tout le monde. Le Destin y reussit à merveille, surtout au compliment duquel il accompagna leur adieu [1] : car il temoigna tant de reconnoissance, qu'il exprima avec tant de douceur et de tendresse, qui furent suivies de tant de grands remerciments, qu'il charma toute la compagnie. L'on m'a dit que plusieurs personnes en pleurèrent, principalement des jeunes demoiselles qui avoient le cœur tendre. Ragotin en devint si immobile, que tout le monde etoit dejà sorti qu'il demeuroit toujours dans sa chaise, où il auroit peut-être encore demeuré, si le marqueur du tripot [2] ne l'eût averti qu'il n'y

---

1. Le Destin étoit l'orateur de la troupe, car c'étoit là une charge officielle. V. Chapp., *Le Th. fr.*, l. 3, 49, Fonct. de l'orat.

2. On entendoit par *marqueur* le « valet du jeu de paume qui marque les chasses et qui compte le jeu des joueurs, qui les sert, qui les frotte. » (Dict. de Furet.)

avoit plus personne, ce qu'il eut bien de la peine à lui faire comprendre. Il se leva enfin, et s'en alla dans sa maison, où il prit la resolution d'aller trouver les comediens de bon matin, pour leur decouvrir ce qu'il avoit sur le cœur et dont il s'en etoit expliqué à la Rancune et à l'Olive.

CHAPITRE II.

Où vous verrez le dessein de Ragotin.

Les crieurs d'eau-de-vie n'avoient pas encore reveillé ceux qui dormoient d'un profond sommeil[1] (qui est souvent interrompu par cette canaille, qui est, à mon avis, la plus importune engeance qui soit dans la république humaine) que Ragotin etoit deja habillé, à dessein d'aller proposer à la troupe comique celui qu'il avoit fait d'y être admis. Il s'en alla donc au logis des comediens

---

1. Les crieurs d'eau-de-vie parcouroient les rues avant l'aube pour annoncer leur marchandise : « Elle amenoit pour tesmoins de cecy, — lisons-nous dans les *Amours de Vertumne*, — quelques crieurs d'eau-de-vie qui l'avoient trouvé en cet estat, lorsqu'ils avoient commencé d'aller par les rues, estant ceux qui sortoient le plus matin. » (*Maison des jeux*, 3e part.) Tallemant raconte que le baron de Clinchamp, à ce qu'on disoit, appeloit le matin un crieur d'eau-de-vie, qu'il forçoit, le pistolet à la main, de lui allumer un fagot pour se lever.(*Historiette* de Clinchamp), et on lit une chose pareille dans la nouvelle d'Oudin intitulée: *le Chevalier d'industrie*.

et comediennes, qui n'etoient pas encore levés ni levées, ni même eveillés ni eveillées. Il eut la discretion de les laisser reposer; mais il entra dans la chambre où l'Olive etoit couché avec la Rancune, lequel il pria de se lever, pour faire une promenade jusques à la Couture [1], qui est une très belle abbaye située au faubourg qui porte le même nom, et qu'après ils iroient déjeuner à la grande Etoile d'or, où il l'avoit fait apprêter. La Rancune, qui etoit du nombre de ceux qui aiment les repues franches, fut aussitôt habillé que la proposition en fut faite; ce qui ne vous sera pas difficile à croire, si vous considerez que ces gens-là sont si accoutumés à s'habiller et deshabiller derrière les tentes [2] du theâtre, sur tout quand il faut qu'un seul acteur represente deux personnages, que cela est aussitôt fait que dit. Ragotin donc, avec la Rancune, s'achemi- nèrent à l'abbaye de la Couture; il est à croire qu'ils entrèrent dans l'église, où ils firent courte prière, car Ragotin avoit bien d'autres choses en tête. Il n'en dit pourtant rien à la Rancune pendant le cours du chemin, jugeant bien qu'il eût trop retardé le déjeuner, que la Rancune aimoit beaucoup mieux que tous ses compli- ments. Ils entrèrent dans le logis, où le petit homme commença à crier de ce que l'on n'avoit encore apporté les petits pâtés qu'il avoit com- mandés; à quoi l'hôtesse (sans se bouger de dessus le siége où elle etoit) lui repartit: « Vraie-

---

1. C'étoit une abbaye de bénédictins, fondée en 595, par saint Bertrand, évêque du Mans, et qui avoit droit de haute, moyenne et basse justice.
2. C'est-à-dire les tapisseries, les tentures.

ment, monsieur Ragotin, je ne suis pas devine, pour sçavoir l'heure que vous deviez venir ici ; à présent que vous y êtes, les pâtés y seront bientôt. Passez à la salle où l'on a mis la nappe ; il y a un jambon, donnez dessus en attendant le reste. » Elle dit cela d'un ton si gravement cabaretique, que la Rancune jugea qu'elle avoit raison, et, s'adressant à Ragotin, lui dit : « Monsieur, passons deçà et buvons un coup en attendant. » Ce qui fut fait. Ils se mirent à table, qui fut un peu de temps après couverte, et ils dejeunèrent à la mode du Mans, c'est à dire fort bien ; ils burent de même, et se le portèrent à la santé de plusieurs personnes. Vous jugez bien, mon lecteur, que celle de l'Etoile ne fut pas oubliée : le petit Ragotin la but une douzaine de fois, tantôt sans bouger de sa place, tantôt debout et le chapeau à la main ; mais la dernière fois il la but à genoux et tête nue, comme s'il eût fait amende honorable à la porte de quelque église. Ce fut alors qu'il supplia très instamment la Rancune de lui tenir la parole qu'il lui avoit donnée, d'être son guide et son protecteur en une entreprise si difficile, telle qu'etoit la conquête de mademoiselle de l'Etoile. Sur quoi la Rancune lui repondit à demi en colère, ou feignant de l'être : « Sçachez, monsieur Ragotin, que je suis homme qui ne m'embarque point sans biscuit, c'est-à-dire que je n'entreprends jamais rien que je ne sois assuré d'y reussir : soyez le de la bonne volonté que j'ai de vous servir utilement. Je vous le dis encore, j'en sais les moyens, que je mettrai en usage quand il sera temps. Mais je vois un grand obstacle à votre dessein, qui est notre depart ; et je ne vois point de jour pour vous, si ce n'est en executant ce que je vous ai dejà dit une autre fois, de vous resoudre à faire la comedie avec nous. Vous y avez toutes les dispositions imaginables ; vous avez grande mine, le ton de voix agréable, le langage fort bon et la mémoire encore meilleure ; vous ne ressentez point du tout le provincial [1], il semble que vous ayez passé toute votre vie à la Cour : vous en avez si fort l'air, que vous le sentez d'un quart de lieue. Vous n'aurez pas representé une douzaine de fois

1. Ce n'est pas d'aujourd'hui qu'on se moque des provinciaux et que ce titre est regardé comme une espèce d'injure. Il devoit en être naturellement ainsi en un temps où Versailles et la cour étoient toute la France. On peut lire dans la *Précieuse* de l'abbé de Pure (2e v., p. 119-134) un portrait du provincial assez vivement touché. Molière a repris un sujet analogue dans *Monsieur de Pourceaugnac* et *la Comtesse d'Escarbagnas* : « Me prenez-vous pour une provinciale, madame ! » dit la comtesse à Julie (VII). *Le Chevræana* dit que les provinciaux sont les singes de la cour, et ne paroissent jamais plus bêtes que quand ils sont travestis en hommes. Tallemant a beaucoup de traits à leur adresse. « Les provinciaux et les sots, écrit La Bruyère, sont toujours prêts à se fâcher... Il ne faut jamais hasarder la plaisanterie, même la plus douce et la plus permise, qu'avec des gens polis ou qui ont de l'esprit. » (*De la société et de la cour.*) Il y a aussi quelques épigrammes contre eux dans les vers de Boileau : « M. Tiercelin est gentil, dit-il dans une lettre à Costar, mais il est provincial. » Ce qui rappelle la phrase de Mademoiselle, dans ses *Mémoires*, en parlant de deux femmes de Lyon : « Elles sont bien faites et spirituelles, pour femmes de province » ; et le vers de Regnard : « Elle a de fort beaux yeux, pour des yeux de province. » Chapelle et Bachaumont se sont également moqués des provinciaux en plus d'un endroit de leur voyage, et, par exemple, en parlant des précieuses de Montpellier ; de même Fléchier, dans ses *Grands jours d'Auvergne*. Scarron y est revenu à plusieurs reprises dans son livre, entre autres, I, 8, et II, 17.

que vous jetterez de la poussière aux yeux de nos jeunes godelureaux, qui font tant les entendus et qui seront obligés à vous ceder les premiers rôles, et après cela laissez-moi faire ; car pour le present (je vous l'ai dejà dit) nous avons à faire à une etrange tête ; il faut se menager avec elle avec beaucoup d'adresse. Je sçais bien qu'il ne vous en manque pas, mais un peu d'avis ne gâte pas les choses. D'ailleurs raisonnons un peu : si vous faisiez connoître votre dessein amoureux avec celui d'entrer dans la troupe, ce seroit le moyen de vous faire refuser ; il faut donc cacher votre jeu. »

Le petit bout d'homme avoit eté si attentif au discours de la Rancune, qu'il en etoit tout à fait extasié, s'imaginant de tenir dejà (comme l'on dit) le loup par les oreilles, quand, se reveillant comme d'un profond sommeil, il se leva de table et passa de l'autre côté pour embrasser la Rancune, qu'il remercia en même temps et supplia de continuer, lui protestant qu'il ne l'avoit convié à dejeuner que pour lui declarer le dessein qu'il avoit de suivre son sentiment touchant la comedie, à quoi il etoit tellement resolu qu'il n'y avoit personne au monde qui l'en pût divertir ; qu'il ne falloit que le faire sçavoir à la troupe et en obtenir la faveur de l'association, ce qu'il desiroit faire à la même heure. Ils comptèrent avec l'hôtesse ; Ragotin paya, et, etant sortis, ils prirent le chemin du logis des comediens, qui n'etoit pas fort eloigné de celui où ils avoient dejeuné. Ils trouvèrent les demoiselles habillées ; mais comme la Rancune eut ouvert le discours du dessein de Ragotin de faire la comedie, il en fut interrompu par l'arrivée d'un des fermiers du père de Leandre, qu'il lui envoyoit pour l'avertir qu'il étoit malade à la mort, et qu'il desiroit de le voir devant que de lui payer le tribut que tous les hommes lui doivent, ce qui obligea tous ceux de la troupe à conferer ensemble pour deliberer sur un evènement si inopiné. Leandre tira Angelique à part et lui dit que le temps etoit venu pour vivre heureux, si elle avoit la bonté d'y contribuer; à quoi elle repondit qu'il ne tiendroit jamais à elle, et toutes les choses que vous verrez au chapitre suivant.

CHAPITRE III.

Dessein de Leandre. — Harangue et reception de Ragotin à la troupe comique.

Les jesuites de la Flèche n'ayant rien pu gagner sur l'esprit de Leandre pour lui faire continuer ses etudes, et voyant son assiduité à la comedie, jugèrent aussitôt qu'il etoit amoureux de quelqu'une des comediennes; en quoi ils furent confirmés quand, après le depart de la troupe, ils apprirent qu'il l'avoit suivie à Angers. Ils ne manquèrent pas d'en avertir son père par un messager exprès, et qui arriva en même temps que la lettre de Leandre lui fut rendue, par laquelle il lui marquoit qu'il alloit à la guerre et lui demandoit de l'argent, comme il l'avoit concerté avec le

Destin quand il lui decouvrit sa qualité dans l'hôtellerie où il etoit blessé. Son père, reconnoissant la fourbe, se mit en une furieuse colère, qui, jointe à une extrême vieillesse, lui causa une maladie qui fut assez longue, mais qui se termina pourtant par la mort, de laquelle se voyant proche, il commanda à un de ses fermiers de chercher son fils pour l'obliger de se retirer auprès de lui, lui disant qu'il le pourroit trouver en s'enquerant où il y avoit des comediens (ce que le fermier sçavoit assez, car c'etoit celui qui lui fournissoit de l'argent après qu'il eut quitté le college); aussi, ayant apris qu'il y en avoit une troupe au Mans, il s'y achemina, et y trouva Leandre, comme vous avez vu au precedent chapitre. Ragotin fut prié par tous ceux de la troupe de les laisser conferer un moment sur le sujet du fermier nouvellement arrivé; ce qu'il fit, se retirant dans une autre chambre, où il demeura avec l'impatience qu'on peut s'imaginer. Aussitôt qu'il fut sorti, Leandre fit entrer le fermier de son père, lequel leur declara l'etat où il etoit et le desir qu'il avoit de voir son fils devant que de mourir. Leandre demanda congé pour y satisfaire, ce que tous ceux de la troupe jugèrent très raisonnable. Ce fut alors que le Destin declara le secret qu'il avoit tenu caché jusque alors touchant la qualité de Leandre, ce qu'il n'avoit appris qu'après le ravissement de mademoiselle Angelique (comme vous avez vu en la seconde partie de cette veritable histoire), ajoutant qu'ils avoient bien pu s'apercevoir qu'il n'agissoit pas avec lui, depuis qu'il l'avoit appris, comme il faisoit auparavant, puisque même il

avoit pris un autre valet; que si quelquefois il
etoit contraint de lui parler en maître, c'etoit
pour ne le decouvrir pas ; mais qu'à present il
n'etoit plus temps de le celer, tant pour desabuser mademoiselle de la Caverne, qui n'avoit
pu ôter de son esprit que Leandre ne fût complice de l'enlèvement de sa fille, ou peut-être
l'auteur, que pour l'assurer de l'amour sincère
qu'il lui portoit et pour laquelle il s'etoit reduit
à lui servir de valet, ce qu'il auroit continué
s'il n'eût eté obligé de lui declarer le secret,
lorsqu'il le trouva dans l'hôtellerie, quand il
alloit à la quête de mademoiselle Angelique. Et
tant s'en faut qu'il fût consentant à son enlèvement, qu'ayant trouvé les ravisseurs, il avoit
hasardé sa vie pour la secourir; mais qu'il n'a-
voit pu resister à tant de gens, qui l'avoient furieusement blessé et laissé pour mort sur la place.
Tous ceux de la troupe lui demandèrent pardon
de ce qu'ils ne l'avoient pas traité selon sa qualité, mais qu'ils etoient excusables, puisqu'ils
n'en avoient pas la connoissance. Mademoiselle
de l'Etoile ajouta qu'elle avoit remarqué beaucoup d'esprit et de merite en sa personne, ce
qui l'avoit fait longtemps soupçonner quelque
chose, en quoi elle avoit eté comme confirmée
depuis son retour, à cela joint les lettres que la
Caverne lui avoit fait voir; mais que pourtant
elle ne savoit quel jugement en faire, le voyant
si soumis au service de son frère; mais qu'à
present il n'y avoit pas lieu de douter de sa
qualité. Alors la Caverne prit la parole, et, s'a-
dressant à Leandre, lui dit: « Vraiment, monsieur, après avoir connu, en quelque façon,

votre condition par le contenu des lettres que vous ecriviez à ma fille, j'avois toujours un juste sujet de me défier de vous, n'y ayant point d'apparence que l'amour que vous dites avoir pour elle fût legitime, comme le dessein que vous aviez formé de la mener en Angleterre me le témoigne assez. Et en effet, monsieur, quelle apparence qu'un seigneur si relevé, comme vous esperez d'être après la mort de monsieur votre père, voulût songer à epouser une pauvre comedienne de campagne? Je loue Dieu que le temps est venu que vous pourrez vivre content dans la possession de ces belles terres qu'il vous laisse, et moi hors de l'inquiétude qu'à la fin vous ne me jouassiez quelque mauvais tour. »

Leandre, qui s'etoit fort impatienté en écoutant ce discours de la Caverne, lui repondit : « Tout ce que vous dites, mademoiselle, que je suis sur le point de posseder, ne sauroit me rendre heureux, si je ne suis assuré en même temps de la possession de mademoiselle Angelique, votre fille; sans elle je renonce à tous les biens que la nature, ou plutôt la mort de mon père, me donne; et je vous declare que je ne m'en vais recueillir sa succession qu'à dessein de revenir aussitôt pour accomplir la promesse que je fais devant cette honorable compagnie de n'avoir jamais pour femme autre que mademoiselle Angelique, votre fille, pourvu qu'il vous plaise me la donner et qu'elle y consente, comme je vous en supplie très humblement toutes deux. Et ne vous imaginez pas que je la veuille emmener chez moi, c'est à quoi je ne pense point du tout : j'ai trouvé tant de charme en la vie comique que je ne m'en sçaurois distraire, et non plus que de me separer de tant d'honnêtes gens qui composent cette illustre troupe. » Après cette franche declaration, les comediens et comediennes, parlant tous ensemble, lui dirent qu'ils lui avoient de grandes obligations de tant de bonté, et que mademoiselle de la Caverne et sa fille seroient bien delicates si elles ne lui donnoient la satisfaction qu'il pretendoit. Angelique ne repondit que comme une fille qui dependoit de la volonté de sa mère, laquelle finit la conversation en disant à Leandre que, si à son retour il etoit dans les mêmes sentimens, il pouvoit tout esperer. Ensuite il y eut de grands embrassemens et quelques larmes jetées, les uns par un motif de joie et les autres par la tendresse, qui fait ordinairement pleurer ceux qui en sont si susceptibles qu'ils ne sçauroient s'en empêcher, quand ils voient ou entendent dire quelque chose de tendre.

Après tous ces beaux complimens, il fut conclu que Leandre s'en iroit le lendemain, et qu'il prendroit un des chevaux que l'on avoit loués; mais il dit qu'il monteroit celui de son fermier, qui se serviroit du sien, qui le porteroit assez bien chez lui. « Nous ne prenons pas garde, dit le Destin, que M. Ragotin s'impatiente; il le faut faire entrer. Mais, à propos, n'y a-t-il personne qui sçache quelque chose de son dessein ? » La Rancune, qui avoit demeuré sans parler, ouvrit la bouche pour dire qu'il le sçavoit, et que le matin il lui avoit donné à dîner pour lui declarer qu'il desiroit de s'associer à la troupe et faire la comedie, sans prétendre de lui être à charge, d'autant qu'il avoit assez de bien, qu'il aimoit autant le depenser en voyant le monde que de demeurer au Mans, à quoi il l'avoit fort persuadé. Aussitôt Roquebrune s'avança pour dire poetiquement qu'il n'etoit pas d'avis qu'on le reçût, en etant des poetes comme des femmes : quand il y en a deux dans une maison, il y en a une de trop ; que deux poètes dans une troupe y pourroient exciter des tempêtes dont la source viendroit des contrariétés du Parnasse ; d'ailleurs, que la taille de Ragotin etoit si defectueuse, qu'au lieu d'apporter de l'ornement au theâtre il en seroit deshonoré. « Et puis, quel personnage pourra-t-il faire ? Il n'est pas capable des premiers rôles : M. le Destin s'y opposeroit, et l'Olive pour les seconds ; il ne sçauroit representer un roi, non plus qu'une confidente, car il auroit aussi mauvaise mine sous le masque qu'à visage découvert ; et partant je conclus qu'il ne soit pas reçu. — Et moi, repartit la Rancune, je soutiens qu'on le doit recevoir, et qu'il sera fort propre pour representer un nain [1], quand il en sera besoin, ou quelque monstre, comme celui de l'Andromède [2] : cela sera plus naturel que d'en faire d'ar-

---

[1]. Dans les comédies, ou plutôt dans les farces, il y avoit souvent des rôles de nains ou de godenots, — celui du zani, par exemple. — Les nains étoient alors fort à la mode. Mademoiselle avoit une naine célèbre. (Loret, 4, p. 22.) La reine Anne d'Autriche en avoit reçu une de l'infante Claire-Eugénie. V. Tallem., *Nains, naines.* — *Journal de Richelieu.*

[2]. Tragédie à machines, ou plutôt opéra, de P. Corneille (1650), qui eut un très grand succès, et dans lequel, au lieu de mettre l'événement principal en récit, il l'avoit mis en action, en montrant (III, 3) Persée combattant le monstre qui devoit dévorer Andromède. Le titre de l'édition de 1651, in-8, Rouen, porte : «...contenant... la description des

tificiels. Et quant à la declamation, je puis vous assurer que ce sera un autre Orphée qui attirera tout le monde après lui. Dernièrement, quand nous cherchions mademoiselle Angelique, l'Olive et moi, nous le rencontrâmes monté sur un mulet semblable à lui, c'est-à-dire petit. Comme nous marchions, il se mit à déclamer des vers de Pyrame avec tant d'emphase, que des passans qui conduisoient des ânes s'approchèrent du mulet et l'ecoutèrent avec tant d'attention qu'ils ôtèrent leurs chapeaux de leurs têtes pour le mieux ouïr, et le suivirent jusques au logis où nous nous arrêtâmes pour boire un coup. Si donc il a été capable d'attirer l'attention de ces âniers, jugez ce que ne feront pas ceux qui sont capables de faire le discernement des belles choses. »

Cette saillie fit rire tous ceux qui l'avoient entendue, et l'on fut d'avis de faire entrer Ragotin pour l'entendre lui-même. On l'appela, il vint, il entra, et, après avoir fait une douzaine de reverences, il commença sa harangue en cette sorte : « Illustres personnages, auguste senat du Parnasse (il s'imaginoit sans doute d'être dans le barreau du presidial du Mans, où il n'étoit guère entré depuis qu'il y avoit été reçu avocat, ou dans l'Academie des Puristes)[1], l'on dit

---

tres et des machines, et les *paroles qui se chantent en musique.* » C'est donc véritablement le premier opéra françois, puisque la pastorale d'Issy, de Perrin et de Cambert, qu'on cite ordinairement comme le premier, n'est que de 1659.

1. L'auteur veut sans doute désigner par là l'Académie françoise, qui se distinguoit, en effet, par le purisme exagéré de beaucoup de ses membres. V. la *Requête du dictionn.* de Ménage et la comédie des *Académist.* de Saint-Evremont.

en commun proverbe que les mauvaises compagnies corrompent les bonnes mœurs, et, par un contraire, les bonnes dissipent les mauvaises et rendent les personnes semblables à ceux qui les composent. » Cet exorde si bien debité fit croire aux comediennes qu'il alloit faire un sermon, car elles tournèrent la tête et eurent beaucoup de peine à s'empêcher de rire. Quelque critique glosera peut-être sur ce mot de sermon; mais pourquoi Ragotin n'eût-il pas été capable d'une telle sottise, puisqu'il avoit bien fait chanter des chants d'eglise en serenade avec des orgues? Mais il continua : « Je me trouve si destitué de vertus, que je desire m'associer à votre illustre troupe pour en apprendre et pour m'y façonner, car vous êtes les interprètes des Muses, les echos vivans de leurs chers nourrissons, et vos merites sont si connus à toute la France que l'on vous admire jusques au-delà des poles. Pour vous, mesdemoiselles, vous charmez tous ceux qui vous considèrent, et l'on ne sçauroit ouïr l'harmonie de vos belles voix sans être ravi en admiration : aussi, beaux anges en chair et en os, tous les plus doctes poètes ont rempli leurs vers de vos louanges; les Alexandre et les Cesar n'ont jamais egalé la valeur de M. le Destin et des autres heros de cette illustre troupe. Il ne faut donc pas vous etonner si je desire avec tant de passion d'en accroître le nombre, ce qui vous sera facile si vous me faites l'honneur de m'y recevoir, vous

---

On peut consulter aussi le *Rôle des présentat. faites aux grands jours de l'éloq. fr.*, de Sorel. (*Var. hist. et litt.*, chez Jannet, 1er vol.)

protestant, au reste, de ne vous être point à charge, ni pretendre de participer aux emolumens du theâtre, mais seulement vous être très-humble et très-obeissant serviteur. » On le pria de sortir pour un moment, afin que l'on pût resoudre sur le sujet de sa harangue et y proceder avec les formes. Il sortit, et l'on commençoit d'opiner quand le poëte se jeta à la traverse, pour former une seconde opposition. Mais il fut relancé par la Rancune, qui l'eût encore mieux poussé, s'il n'eût regardé son habit neuf, qu'il avoit acheté de l'argent qu'il lui avoit prêté. Enfin, il fut conclu qu'il seroit reçu pour être le divertissement de la compagnie. On l'appela, et quand il fut entré, le Destin prononça en sa faveur. L'on fit les ceremonies accoutumées: il fut ecrit sur le registre, prêta le serment de fidelité; l'on lui donna le mot avec lequel tous les comediens se reconnoissent [1], et il soupa ce soir-là avec toute la caravane.

---

1. Cette espèce de franc-maçonnerie mystérieuse à laquelle il est fait ici allusion existoit réellement entre les comédiens d'alors, et elle semble avoir eu pour signe de reconnoissance un argot semblable dans sa substance, sinon de tous points, à celui que parloient les voleurs, et qui s'étoit continué jusqu'à la fin du siècle suivant. « A cette époque (c'est-à-dire à l'époque de la jeunesse de mademoiselle Clairon), lisons-nous dans les Mémoires de mademoiselle Dumesnil, les comédiens en avoient encore un (argot) comme les voleurs. » Et l'auteur en cite des exemples: « Cette dialecte, si je puis m'exprimer ainsi, continue-t-elle, étoit très abondante; elle comprenoit à peu près tout ce qui peut se dire en françois. Préville la jargonnoit encore à merveille. » (Edit. in-8, note de la p. 222.) Or, à ce que nous apprend M. Ed. Fournier, du temps de Préville, et à côté de lui, vivoit un très vieux comédien qui avoit joué

Chapitre IV.

Départ de Leandre et de la troupe comique pour aller à Alençon. Disgrâce de Ragotin.

Après le souper, il n'y eut personne qui ne felicitât Ragotin de l'honneur qu'on lui avoit fait de le recevoir dans la troupe, de quoi il s'enfla si fort que son pourpoint s'en ouvrit en deux endroits. Cependant Leandre prit occasion d'entretenir sa chère Angelique, à laquelle il reitera le dessein qu'il avoit fait de l'epouser ; mais il le dit avec tant de douceurs, qu'elle ne lui repondit que des yeux, d'où elle laissa couler quelques larmes. Je ne sçais si ce fut de joie des belles promesses de Leandre, ou de tristesse de son depart ; quoi qu'il en soit, ils se firent beaucoup de caresses, la Caverne n'y apportant plus d'obstacle. La nuit etant dejà fort avancée, il fallut se retirer. Leandre prit congé de toute la compagnie et s'en alla coucher. Le lendemain il se leva de bon matin, partit avec le fermier de son père, et fit tant par ses journées qu'il arriva en la maison de son père, qui etoit malade, lequel lui temoigna d'être bien aise de sa venue, et, selon que ses forces le lui permirent, lui ex-

avec Molière et qui relioit en quelque sorte sa troupe aux traditions du XVIIe siècle. C'étoit lui qui pouvoit avoir appris au célèbre acteur, dont l'apprentissage, du reste, s'étoit fait assez longtemps en province, cet argot qu'il parloit si bien.

CHAPITRE IV.

prima la douleur que lui avoit causée son absence, et lui dit ensuite qu'il avoit bien de la joie de le revoir pour lui donner sa dernière benediction, et avec elle tous ses biens, nonobstant l'affliction qu'il avoit eue de sa mauvaise conduite, mais qu'il croyoit qu'il en useroit mieux à l'avenir. Nous apprendrons la suite à son retour.

Les comediens et comediennes etant habillés et habillées, chacun amassa ses nippes, l'on remplit les coffres, l'on fit les balles du bagage comique, et l'on prepara tout pour partir. Il manquoit un cheval pour une des demoiselles, parce que l'un de ceux qui les avoient loués s'etoit dedit; l'on prioit l'Olive d'en chercher un autre, quand Ragotin entra, lequel, ayant ouï cette proposition, dit qu'il n'en etoit pas besoin, parce qu'il en avoit un pour porter mademoiselle de l'Etoile ou Angelique en croupe, attendu qu'à son avis l'on ne pourroit pas aller en un jour à Alençon, y ayant dix grandes lieues du Mans; qu'en y mettant deux jours, comme nécessairement il le falloit, son cheval ne seroit pas trop fatigué de porter deux personnes. Mais l'Etoile, l'interrompant, lui dit qu'elle ne pourroit pas se tenir en croupe; ce qui affligea fort le petit homme, qui fut un peu consolé quand Angelique dit que si feroit bien elle. Ils dejeunèrent tous, et l'opérateur et sa femme furent de la partie; mais pendant que l'on apprêtoit le dejeuner, Ragotin prit l'occasion pour parler au seigneur Ferdinandi, auquel il fit la même harangue qu'il avoit faite à l'avocat dont nous avons parlé, quand il le prenoit pour lui, à laquelle il repondit qu'il n'avoit rien oublié à mettre tous les secrets de la magie en pratique, mais sans aucun effet; ce qui l'obligeoit à croire que l'Etoile etoit plus grande magicienne que lui n'etoit magicien, qu'elle avoit des charmes beaucoup plus puissans que les siens, et que c'étoit une dangereuse personne, qu'il avoit grand sujet de craindre. Ragotin vouloit repartir; mais on les pressa de laver les mains et de se mettre à table, ce qu'ils firent tous. Après le dejeuner, Inezille temoigna à tous ceux de la troupe, et principalement aux demoiselles, le deplaisir qu'elle et son mari avoient d'un si prompt départ, leur protestant qu'ils eussent bien desiré de les suivre à Alençon pour avoir l'honneur de leur conversation plus longtemps, mais qu'ils seroient obligés de monter en theatre pour debiter leurs drogues, et par conséquent faire des farces; que, cela etant public et ne coûtant rien, le monde y va plus facilement qu'à la comedie, où il faut bailler de l'argent, et qu'ainsi au lieu de les servir ils leur pourroient nuire, et que, pour l'eviter, ils avoient resolu de monter au Mans après leur depart. Alors ils s'embrassèrent les uns les autres et se dirent mille douceurs. Les demoiselles pleurèrent, et enfin tous se firent de grands complimens, à la reserve du poète, qui, en d'autres occasions, eût parlé plus que quatre, et en celle-ci il demeura muet, la separation d'Inezille lui ayant eté un si furieux coup de foudre, qu'il ne le put jamais parer, nonobstant qu'il s'estimât tout couvert des lauriers du Parnasse [1].

1. Le laurier, comme on sait, passoit chez les anciens pour garantir de la foudre.

La charrette etant chargée et prête à partir, la Caverne y prit place au même endroit que vous avez vu au commencement de ce roman. L'Etoile monta sur un cheval que le Destin conduisoit, et Angelique se mit derrière Ragotin, qui avoit pris avantage [1], en montant à cheval, pour éviter un second accident de sa carabine, qu'il n'avoit pourtant pas oubliée, car il l'avoit pendue à sa bandoulière ; tous les autres allèrent à pied, au même ordre que quand ils arrivèrent au Mans. Quand ils furent dans un petit bois qui est au bout du pavé, environ une lieue de la ville, un cerf, qui etoit poursuivi [2] par les gens de monsieur le marquis de Lavardin [3], leur traversa le chemin et fit peur au cheval de Ragotin, qui

1. C'est-à-dire qui avoit pris ses précautions, qui s'étoit aidé, en montant sur une pierre ou en se faisant donner la main par quelqu'un pour se mettre en selle.
2. Le divertissement de courre le cerf étoit un des plus à la mode, surtout à la cour et parmi les grands seigneurs ; il se pratiquoit souvent avec pompe et en grand appareil. Les lettres de la princesse Palatine sont remplies du récit de ces chasses, et Molière s'est moqué de la passion de certains gentilshommes pour ce divertissement, dans ses *Fâcheux* (II, 7). Cette chasse étoit quelquefois dangereuse, et le cerf poursuivi ne se bornoit pas toujours, comme ici, à effrayer un cheval et à faire tomber un cavalier, témoin les comtes de Saint-Hérem et de Melun, qui furent tués par deux de ces bêtes aux abois.
3. « Il y a dans le Maine, près Montoire, un lieu appelé Lavardin, qui a donné son nom à une très illustre famille du Vendômois. » (*Ménagiana*.) Il y avoit encore, à cinq lieues du Mans, un autre Lavardin, dont les seigneurs avoient pour surnom de Beaumanoir. L'évêque du Mans Charles de Lavardin, comme son neveu Philibert-Emmanuel (né au château de Malicorne), également évêque du Mans, étoit de cette derniere maison, à laquelle appartenoit aussi le marquis de Lavardin, lieutenant du roi dans le Maine.

alloit devant, ce qui lui fit quitter l'etrier et mettre à même temps la main à sa carabine ; mais comme il le fit avec precipitation, le talon se trouva justement sous son aisselle, et comme il avoit la main à la detente, le coup partit, et parce qu'il l'avoit beaucoup chargée, et à balle, elle repoussa si furieusement qu'elle le renversa par terre ; et en tombant, le bout de la carabine donna contre les reins d'Angelique qui tomba aussi, mais sans se faire aucun mal, car elle se trouva sur ses pieds. Pour Ragotin, il donna de la tête contre la souche d'un vieil arbre pourri qui etoit environ un pied hors de terre, qui lui fit une assez grosse bosse au dessus de la tempe ; l'on y mit une pièce d'argent et on lui banda la tête avec un mouchoir, ce qui excita de grands éclats de rire à tous ceux de la troupe, ce qu'ils n'eussent peut-être pas fait s'il y eût eu un plus grand mal ; encore ne sçait-on, car il est bien difficile de s'en empêcher en de pareilles occasions ; aussi ils s'en regalèrent comme il faut, ce qui pensa faire enrager le petit homme, lequel fut remonté sur son cheval, et semblablement Angelique, qui ne lui permit pas de recharger sa carabine, comme il le vouloit faire ; et l'on continua de marcher jusqu'à la Guerche[1], où l'on fit repaître la charrette, c'est-à-dire les quatre chevaux qui y etoient attelés, et les deux autres porteurs. Tous les comediens goûtèrent ; pour les demoiselles, elles se mirent sur un lit, tant pour se reposer que pour considerer les hommes, qui buvoient à qui mieux mieux, et surtout la Rancune et Ragotin (à qui

---

1. A deux lieues et demie du Mans, sur la Sarthe.

CHAPITRE IV.

l'on avoit debandé la tête, à laquelle la pièce d'argent avoit repercuté la contusion), qui se le portoient à une santé qu'ils s'imaginoient que personne n'entendoit, ce qui obligea Angelique de crier à Ragotin : « Monsieur, prenez garde à vous, et songez à bien conduire votre voiture », ce qui demonta un peu le petit avocat encomedienné, lequel fit aussitôt cessation d'armes, ou plutôt de verres, avec la Rancune.

L'on paya l'hôtesse, l'on remonta à cheval et la caravane comique marcha. Le temps etoit beau et le chemin de même, ce qui fut cause qu'ils arrivèrent de bonne heure à un bourg qu'on appelle Vivain[1]. Ils descendirent au Coq-Hardi, qui est le meilleur logis; mais l'hôtesse (qui n'etoit pas la plus agreable du pays du Maine) fit quelque difficulté de les recevoir, disant qu'elle avoit beaucoup de monde, entre autres un receveur des tailles de la province et un autre receveur des epices[2] du presidial du Mans, avec quatre ou cinq marchands de toile. La Rancune, qui songea aussitôt à faire quelque tour de son metier, lui dit qu'ils ne demandoient qu'une chambre pour les demoiselles, et que pour les hommes, ils se

---

1. A une demi-lieue N. E. de Beaumont-le-Vicomte.
2. « *Epices* aujourd'hui se dit au Palais des salaires que les juges se taxent en argent, au bas des jugements, pour leur peine d'avoir travaillé au rapport et à la visitation des procès par écrit. » (Dict. de Fur.) L'abus des *epices* en étoit venu au point que Saint-Amant, à propos de l'incendie du Palais en 1618, put dire, dans une épigramme bien connue et souvent citée :

... Dame Justice,
Pour avoir mangé trop d'épice
Se mit tout le palais en feu.

coucheroient comme que ce fût, et qu'une nuit
etoit bientôt passée; ce qui adoucit un peu la
fierté de la dame cabaretière. Ils entrèrent donc,
et l'on ne dechargea point la charrette : car il y
avoit dans la basse-cour une remise de carrosse
où on la mit, et on la ferma à clef; et l'on donna
une chambre aux comediennes, où tous ceux de
la troupe soupèrent, et quelque temps après les
demoiselles se couchèrent dans deux lits qu'il y
avoit, savoir, l'Etoile dans un et la Caverne et
sa fille Angelique dans l'autre. Vous jugez bien
qu'elles ne manquèrent pas à fermer la porte,
aussi bien que les deux receveurs, qui se retirèrent aussi dans une autre chambre, où ils firent
porter leurs valises, qui etoient pleines d'argent,
sur lequel la Rancune ne put pas mettre la main,
car ils se precautionnèrent bien; mais les marchands payèrent pour eux. Ce mechant homme eut
assez de prevoyance pour être logé dans la même
chambre où ils avoient fait porter leurs balles.
Il y avoit trois lits, dont les marchands en occupoient deux, et l'Olive et la Rancune l'autre, lequel ne dormit point ; mais quand il connut que
les autres dormoient ou devoient dormir, il se
leva doucement pour faire son coup, qui fut interrompu par un des marchands auquel il étoit
survenu un mal de ventre avec une envie de le
decharger, ce qui l'obligea à se lever et la Rancune à regagner le lit. Cependant le marchand,
qui logeoit ordinairement dans ce logis et qui
en sçavoit toutes les issues, alla par la porte qui
conduisoit à une petite galerie au bout de laquelle etoient les lieux communs (ce qu'il fit
pour ne donner pas mauvaise odeur aux vene-

rables comediens). Quand il se fut vidé, il retourna au bout de la galerie ; mais, au lieu de prendre le chemin qui conduisoit à la chambre d'où il etoit parti, il prit de l'autre côté et descendit dans la chambre où les receveurs etoient couchés (car les deux chambres et les montées etoient disposées de la sorte). Il s'approcha du premier lit qu'il rencontra, croyant que ce fût le sien, et une voix à lui inconnue lui demanda : « Qui est là ? » Il passa sans rien dire à l'autre lit ; où on lui dit de même, mais d'un ton plus elevé et en criant : « L'hôte, de la chandelle ! il y a quelqu'un dans notre chambre. » L'hôte fit lever une servante ; mais devant qu'elle fût en etat de comprendre qu'il falloit de la lumière, le marchand eut loisir de remonter et de descendre par où il etoit allé. La Rancune, qui entendoit tout ce debat (car il n'y avoit qu'une simple cloison d'ais entre les deux chambres) ne perdit pas temps, mais denoua habilement les cordes de deux balles, dans chacune desquelles il prit deux pièces de toile, et renoua les cordes, comme si personne n'y eût touché, car il sçavoit le secret, qui n'est connu que de ceux du metier, non plus que leur numero et leurs chiffres. Il en vouloit attaquer une autre, quand le marchand entra dedans la chambre, et, y ayant ouï marcher, dit : « Qui est là ? » La Rancune, qui ne manquoit point de repartie (après avoir fourré les quatre pièces de toile dans le lit), dit que l'on avoit oublié à mettre un pot de chambre, et qu'il cherchoit la fenêtre pour pisser. Le marchand, qui n'etoit pas encore recouché, lui dit : « Attendez, monsieur, je la vais ouvrir, car je sçais mieux où elle est que vous. » Il l'ouvrit et se remit au lit. La Rancune s'approcha de la fenêtre, par laquelle il pissa aussi copieusement que quand il arrosa un marchand du bas Maine avec lequel il etoit couché dans un cabaret de la ville du Mans, comme vous avez vu dans le sixième chapitre de la première partie de ce roman ; après quoi il se retourna coucher sans fermer la fenêtre. Le marchand lui cria qu'il ne devoit pas l'avoir laissée ouverte, et l'autre lui cria encore plus haut qu'il la fermât s'il vouloit ; que pour lui, il n'eût pas pu retrouver son lit dans l'obscurité, ce qui n'etoit pas quand elle etoit ouverte, parce que la lune luisoit bien fort dans la chambre. Le marchand, apprehendant qu'il ne lui voulût faire une querelle d'Allemand [1],

---

1. La réputation des Allemands avoit été fort compromise chez nous par celle des reîtres et des lansquenets ; et les guerres récemment soutenues contre eux, en donnant lieu à un grand débordement de chansons satiriques, avoient encore contribué à rendre leur nom synonyme de soudard, de grossier et brutal personnage. L'épithète d'Allemand renfermoit, en France, une injure analogue à celle de Génois chez les Espagnols. Théophile, dans son *Fragm. d'une hist. com.*, parle de la stupidité et de l'ivrognerie des Allemands, qu'il traite de gros *bouffetripes*. « Voilà, dit Garasse dans sa *Doctrine curieuse* (VI, 10), le but auquel visent les axiomes des beaux esprits... faire le saut de l'Allemand, du lit à la table et de la table au lit. » Leur esprit n'étoit pas en plus haute estime que leur caractère : « Gretzer a bien de l'esprit pour un Allemand », disoit le cardinal Du Perron, et le P. Bouhours, qui rapporte cette parole, met en question, dans ses *Entret. d'Ariste et d'Eugène* (sur le bel esprit), si un Allemand peut être bel esprit. On lit dans le *Chevræana*, qui, du reste, entreprend la défense de cette nation : « Les François disent : C'est un Allemand, pour exprimer un homme pesant, brutal. » Plus tard, Grimm écrivoit encore : « Je crois avoir vu le temps où un Allemand donnant quelques symptômes d'esprit étoit regardé comme un prodige. » On comprend main-

se leva sans lui repartir, ferma la fenêtre et se remit au lit, où il ne dormoit pas, dont bien lui prit, car sa balle n'eût pas eu meilleur marché que les deux autres.

Cependant l'hôte et l'hôtesse crioient à la chambrière d'allumer vite de la chandelle. Elle s'en mettoit en devoir ; mais comme il arrive ordinairement que plus l'on s'empresse moins l'on avance, aussi cette miserable servante souffla les charbons plus d'une heure sans la pouvoir allumer. L'hôte et l'hôtesse lui disoient mille maledictions, et les receveurs crioient toujours plus fort : « De la chandelle ! » Enfin, quand elle fut allumée, l'hôte et l'hôtesse et la servante montèrent à leur chambre, où n'ayant trouvé personne, ils leur dirent qu'ils avoient grand tort de mettre ainsi tous ceux du logis en alarme. Eux soutenoient toujours d'avoir vu et ouï un homme et de lui avoir parlé. L'hôte passa de l'autre côté et demanda aux comediens et aux marchands si quelqu'un d'eux etoit sorti. Ils dirent tous que non ; « à la reserve de monsieur, dit un des marchands, parlant de la Rancune, qui s'est levé pour pisser par la fenêtre, car l'on n'a point donné de pot de chambre. » L'hôte cria fort la servante de ce manquement, et alla retrouver les receveurs, auxquels il dit qu'il falloit qu'ils eussent fait quelque mauvais songe, car personne n'avoit bougé ; et après leur avoir dit qu'ils dormissent bien, et qu'il n'etoit pas encore jour, ils se retirèrent. Sitôt qu'il fut venu, je veux dire le jour,

---

tenant la portée de cette expression proverbiale : faire une querelle d'Allemand.

la Rancune se leva et demanda la clef de la remise, où il entra pour cacher les quatre pièces de toile qu'il avoit derobées, et qu'il mit dans une des balles de la charrette.

Chapitre V.

Ce qui arriva aux comediens entre Vivain et Alençon. Autre disgrace de Ragotin.

Tous les heros et heroïnes de la troupe comique partirent de bon matin et prirent le grand chemin d'Alençon et arrivèrent heureusement au Bourg-le-Roi [1], que le vulgaire appelle le Boulerey, où ils dînèrent et se reposèrent quelque temps, pendant lequel on mit en avant si l'on passeroit par Arsonnay, qui est un village à une lieue d'Alençon, ou si l'on prendroit de l'autre côté pour éviter Barrée, qui est un chemin où pendant les plus grandes chaleurs de l'été il y a de la boue où les chevaux enfoncent jusqu'aux sangles. L'on consulta là-dessus le charretier, lequel assura qu'il passeroit partout, ses quatre chevaux etant les meilleurs de tous les attelages du Mans; d'ailleurs, qu'il n'y avoit qu'environ cinq cents

---

1. A huit lieues N.-E. du Mans; ainsi nommé d'un château qu'y fit bâtir, vers 1099, Guillaume Le Roux, pour tenir les Manceaux en respect et se ménager une entrée facile dans la province.

pas de mauvais chemin, et que celui des communes de Saint-Pater, où il faudroit passer, n'étoit guère plus beau et beaucoup plus long; qu'il n'y auroit que les chevaux et la charrette qui entreroient dans la boue, parce que les gens de pied passeroient dans les champs, quittes pour ajamber certaines fascines qui ferment les terres afin que les chevaux n'y puissent pas entrer : on les appelle en ce pays-là des éthaliers. Ils enfilèrent donc ce chemin-là. Mademoiselle de l'Etoile dit qu'on l'avertît quand l'on en seroit près, parce qu'elle aimoit mieux aller à pied en beau chemin, qu'à cheval dans la boue. Angelique en dit autant, et semblablement la Caverne, qui apprehenda que la charrette ne versât. Quand ils furent sur le point d'entrer dans ce mauvais chemin, Angelique descendit de la croupe du cheval de Ragotin. Le Destin fit mettre pied à terre à l'Etoile, et l'on aida à la Caverne à descendre de la charrette. Roquebrune monta sur le cheval de l'Etoile et suivit Ragotin, qui alloit après la charrette. Quand ils furent au plus boueux du chemin et à un lieu où il n'y avoit d'espace que pour la charrette, quoique le chemin fût fort large, ils firent rencontre d'une vingtaine de chevaux de voiture, que cinq ou six paysans conduisoient, qui se mirent à crier au charretier de reculer. Le charretier leur crioit encore plus fort : « Reculez vous-mêmes, vous le ferez plus aisement que moi. » De detourner ni à droit ni à gauche, cela ne se pouvoit nullement, car de chaque côté il n'y avoit que des fondrières insondables. Les voituriers, voulant faire les mauvais, s'avancèrent si brusquement contre la charrette, en criant si fort, que les chevaux en prirent tant de peur qu'ils en rompirent leurs traits et se jetèrent dans les fondrières; le timonier se detourna tant soit peu sur la gauche, ce qui fit avancer la roue du même côté, qui, pour ne trouver point de ferme, fit verser la charrette. Ragotin, tout bouffi d'orgueil et de colère, crioit comme un demoniaque contre les voituriers, croyant pouvoir passer au côté droit, où il sembloit y avoir du vide : car il vouloit joindre les voituriers, qu'il menaçoit de sa carabine pour les faire reculer. Il s'avança donc; mais son cheval s'embourba si fort, que tout ce qu'il put faire, ce fut de desetriver promptement et desarçonner à même temps et de mettre pied à terre; mais il enfonça jusqu'aux aisselles, et s'il n'eût pas étendu les bras il eût enfoncé jusqu'au menton. Cet accident si imprevu fit arrêter tous ceux qui passoient dans les champs, pour penser à y remedier. Le poète, qui avoit toujours bravé la fortune, s'arrêta doucement et fit reculer son cheval jusqu'à ce qu'il eût trouvé le sec. Les voituriers, voyant tant d'hommes qui avoient tous chacun un fusil sur l'épaule et une epée au côté, reculèrent sans bruit, de peur d'être battus, et prirent un autre chemin.

Cependant il fallut songer à remedier à tout ce desordre, et l'on dit qu'il falloit commencer par M. Ragotin et par son cheval, car ils etoient tous deux en grand peril. L'Olive et la Rancune furent les premiers qui s'en mirent en devoir; mais, quand ils s'en voulurent approcher, ils enfoncèrent jusqu'aux cuisses, et ils auroient encore enfoncé s'ils eussent avancé davantage, tellement qu'après avoir sondé en plusieurs endroits sans y trouver du ferme, la Rancune, qui avoit toujours des expediens d'un homme de son naturel, dit sans rire qu'il n'y avoit point d'autre remède pour sortir M. Ragotin du danger où il etoit, que de prendre la corde de la charrette (qu'aussi bien il la falloit decharger) et la lui attacher au cou et le faire tirer par les chevaux, qui s'etoient remis dans le grand chemin. Cette proposition fit rire tous ceux de la compagnie, mais non pas Ragotin, qui en eut autant de peur comme quand la Rancune lui vouloit couper son chapeau sur le visage, quand il l'avoit enfoncé dedans. Mais le charretier, qui s'etoit hasardé pour relever les chevaux, le fit encore pour Ragotin : il s'approcha de lui, et à diverses reprises le sortit et le conduisit dans le champ où etoient les comediennes, qui ne purent s'empêcher de rire, le voyant en si bel equipage ; elles s'en contraignirent pourtant tant qu'elles purent. Cependant le charretier retourna à son cheval, qui, etant assez vigoureux, sortit avec un peu d'aide et alla trouver les autres ; en suite de quoi l'Olive et la Rancune, et le même charretier, qui etoient déjà tous gâtés de la boue, dechargèrent la charrette, la remuèrent et la rechargèrent. Elle fut aussitôt reattelée, et les chevaux la sortirent de ce mauvais pas. Ragotin remonta sur son cheval avec peine, car le harnois etoit tout rompu ; mais Angelique ne voulut pas se remettre derrière lui, pour ne gâter ses habits. La Caverne dit qu'elle iroit bien à pied, ce que fit aussi l'Etoile, que le Destin continua de conduire jusqu'aux Chênes-Verts, qui est le premier logis que l'on trouve en venant du Mans au faubourg de Mont-Fort, où ils s'arrêtèrent, n'osant pas entrer dans la ville dans un si étrange desordre.

Après que ceux qui avoient travaillé eurent bu, ils employèrent le reste du jour à faire sécher leurs habits, après en avoir pris d'autres dans les coffres que l'on avoit dechargés : car ils en avoient eu chacun en present de la noblesse mancelle [1]. Les comediennes soupèrent legerement, à cause de la lassitude du chemin qu'elles avoient été contraintes de faire à pied, ce qui les obligea aussi à se coucher de bonne heure.

---

1. Ces sortes de présents étoient admis chez les acteurs, et s'acceptoient sans honte. Molière fit, à ce que raconte Grimarest, cadeau à l'un de ses anciens camarades, le comédien Mondorge, de 24 pistoles et d'un habit magnifique, et il avoit auparavant agi de la même manière envers Baron, encore enfant, mais déjà acteur dans la troupe de la Raisin. On lit dans le Ragotin de La Fontaine :

La Baguenaudière. ...Que dites-vous de mon habit de chasse ?
La Rancune. Qu'il est beau pour jouer un baron de la Crasse.
La Baguenaudière. Je vous en fais présent, etc.
        Cet habit est pour toi ; fais m'en venir à bout.
                            (II, 4.)

Et dans *les Visionnaires* de Desmarets :

Ces vers valent cent francs, à vingt francs le couplet :
Allez, je vous promets un habit tout complet.

dit-on au poëte. Chappuzeau (l. III, ch. 18, du *Théâtre franç.*) donne de curieux détails sur les dépenses extraordinaires que les comédiens devoient faire pour leurs habits, tant à la ville qu'au théâtre, « étant obligés de paroître souvent à la cour, et de voir à toute heure des personnes de qualité. » Il nous apprend aussi, au même endroit, qu'en certaines circonstances les gentilshommes de la chambre avoient ordre de contribuer aux frais de ces habits.

Les comediens ne se couchèrent qu'après avoir bien soupé. Les uns et les autres etoient à leur premier sommeil, environ les onze heures, quand une troupe de cavaliers frappèrent à la porte de l'hôtellerie. L'hôte repondit que son logis etoit plein, et d'ailleurs qu'il etoit heure indue. Ils recommencèrent à frapper plus fort, en menaçant d'enfoncer la porte. Le Destin, qui avoit toujours Saldagne en tête, crut que c'etoit lui qui venoit à force ouverte pour enlever l'Etoile; mais, ayant regardé par la fenêtre, il aperçut, à la faveur de la clarté de la lune, un homme qui avoit les mains liées par derrière; ce qu'ayant dit fort bas à ses compagnons, qui etoient tous aussi bien que lui en etat de le bien recevoir, Ragotin dit assez haut que c'etoit M. de la Rappinière qui avoit pris quelque voleur, car il en etoit à la quête. Ils furent confirmés en cette opinion quand ils ouïrent faire commandement à l'hôte d'ouvrir de par le Roi. « Mais pourquoi diable (dit la Rancune) ne l'a-t-il mené au Mans, ou à Beaumont-le-Vicomte, ou, au pis aller, à Fresnay[1]? car, encore que ce faubourg soit du Maine, il n'y a point de prisons; il faut qu'il y ait là du mystère! » L'hôte fut contraint d'ouvrir à la Rappinière, qui entra avec dix archers, lesquels menoient un homme attaché, comme je vous viens de dire, et qui ne faisoit que rire, surtout quand il regardoit la Rappinière, ce qu'il faisoit fixement, contre l'ordinaire des criminels; et c'est la première raison pourquoi il ne le mena pas au Mans.

---

1. Petite ville du Maine, sur la Sarthe, à six lieues S.-O. de Mamers.

Or vous sçaurez que, la Rappinière ayant appris que l'on avoit fait plusieurs voleries et pillé quelques maisons champêtres, il se mit en devoir de chercher les malfaiteurs. Comme lui et ses archers approchoient de la forêt de Persaine, ils virent un homme qui en sortoit; mais quand il aperçut cette troupe d'hommes à cheval, il reprit le chemin du bois, ce qui fit juger à la Rappinière que ce pouvoit en être un. Il piqua si fort et ses gens aussi, qu'ils attrapèrent cet homme, qui ne repondit qu'en termes confus aux interrogats que la Rappinière lui fit, mais qui ne parut point de l'être; au contraire, il se mit à rire et à regarder fixement la Rappinière, lequel tant plus il le consideroit, tant plus il s'imaginoit de l'avoir vu autrefois, et il ne se trompoit pas; mais du temps qu'ils s'etoient vus, l'on portoit les cheveux courts et de grandes barbes[1], et cet homme-là avoit la

---

1. Tallemant dit de même en parlant du grand-père du marquis de Rambouillet : « On portoit la barbe longuette en ce temps-là et les cheveux courts. » (*Hist. du marq. de Ramb.*) C'étoit la mode encore sous le règne de Henri IV, comme on peut le voir par les gravures et les portraits du temps. François Ier avoit commencé à mettre en faveur les cheveux courts et la barbe longue, pour cacher, dit-on, une blessure qu'il avoit reçue au bas de la joue. Cette mode se transforma peu à peu sous les règnes suivants, les cheveux s'allongeant et la barbe se rétrécissant par degrés. Sous Henri IV on portoit les cheveux plus longs que sous François Ier, mais courts encore, surtout relativement à l'immense chevelure et à la non moins immense perruque qui alloient les remplacer sous Louis XIII et Louis XIV. Quant à la barbe, qui alloit bientôt devenir la maigre *royale* que chacun sait, elle gardoit encore quelque chose de son ancienne prestance; elle prenoit dessus et dessous le menton, pour descendre en s'effilant en pointe. Aussi Bassompierre, en sortant de la Bastille, s'étonnoit-il de ne plus retrouver les barbes de

chevelure fort longue et point de barbe, et d'ailleurs les habits differents; tout cela lui en ôtoit la connoissance. Il le fit neanmoins attacher à un banc de la table de la cuisine qui etoit à dossier à l'antique, et le laissa en la garde de deux archers, et s'en alla coucher après avoir fait un peu de collation.

Le lendemain, le Destin se leva le premier, et, en passant par la cuisine, il vit les archers endormis sur une mechante paillasse, et un homme attaché à un des bancs de la table, lequel lui fit signe de s'approcher, ce qu'il fit; mais il fut fort etonné quand le prisonnier lui dit : « Vous souvient-il quand vous fûtes attaqué à Paris sur le Pont-Neuf, où vous fûtes volé, et principalement d'une boîte de portrait? J'etois alors avec le sieur de la Rappinière, qui etoit notre capitaine. Ce fut lui qui me fit avancer pour vous attaquer; vous sçavez tout ce qui se passa. J'ai appris que vous avez tout sçu de Doguin à l'heure de sa mort, et que la Rappinière vous a rendu votre boîte. Vous avez une belle occasion de vous venger de lui,

---

son temps. « Louis XIII, dit Dulaure, monta imberbe sur le trône de son glorieux père. Les courtisans, voyant leur jeune roi sans barbe, trouvèrent la leur trop longue : ils la réduisirent bientôt, etc. » (*Pogonologie*, p. 37.) V., dans Tallemant, *Historiette de Louis XIII*, la chanson :

> Hélas! ma pauvre barbe.
> Qu'est-ce qui t'a faite ainsi?
> C'est le grand roi Louis
> Treizième de ce nom,
> Qui toute a ébarbé sa maison. etc.

Le même Louis XIII portoit d'abord les cheveux courts dans sa première jeunesse, comme le prouve une médaille frappée à cette époque, mais bientôt il laissa croître sa chevelure, qu'il ne tarda pas à porter dans toute sa longueur.

car, s'il me mène au Mans, comme il fera peut-être, j'y serai pendu sans doute; mais il ne tiendra qu'à vous qu'il ne soit de la danse : il ne faudra que joindre votre deposition à la mienne, et puis vous sçavez comme va la justice du Mans[1]. » Le Destin le quitta, et attendit que la Rappinière fût levé. Ce fut pour lors qu'il temoigna bien qu'il n'etoit pas vindicatif, car il l'avertit du dessein du criminel, en lui disant tout ce qu'il avoit dit de lui, et ensuite lui conseilla de s'en retourner et de laisser ce miserable. Il vouloit attendre que les comediennes fussent levées pour leur donner le bon jour; mais le Destin lui dit franchement que l'Etoile ne le pourroit pas voir sans s'emporter furieusement contre lui avec justice; il lui dit de plus que, si le vice-bailli d'Alençon (qui est le prevôt de ce bailliage-là) sçavoit tout ce manége, il le viendroit prendre. Il le crut, fit detacher le prisonnier, qu'il laissa en liberté, monta à cheval avec ses archers, et s'en alla sans payer l'hôtesse (ce qui lui etoit assez ordinaire) et sans remercier le Destin, tant il etoit troublé.

Après son depart, le Destin appela Roquebru-

---

1. La justice du Mans devoit sans doute avoir acquis une grande habileté et une promptitude remarquable, grâce à l'exercice que lui donnoit l'esprit processif et litigieux des Manceaux. On sait, en effet, qu'ils ont été renommés de tout temps, non moins que les Normands, pour leurs habitudes chicanières. Boileau les associe à ceux-ci dans ses *Satires* (XII, 341) et ses *Epîtres* (II, 31); il y revient encore dans *le Lutrin* (I, 31). De même Racine dans *les Plaideurs* (III, 3), Dufresnoy dans *la Réconciliation normande* (IV, 3), etc., ont fait allusion à leur goût bien connu pour les procès. « Un Manceau vaut un Normand et demi », dit le proverbe.

CHAPITRE V. 167

ne, l'Olive et le Decorateur, qu'il mena dans la ville, et allèrent directement au grand jeu de paume, où ils trouvèrent six gentilshommes qui jouoient partie. Il demanda le maître du tripot, et ceux qui etoient dans la galerie, ayant connu que c'etoient des comediens, dirent aux joueurs que c'etoient des comediens, et qu'il y en avoit un qui avoit fort bonne mine. Les joueurs achevèrent leur partie et montèrent dans une chambre pour se faire frotter, tandis que le Destin traitoit avec le maître du jeu de paume. Ces gentilhommes, etant descendus à demi vêtus, saluèrent le Destin et lui demandèrent toutes les particularités de la troupe, de quel nombre de personnes elle etoit composée, s'il y avoit de bons acteurs, s'ils avoient de beaux habits, et si les femmes etoient belles. Le Destin repondit sur tous ces chefs; en suite de quoi ces gentilshommes lui offrirent service, et prièrent le maître de les accommoder, ajoutant que, s'ils avoient patience qu'ils fussent tout à fait habillés, qu'ils boiroient ensemble; ce que le Destin accepta pour faire des amis en cas que Saldagne le cherchât encore, car il en avoit toujours de l'apprehension.

Cependant il convint du prix pour le louage du tripot, et ensuite le Decorateur alla chercher un menuisier pour bâtir le theâtre suivant le modèle qu'il lui bailla; et les joueurs etant habillés, le Destin s'approcha d'eux de si bonne grâce, et avec sa grande mine leur fit paroître tant d'esprit, qu'ils conçurent de l'amitié pour lui. Ils lui demandèrent où la troupe etoit logée, et lui leur ayant repondu qu'elle etoit aux Chênes-Verts en Mont-Fort, ils lui dirent : « Allons boire dans un logis qui sera votre fait ; nous voulons vous aider à faire le marché. » Ils y allèrent, furent d'accord du prix pour trois chambres, et y dejeunèrent très bien. Vous pouvez bien croire que leur entretien ne fut que de vers et de pièces de theâtre, en suite de quoi ils firent grande amitié, et allèrent avec lui voir les comediennes, qui etoient sur le point de dîner, ce qui fut cause que ces gentilshommes ne demeurèrent pas longtemps avec elles. Ils les entretinrent pourtant agreablement pendant le peu de temps qu'ils y furent ; ils leur offrirent service et protection, car c'etoient des principaux de la ville. Après le dîner l'on fit porter le bagage comique à la Coupe-d'Or, qui etoit le logis que le Destin avoit retenu, et quand le theâtre fut en etat, ils commencèrent à representer.

Nous les laisserons dans cet exercice, dans lequel ils firent tous voir qu'ils n'etoient pas apprentis, et retournerons voir ce que fait Saldagne depuis sa chute.

Chapitre VI.

Mort de Saldagne.

Vous avez vu dans le douzième chapitre de la seconde partie de ce Roman comme Saldagne etoit demeuré dans un lit, malade de sa chute, dans la maison du baron d'Arques, à l'appartement de Verville, et ses valets si ivres dans une hôtellerie d'un bourg distant de deux lieues de ladite maison, que celui de Verville eut bien de la peine à leur faire comprendre que la demoiselle s'etoit sauvée, et que l'autre homme que son maître leur avoit donné la suivoit avec l'autre cheval. Après qu'ils se furent bien frotté les yeux, et bâillé chacun trois ou quatre fois, et allongé les bras en s'etirant, ils se mirent en devoir de la chercher. Ce valet leur fit prendre un chemin par lequel il sçavoit bien qu'ils ne la trouveroient pas, suivant l'ordre que son maître lui en avoit donné; aussi ils roulèrent trois jours, au bout desquels ils s'en retournèrent trouver Saldagne, qui n'etoit pas encore gueri de sa chute, ni même en etat de quitter le lit, auquel ils dirent que la fille s'etoit sauvée, mais que l'homme que M. de Verville leur avoit baillé la suivoit à cheval. Saldagne pensa enrager à la reception de cette nouvelle, et bien prit à ses valets qu'il etoit au lit et attaché par une jambe, car s'il eût eté debout, ou s'il eût pu se lever, ils n'eussent pas seulement essuyé des paroles, comme ils firent, mais il les auroit roués de coups de bâton, car il pesta si furieusement contre eux, leur disant toutes les injures imaginables, et se mit si fort en colère, que son mal augmenta et la fièvre le reprit, en sorte que, quand le chirurgien vint pour le panser, il apprehenda que la gangrène ne se mît à sa jambe, tant elle etoit enflammée, et même il y avoit quelque lividité, ce qui l'obligea d'aller trouver Verville, auquel il conta cet accident, lequel se douta bien de ce qui l'avoit causé, et qui alla aussitôt voir Saldagne, pour lui demander la cause de son alteration, ce qu'il savoit assez, car il avoit eté averti par son valet de tout le succès de l'affaire; et, l'ayant appris de lui-même, il lui redoubla sa douleur en lui disant que c'etoit lui qui avoit tramé cette pièce pour lui eviter la plus mauvaise affaire qui lui pût jamais arriver : « Car, lui dit-il, vous voyez bien que personne n'a voulu retirer cette fille, et je vous declare que, si j'ai souffert que ma femme, votre sœur, l'ait logée ceans, ce n'a eté qu'à dessein de la remettre entre les mains de son frère et de ses amis. Dites-moi un peu, que seriez-vous devenu si l'on avoit fait des informations contre vous pour un rapt, qui est un crime capital et que l'on ne pardonne point [1] ? Vous croyez peut-être que la bas-

1. Quelquefois pourtant, surtout quand ces violences étoient exercées par des personnages puissants contre des femmes de classe inférieure. (*Mém.* de Chavagnac, 1699, in-12, p. 100.) Il y a, à cette époque, bien des faits historiques qui peuvent servir d'excuse et de justification au grand nombre de rapts, de violences, de meurtres, qu'on trouve dans le *Roman comique*, et à la facilité avec laquelle la justice passe par-dessus. Qu'il me suffise de citer, outre l'enlèvement, par le père du comte de Chavagnac, de la veuve d'un sieur de Montbrun, celui de madame de Miramion, dans le bois de Boulogne, aux portes mêmes de Paris, et son audacieuse séquestration par Bussy au château de Launay, près de Sens, crime qui, malgré un commencement de poursuites, finit par rester impuni. (V. *Mém.* de Bussy, éd. Amst., 1731, p. 160 et suiv.) Il y avoit là un reste des habitudes féodales et une dernière trace de l'ancien respect pour le droit du plus fort et la légitimité de l'épée. C'est surtout dans Brantôme qu'on peut lire le récit des attentats les plus fréquents et les plus audacieux commis sur les personnes les plus illustres, sans que la justice intervînt pour les punir. Ces violences sembloient admises par les mœurs. Les Mémoires contemporains et les *Historiettes* de Tallemant des Réaux pourroient nous fournir à l'appui plus d'un trait, que leurs

sesse de sa naissance et la profession qu'elle fait vous auroient excusé de cette licence, et en cela vous vous flattez, car apprenez qu'elle est fille de gentilhomme et de demoiselle, et qu'au bout vous n'y auriez pas trouvé votre compte. Et après tout, quand les moyens de la justice auroient manqué, sçachez qu'elle a un frère qui s'en seroit vengé ; car c'est un homme qui a du cœur, et vous l'avez eprouvé en plusieurs rencontres, ce qui vous devroit obliger à avoir de l'estime pour lui, plutôt que de le persecuter comme vous faites.

narrateurs racontent comme une chose toute simple, et que nous serions loin de trouver tels aujourd'hui. Vouloit-on se défaire de Jacques de Lafin, qui avoit révélé au roi le complot du maréchal de Biron, et de Concini, on les assassinoit en plein jour, sur un pont, sans qu'on songeât à poursuivre les meurtriers. Saint-Germain Beaupré faisoit assassiner par son laquais, dans la rue Saint-Antoine, un gentilhomme nommé Villepréau. D'Harcourt et d'Hocquincourt proposoient à Anne d'Autriche de la défaire ainsi de Condé. Le chevalier de Guise ne faisoit pas plus de cérémonies pour passer son épée au travers du corps, en pleine rue Saint-Honoré, au vieux baron de Luz, à peu près comme son frère aîné avoit fait pour Saint-Paul ; et ce crime non seulement demeuroit impuni, mais valoit au meurtrier les plus chaleureuses félicitations des plus grands personnages. (*Lett.* de Malh., 1er févr. 1613.) On peut lire les *Grands jours d'Auvergne* pour avoir une idée des actes incroyables que se permettoient les gentilshommes d'alors. La justice, dans ces cas-là, ne demandoit pas mieux que de faire comme nous le dit l'auteur (ch. 6) à propos de la mort de Saldagne : « Personne ne se plaignant, *d'ailleurs que ceux qui pouvoient être soupçonnés étoient des principaux gentilshommes de la ville*, cela demeura dans le silence. » Bossuet lui-même, parlant de ceux qui offroient à Charles II d'assassiner Cromwell, se borne à dire : « Sa grande âme a *dédaigné* ces moyens trop *bas*; il a cru qu'en quelque état que fussent les rois, il étoit de leur *majesté* de n'agir que par les lois ou par les armes. » V. *Orais. fun.* de la reine d'Anglet., vers la fin.

Il est temps de cesser ces vaines poursuites, où vous pourriez à la fin succomber, car vous sçavez bien que le desespoir fait tout hasarder ; il vaut donc mieux pour vous le laisser en paix. »

Ce discours, qui devoit obliger Saldagne à rentrer en lui-même, ne servit qu'à lui redoubler sa rage et à lui faire prendre d'etranges resolutions, qu'il dissimula en presence de Verville, et qu'il tâcha depuis à executer. Il se depêcha de guerir, et sitôt qu'il fut en etat de pouvoir monter à cheval il prit congé de Verville, et à même temps il prit le chemin du Mans, où il croyoit trouver la troupe ; mais ayant appris qu'elle en etoit partie pour aller à Alençon, il se resolut d'y aller. Il passa par Vivain, où il fit repaître ses gens et trois coupe-jarrets qu'il avoit pris avec lui [1]. Quand il entra au logis du Coq-Hardi, où il mit pied à terre, il entendit une grande rumeur : c'etoient les marchands de toile, qui, etant allés au marché à Beaumont, s'etoient aperçus du larcin que leur avoit fait la Rancune, et etoient revenus s'en plaindre à l'hôtesse, qui, en criant bien fort, leur soutenoit qu'elle n'en etoit pas responsable, puisqu'ils ne lui avoient pas baillé leurs balles à garder, mais les avoient fait porter dans leurs chambres ; et les marchands repliquoient : « Cela est vrai ; mais que diable aviez-vous affaire d'y mettre

---

[1]. On voit dans la *Relation des grands jours d'Auvergne* et dans beaucoup de tragicomédies du temps que c'étoit l'usage des gentilshommes de recourir à des spadassins qu'ils payoient pour leurs guet-apens. Ce n'étoit pas seulement pour les assassinats qu'ils en agissoient ainsi, mais pour leurs distributions de coups de bâton et leurs menues vengeances. Le duc d'Epernon, non content de ses laquais, avoit ses donneurs d'étrivières gagés.

coucher ces bateleurs ? car, sans doute, c'est eux qui nous ont volés. — Mais, repartit l'hôtesse, trouvâtes-vous vos balles crevées, ou les cordes defaites ? — Non, disoient les marchands ; et c'est ce qui nous etonne, car elles etoient nouées comme si nous-mêmes l'eussions fait ! — Or, allez vous promener ! » dit l'hôtesse. Les marchands vouloient repliquer, quand Saldagne jura qu'il les battroit s'ils menoient plus de bruit. Ces pauvres marchands, voyant tant de gens, et de si mauvaise mine, furent contraints de faire silence, et attendirent leur depart pour recommencer leur dispute avec l'hôtesse.

Après que Saldagne et ses gens et ses chevaux eurent repu, il prit la route d'Alençon, où il arriva fort tard. Il ne dormit point de toute la nuit, qu'il employa à penser aux moyens de se venger sur le Destin de l'affront qu'il lui avoit fait de lui avoir ravi sa proie ; et comme il etoit fort brutal, il ne prit que des resolutions brutales. Le lendemain il alla à la comedie avec ses compagnons, qu'il fit passer devant, et paya pour quatre. Ils n'etoient connus de personne : ainsi il leur fut facile de passer pour etrangers. Pour lui, il entra le visage couvert de son manteau et la tête enfoncée dans son chapeau, comme un homme qui ne veut pas être connu. Il s'assit et assista à la comedie, où il s'ennuya autant que les autres y eurent de satisfaction, car tous admirèrent l'Etoile, qui representa ce jour-là la Cleopâtre de la pompeuse tragedie du grand *Pompée*, de l'inimitable Corneille. Quand elle fut finie, Saldagne et ses gens demeurèrent dans le jeu de paume, resolus d'y attaquer le

Destin. Mais cette troupe avoit si fort gagné les bonnes grâces de toute la noblesse et de tous les honnêtes bourgeois d'Alençon, que ceux et celles qui la composoient n'alloient point au theâtre ni ne s'en retournoient point à leur logis qu'avec grand cortége.

Ce jour-là une jeune dame veuve fort galante, qu'on appeloit madame de Villefleur, convia les comediennes à souper (ce que Saldagne put facilement entendre). Elles s'en excusèrent civilement, mais, voyant qu'elle persistoit de si bonne grâce à les en prier, elles lui promirent d'y aller. Ensuite elles se retirèrent, mais très bien accompagnées, et notamment de ces gentilshommes qui jouoient à la paume quand le Destin vint pour louer le tripot, et d'un grand nombre d'autres; ce qui rompit le mauvais dessein de Saldagne, qui n'osa éclater devant tant d'honnêtes gens, avec lesquels il n'eût pas trouvé son compte. Mais il s'avisa de la plus insigne méchanceté que l'on puisse imaginer, qui fut d'enlever l'Etoile quand elle sortiroit de chez madame de Villefleur, et de tuer tous ceux qui voudroient s'y opposer, à la faveur de la nuit. Les trois comediennes y allèrent souper et passer la veillée. Or, comme je vous ai deja dit, cette dame étoit jeune et fort galante, ce qui attiroit à sa maison toute la belle compagnie, qui augmenta ce soir-là à cause des comediennes. Or Saldagne s'etoit imaginé d'enlever l'Etoile avec autant de facilité que quand il l'avoit ravie lorsque le valet du Destin la conduisoit, suivant la maudite invention de la Rappinière. Il prit donc un fort cheval, qu'il fit tenir par un de ses laquais, lequel il posta à la porte de la maison de ladite dame de Villefleur, qui etoit située dans une petite rue proche du Palais, croyant qu'il lui seroit facile de faire sortir l'Etoile sous quelque prétexte, et la monter promptement sur le cheval, avec l'aide de ses trois hommes, qui battoient l'estrade[1] dans la grande place, pour la mener après où il lui plairoit. Enfin il se repaissoit de ses vaines chimères et tenoit déjà la proie en imagination; mais il arriva qu'un homme d'eglise (qui n'etoit pas de ceux qui font scrupule de tout et bien souvent de rien, car il frequentoit les honorables compagnies et aimoit si fort la comedie qu'il faisoit connoissance avec tous les comediens qui venoient à Alençon[2], et l'avoit fait fort etroite-

1. C'est-à-dire qui se tenoient aux aguets et alloient à la découverte.
2. Cela n'étoit pas alors fort rare ni extraordinaire. Racine, dans l'*Abrégé de l'histoire de Port-Royal* (1re partie), rapporte un mot du fameux partisan Jean de Werth (prisonnier de 1638 à 1642), qui s'étonnoit de voir en France les saints en prison et les évêques à la comédie. Renaudot nous apprend de même que les ecclésiastiques, aussi bien que les hommes du monde, assistèrent en foule à l'*Andromède* de Corneille (Gaz. de France, 1650). L'abbé de Marolles raconte, dans ses Mémoires, que les cardinaux, le nonce apostolique et les prélats les plus pieux assistoient aux ballets de la cour (*Neuvième discours sur les ballets*); qu'on y préparoit des places pour les abbés, les confesseurs et les aumôniers de Richelieu, et qu'après la représentation de *Mirame*, on vit l'évêque de Chartres, Valançay, « le maréchal de camp comique », descendre de dessus le théâtre pour présenter la collation à la reine. Ce fut le même prélat qui fut l'ordonnateur du ballet de la Félicité, à l'hôtel de Richelieu. Cospéan lui-même, le saint évêque de Lisieux, ne reculoit pas devant ce divertissement profane, et le cardinal de Retz rapporte dans ses Mémoires qu'il accepta un jour, sans la moindre difficulté, la proposition que lui firent mesdames de Choisy et de Vendôme de

ment avec ceux de notre illustre troupe [1]) alloit veiller ce soir-là chez madame de Villefleur, et ayant aperçu un laquais (qu'il ne connoissoit point, non plus que la livrée qu'il portoit) tenant un cheval par la bride, et l'ayant enquis à qui il etoit et ce qu'il faisoit là, et si son maître etoit dans la maison, et ayant trouvé beaucoup d'obscurité en ses reponses, il monta à la salle où etoit la compagnie, à laquelle il raconta ce qu'il avoit vu, et qu'il avoit ouï marcher des personnes à l'entrée de la petite rue. Le Destin, qui avoit observé cet homme qui se cachoit le visage de son manteau, et qui avoit toujours l'imagination frappée de Saldagne, ne douta point que ce ne fût lui; pourtant il n'en avoit rien dit à personne, mais il avoit mené tous ses compagnons chez madame de Villefleur, pour faire escorte aux demoiselles qui y veilloient. Mais ayant appris de la bouche de l'ecclésiastique ce que vous ve-

---

lui donner la comédie dans la maison de l'archevêque de Paris, à Saint-Cloud. Fléchier raconte, dans la *Relation des grands jours d'Auvergne*, que, sous l'épiscopat de Joachim d'Estaing, à Clermont, on voyoit, après le sermon ou l'office, les chanoines « courir aux comédies avec des dames ». Lui-même déclare qu'il n'est pas ennemi juré de ces divertissements. D'après Tallemant, la femme du lieutenant criminel Tardieu se fit un jour conduire par l'évêque de Rennes à l'hôtel de Bourgogne, pour y voir l'*Œdipe* de Corneille. Quand deux cardinaux, Richelieu et Mazarin, favorisoient particulièrement ce genre de spectacle, les évêques mondains et les abbés beaux esprits, comme il n'en manquoit pas, devoient se croire suffisamment autorisés à les fréquenter.

1. Plusieurs troupes comiques se donnoient ainsi le nom d'*illustres*. Le théâtre sur lequel Molière commença à jouer, sous la direction des Béjart (1645), s'intituloit l'*illustre théâtre*.

nez d'ouïr, il fut confirmé dans la croyance que c'etoit Saldagne qui vouloit hasarder un second enlèvement de sa chère l'Etoile. L'on consulta ce que l'on devoit faire, et l'on conclut que l'on attendroit l'evenement, et que, si personne ne paroissoit devant l'heure de la retraite l'on sortiroit avec toute la précaution que l'on peut prendre en pareilles occasions. Mais l'on ne demeura pas longtemps qu'un homme inconnu entra et demanda mademoiselle de l'Etoile, à laquelle il dit qu'une demoiselle de ses amies lui vouloit dire un mot à la rue, et qu'elle la prioit de descendre pour un moment. L'on jugea alors que c'etoit par ce moyen que Saldagne vouloit reussir à son dessein, ce qui obligea tous ceux de la compagnie à se mettre en état de le bien recevoir. L'on ne trouva pas bon qu'aucune des comediennes descendît, mais l'on fit avancer une des femmes de chambre de madame de Villefleur, que Saldagne saisit aussitôt, croyant que ce fût l'Etoile[1]. Mais il fut bien etonné quand il se trouva investi d'un grand nombre d'hommes armés, car il en etoit passé une partie par une porte qui est sur la grande place, et les autres par la porte ordinaire. Mais comme il n'avoit du jugement qu'autant qu'un brutal en peut avoir, et sans considerer si ses gens etoient joints à lui, il tira un coup de pistolet dont un des comediens fut blessé legèrement, mais qui fut suivi d'une demi-douzaine qu'on dechargea sur lui. Ses gens, qui ouïrent le bruit, au lieu de s'ap-

---

[1]. On lit une anecdote historique tout à fait analogue dans les *Lettres* de Malherbe à Peiresc (4 juillet 1614).

procher pour le secourir, firent comme font ordinairement ces canailles que l'on emploie pour assassiner quelqu'un, qui s'enfuient quand ils trouvent de la resistance; autant en firent les compagnons de Saldagne, qui etoit tombé, car il avoit un coup de pistolet à la tête et deux dans le corps. L'on apporta de la lumière pour le regarder, mais personne ne le connut que les comediens et comediennes, qui assurèrent que c'etoit Saldagne. On le crut mort, quoiqu'il ne le fût pas, ce qui fut cause que l'on aida à son laquais à le mettre de travers sur son cheval; il le mena à son logis, où on lui reconnut encore quelque signe de vie, ce qui obligea l'hôte à le faire panser; mais ce fut inutilement, car il mourut le lendemain.

Son corps fut porté en son pays, où il fut reçu par ses sœurs et leurs maris. Elles le pleurèrent par contenance, mais dans leur cœur elles furent très aises de sa mort; et j'oserois croire que madame de Saint-Far eût bien voulu que son brutal de mari eût eu un pareil sort, et il le devoit avoir à cause de la sympathie; pourtant je ne voudrois pas faire de jugement temeraire. La justice se mit en devoir de faire quelques formalités; mais n'ayant trouvé personne et personne ne se plaignant, d'ailleurs que ceux qui pouvoient être soupçonnés etoient des principaux gentilshommes de la ville, cela demeura dans le silence. Les comediennes furent conduites à leur logis, où elles apprirent le lendemain la mort de Saldagne, dont elles se rejouirent fort, etant alors en assurance; car partout elles n'avoient que des amis, et partout ce seul ennemi, car il les suivoit partout.

Chapitre VII.

Suite de l'histoire de la Caverne.

Le Destin avec l'Olive allèrent le lendemain chez le prêtre, que l'on appeloit M. le prieur[1] de Saint-Louis (qui est un titre, plutôt honorable que lucratif, d'une petite eglise qui est située dans une île que fait la rivière de Sarthe entre les ponts d'Alençon), pour le remercier de ce que par son moyen ils avoient évité le plus grand malheur qui leur pût jamais arriver, et qui ensuite les avoit mis dans un parfait repos, puisqu'ils n'avoient plus rien à craindre après la mort funeste du miserable Saldagne, qui continuoit toujours à les troubler. Vous ne devez pas vous etonner si les comediens et comediennes de cette troupe avoient reçu le bienfait d'un prêtre, puisque vous avez pu voir dans les aventures comiques de cette illustre histoire les bons offices que trois ou quatre curés leur avoient rendus dans le logis où l'on se battoit la nuit, et le soin qu'ils avoient eu de loger et garder Angelique après qu'elle fut retrouvée, et autres que vous avez pu remar-

---

1. Il y avoit des prieurés de diverses sortes : par exemple les prieurés simples, qui n'obligeoient qu'à la récitation du bréviaire, et les prieurés conventuels, qu'on ne pouvoit posséder sans être prêtre.

quer et que vous verrez encore à la suite. Ce prieur, qui n'avoit fait que simplement connoissance avec eux, fit alors une fort etroite amitié, en sorte qu'ils se visitèrent depuis et mangèrent souvent ensemble. Or, un jour que M. de Saint-Louis etoit dans la chambre des comediennes (c'étoit un vendredi, que l'on ne representoit pas[1]) le Destin et l'Etoile prièrent la Caverne d'achever son histoire. Elle eut un peu de peine à s'y resoudre, mais enfin elle toussa trois ou quatre fois et cracha bien autant; l'on dit qu'elle se moucha aussi et se mit en etat de parler, quand M. de Saint-Louis voulut sortir, croyant qu'il y eût quelque secret mystère qu'elle n'eût pas voulu que tout le monde eût entendu; mais il fut arrêté par tous ceux de la troupe, qui l'assurèrent qu'ils seroient très aises qu'il apprît leurs aventures. « Et j'ose croire, dit l'Etoile (qui avoit l'esprit fort eclairé), que vous n'êtes pas venu jusqu'à l'âge où vous êtes sans en avoir eprouvé quelques-unes; car vous n'avez pas la mine d'avoir toujours porté la soutane. » Ces paroles demontèrent un peu le prieur, qui leur avoua franchement que ses aventures ne rempliroient pas mal une partie de roman, au lieu des histoires fabuleuses que l'on y met le plus souvent. L'Etoile lui repartit qu'elle jugeoit bien qu'elles etoient dignes d'être ouïes, et l'engagea

---

[1]. Les troupes de Paris, au contraire, représentoient toujours le vendredi, sauf dans les temps de relâche nécessaire. Du reste, aucune troupe ne jouoit tous les jours; on ne représentoit, à Paris, que trois fois la semaine : les vendredi, dimanche et mardi, sans parler des jours de fêtes non solennelles qui se rencontroient en dehors. (Chappuz., 2e, l., 15.)

à les raconter à la première requisition qui lui en seroit faite; ce qu'il promit fort agreablement. Alors la Caverne reprit son histoire en cette sorte :

« Le levrier qui nous fit peur interrompit ce que vous allez apprendre. La proposition que le baron de Sigognac fit faire à ma mère (par le bon curé) de l'épouser la rendit aussi affligée que j'en etois joyeuse, comme je vous ai dejà dit; et ce qui augmentoit son affliction, c'etoit de ne savoir par quel moyen sortir de son château : de le faire seules, nous n'eussions pu aller guère loin qu'il ne nous eût fait suivre et reprendre, et ensuite peut-être maltraiter. D'ailleurs c'etoit hasarder à perdre nos nippes, qui etoient le seul moyen qui nous restoit pour subsister; mais le bonheur nous en fournit un tout à fait plausible. Ce baron, qui avoit toujours eté un homme farouche et sans humanité, ayant passé de l'excès de l'insensibilité brutale à la plus belle de toutes les passions, qui est l'amour, qu'il n'avoit jamais ressentie, ce fut avec tant de violence, qu'il en fut malade, et malade à la mort. Au commencement de sa maladie, ma mère s'entremit de le servir; mais son mal augmentoit toutes les fois qu'elle approchoit de son lit, ce qu'elle ayant aperçu, comme elle etoit femme d'esprit, elle dit à ses domestiques qu'elle et sa fille leur etoient plutôt des sujets d'empêchemens que necessaires, et partant qu'elle les prioit de leur procurer des montures pour nous porter et une charrette pour le bagage. Ils eurent un peu de peine à s'y resoudre; mais le curé survenant et ayant reconnu que monsieur le baron etoit en rêverie[1], se mit en devoir d'en chercher. Enfin il trouva ce qui nous etoit necessaire.

« Le lendemain nous fîmes charger notre equipage, et après avoir pris congé des domestiques, et principalement de cet obligeant curé, nous allâmes coucher à une petite ville de Perigord dont je n'ai pas retenu le nom ; mais je sçais bien que c'etoit celle où l'on alla querir un chirurgien pour panser ma mère, qui avoit eté blessée quand les gens du baron de Sigognac nous prirent pour les bohemiens. Nous descendîmes dans un logis où l'on nous prit aussitôt pour ce que nous etions, car une chambrière dit assez haut : « Courage ! l'on fera la comedie, puisque voici l'autre partie de la troupe arrivée. » Ce qui nous fit connoître qu'il y avoit là déjà quelque débris de caravane comique, dont nous fûmes très aises, parce que nous pourrions faire troupe et ainsi gagner notre vie. Nous ne nous trompâmes point, car le lendemain (après que nous eûmes congédié la charrette et les chevaux) deux comediens, qui avoient appris notre arrivée, nous vinrent voir, et nous apprirent qu'un de leurs compagnons avec sa femme les avoit quittés, et que, si nous voulions nous joindre à eux, nous pourrions faire affaires. Ma mère, qui etoit encore fort belle, accepta l'offre qu'ils nous firent, et l'on fut d'accord qu'elle auroit les premiers rôles, et l'autre femme qui etoit restée les seconds, et moi je ferois ce que l'on voudroit, car je n'avois pas plus de treize ou quatorze ans.

---

1. Dans le délire.

Nous representâmes environ quinze jours, cette ville-là n'etant pas capable de nous entretenir davantage de temps. D'ailleurs, ma mère pressa d'en sortir et de nous eloigner de ce pays-là, de crainte que ce baron, etant gueri, ne nous cherchât et ne nous fît quelque insulte. Nous fimes environ quarante lieues sans nous arrêter, et, à la première ville où nous representâmes, le maître de la troupe, que l'on appeloit Bellefleur[1], parla de mariage à ma mère; mais elle le remercia et le conjura à même temps de ne prendre pas la peine d'être son galant, parce qu'elle etoit dejà avancée en âge et qu'elle avoit resolu de ne se remarier jamais. Bellefleur, ayant appris une si ferme resolution, ne lui en parla plus depuis.

« Nous roulâmes trois ou quatre années avec succès. Je devins grande, et ma mère si valétudinaire qu'elle ne pouvoit plus representer. Comme j'avois exercé avec la satisfaction des auditeurs et l'approbation de la troupe, je fus subrogée en sa place. Bellefleur, qui ne l'avoit pu avoir en mariage, me demanda à elle pour être sa femme; mais elle ne lui repondit pas selon son desir, car elle eût bien voulu trouver quelque occasion pour se retirer à Marseille. Mais etant tombée malade à Troyes en Champagne, et apprehendant de me laisser seule, elle me communiqua le dessein de Bellefleur. La necessité presente m'obligea de l'accepter. D'ailleurs c'etoit un fort honnête homme; il est vrai qu'il eût pu

---

1. Les noms de ce genre, tirés du règne végétal, étoient fort communs parmi les comédiens; on connoît, par exemple, Bellerose et mademoiselle Bellerose, Floridor, mademoiselle La Fleur, plus tard Fleuri, sans parler de Des Œillets, etc.

être mon père. Ma mère eut donc la satisfaction de me voir mariée et de mourir quelques jours après. J'en fus affligée autant qu'une fille le peut être ; mais comme le temps guérit tout, nous reprîmes notre exercice, et quelque temps après je devins grosse. Celui de mon accouchement etant venu, je mis au monde cette fille que vous voyez, Angelique, qui m'a tant coûté de larmes, et qui m'en fera bien verser, si je demeure encore quelque temps en ce monde. »

Comme elle alloit poursuivre, le Destin l'interrompit, lui disant qu'elle ne pouvoit esperer à l'avenir que toute sorte de satisfaction, puisqu'un seigneur tel qu'etoit Leandre la vouloit pour femme. L'on dit en commun proverbe que *lupus in fabula*¹ (excusez ces trois mots de latin, assez faciles à entendre); aussi, comme la Caverne alloit achever son histoire, Leandre entra, et salua tous ceux de la compagnie. Il etoit vêtu de noir et suivi de trois laquais aussi vêtus de noir, ce qui donna assez à connoître que son père etoit mort. Le prieur de Saint-Louis sortit et s'en alla, et je finis ici ce chapitre.

---

1. Proverbe latin, qu'on trouve dans Plaute (*Stich.* IV, 1, v. 71), Térence (*Adelph.* IV, 1, v. 21), Cicéron (lettres à *Attic.*, l. XIII, lett. 33), etc. Il s'employoit dans l'origine pour désigner un interlocuteur qui forçoit les autres à se taire, en survenant dans une conversation, semblable au loup, qui, selon la croyance des anciens, rendoit muet l'homme qui le rencontroit d'abord. V. Virg., 9e égl., v. 53 : *Lupi Mœrin videre priores*. C'étoit là son sens primitif, mais il s'étendit peu à peu jusqu'à une signification analogue à celle de notre proverbe populaire : Quand on parle du loup, etc.

Chapitre VIII.

Fin de l'histoire de la Caverne.

Après que Leandre eut fait toutes les ceremonies de son arrivée, le Destin lui dit qu'il se falloit consoler de la mort de son père, et se féliciter des grands biens qu'il lui avoit laissés. Leandre le remercia du premier, avouant que pour la mort de son père, il y avoit longtemps qu'il l'attendoit avec impatience [1]. « Toutefois, leur dit-il, il ne

---

[1]. L'aveu est au moins singulier, et l'auteur le donne comme une chose toute simple, voulant sans doute par là imiter Scarron, qui, dans les deux premières parties, mentionne les vices et les actes les moins excusables de ses personnages, sans avoir l'air de les blâmer, et se conformer au ton d'un roman comique et *réaliste*, qui doit prendre les mœurs telles qu'elles sont, sans vouloir moraliser ni sermonner hors de propos et à contresens. C'est là une observation qu'on peut faire dans la plupart des romans comiques et familiers du temps, dont les auteurs, peu sensibles aux délicatesses du sentiment, semblent en général remplis d'indulgence pour tout ce qui n'est pas ridicule, mais simplement malhonnête. C'est ainsi que Sorel, dans *Francion* (l. VIII), a l'air de trouver fort joli le bon tour par lequel son héros assoupit un créancier, puis lui prend ses créances dans sa poche et les brûle; que Tristan, dans *le Page disgracié*, laisse en paiement, dans une auberge, une meute de chiens qui ne lui appartient pas, et traite la chose comme une simple plaisanterie (ch. 30). Ce caractère se retrouve dans les pièces de Dancourt et de Regnard, comme dans le *Gil-Blas* de Le Sage; et, du reste, il est commun aux romans picaresques et aux comédies de tous les temps et de tous les pays. Personne

seroit pas seant que je parusse sur le theâtre si tôt et si près de mon pays natal ; il faut donc, s'il vous plaît, que je demeure dans la troupe sans representer jusqu'à ce que nous soyons eloignés d'ici. » Cette proposition fut approuvée de tous ; en suite de quoi l'Etoile lui dit : « Monsieur, vous agreerez donc que je vous demande vos titres, et comme il vous plaît que nous vous appelions à present. » Sur quoi Leandre lui repondit : « Le titre de mon père etoit le baron de Rochepierre, lequel je pourrois porter ; mais je ne veux point que l'on m'appelle autrement que Leandre, nom sous lequel j'ai eté si heureux que d'agreer à ma chère Angelique. C'est donc ce nom-là que je veux porter jusques à la mort, tant pour cette raison que pour vous faire voir que je veux executer ponctuellement la resolution que je pris à mon départ et que je communiquai à tous ceux de la troupe. » En suite de cette declaration, les embrassades redoublèrent, beaucoup de soupirs furent poussés ; quelques larmes coulèrent des plus beaux yeux, et tous approuvèrent la resolution de Leandre, lequel, s'etant approché d'Angelique, lui conta mille douceurs, auxquelles elle repondit avec tant d'esprit que Leandre en fut d'autant plus confirmé en sa resolution. Je vous aurois volontiers fait le recit de leur entretien et de la

---

n'ignore que le comte de Grammont, et bien d'autres, trichoient au jeu, sans perdre pour cela beaucoup de consideration, aux yeux mêmes des plus honnêtes gens (V. Tallemant, historiette de Beaulieu Picart, au début), et que l'honnête Gourville, si estimé de ses contemporains, enleva un jour un riche directeur des postes, pour lui faire racheter sa liberté à beaux deniers comptants.

manière qu'il se passa, mais je ne suis pas amoureux comme ils etoient.

Leandre leur dit de plus qu'il avoit donné ordre à toutes ses affaires, qu'il avoit mis des fermiers dans toutes ses terres, et qu'il leur avoit fait avancer chacun six mois, ce qui pouvoit monter à six mille livres, qu'il avoit apportées afin que la troupe ne manquât de rien. A ce discours, grands remerciements. Alors Ragotin (qui n'avoit point paru en tout ce que nous avons dit en ces deux derniers chapitres) s'avança pour dire que puisque M. Leandre ne vouloit pas representer en ce pays, qu'on pouvoit bien lui bailler ses rôles et qu'il s'en acquitteroit comme il faut. Mais Roquebrune (qui etoit son antipode) dit que cela lui appartenoit bien mieux qu'à un petit bout de flambeau. Cette epithète fit rire toute la compagnie; en suite de quoi le Destin dit que l'on y aviseroit, et qu'en attendant la Caverne pourroit achever son histoire, et qu'il seroit bon d'envoyer querir le prieur de Saint-Louis, afin qu'il en ouît la fin comme il avoit fait la suite, et afin que plus facilement il nous debitât la sienne. Mais la Caverne repondit qu'il n'etoit pas necessaire; parce qu'en deux mots elle auroit achevé. On lui donna audience, et elle continua ainsi :

« Je suis demeurée au temps de mon accouchement d'Angelique; je vous ai dit aussi que deux comediens nous vinrent trouver pour nous persuader de faire troupe avec eux; mais je ne vous ai pas dit que c'etoient l'Olive et un autre qui nous quitta depuis, en la place duquel nous reçûmes notre poëte. Mais me voici au lieu de mes plus sensibles malheurs. Un jour que nous allions representer la comedie du *Menteur*, de l'incomparable M. Corneille, dans une ville de Flandre où nous etions alors, un laquais d'une dame, qui avoit charge de garder sa chaise, la quitta pour aller ivrogner, et aussitôt une autre dame prit la place. Quand celle à qui elle appartenoit vint pour s'y asseoir et la trouva prise, elle dit civilement à celle qui l'occupoit que c'étoit là sa chaise et qu'elle la prioit de la lui laisser; l'autre repondit que si cette chaise etoit sienne qu'elle la pourroit prendre, mais qu'elle ne bougeroit pas de cette place-là. Les paroles augmentèrent, et des paroles l'on en vint aux mains. Les dames se tiroient les unes les autres, ce qui auroit été peu, mais les hommes s'en mêlèrent; les parens de chaque parti en formèrent un chacun; l'on crioit, l'on se poussoit, et nous regardions le jeu par les ouvertures des tentes du theâtre. Mon mari, qui devoit faire le personnage de Dorante, avoit son epée au côté; quand il en vit une vingtaine de tirées hors du fourreau, il ne marchanda point, il sauta du theâtre en bas et se jeta dans la mêlée, ayant aussi l'epée à la main, tâchant d'apaiser le tumulte, quand quelqu'un de l'un des partis (le prenant sans doute pour être du contraire au sien) lui porta un grand coup d'epée que mon mari ne put parer; car s'il s'en fût aperçu, il lui eût bien baillé le change, car il etoit fort adroit aux armes. Ce coup lui perça le cœur; il tomba, et tout le monde s'enfuit. Je me jetai en bas du theâtre et m'approchai de mon mari, que je trouvai sans vie. Angelique (qui pouvoit avoir alors treize ou quatorze ans) se joignit à moi avec tous ceux de la troupe. Notre recours fut à verser des larmes, mais inutilement. Je fis enterrer le corps de mon mari après qu'il eut été visité par la justice, qui me demanda si je me voulois faire partie, à quoi je repondis que je n'en avois pas le moyen. Nous sortîmes de la ville, et la necessité nous contraignit de representer pour gagner notre vie, bien que notre troupe ne fût guère bonne, le principal acteur nous manquant. D'ailleurs j'etois si affligée que je n'avois pas le courage d'etudier mes rôles; mais Angelique, qui se faisoit grande, suppléa à mon defaut. Enfin nous etions dans une ville de Hollande où vous nous vîntes trouver, vous, monsieur le Destin, mademoiselle votre sœur et la Rancune; vous vous offrîtes de representer avec nous, et nous fûmes ravis de vous recevoir et d'avoir le bonheur de votre compagnie. Le reste de mes aventures a eté commun entre nous, comme vous ne sçavez que trop, au moins depuis Tours, où notre portier tua un des fusiliers de l'intendant, jusques en cette ville d'Alençon. »

La Caverne finit ainsi son histoire, en versant beaucoup de larmes, ce que fit l'Etoile en l'embrassant et la consolant du mieux qu'elle put de ses malheurs, qui veritablement n'etoient pas mediocres; mais elle lui dit qu'elle avoit sujet de se consoler, attendu l'alliance de Leandre. La Caverne sanglotoit si fort qu'elle ne put lui repartir, non plus que moi continuer ce chapitre.

Chapitre IX.

La Rancune desabuse Ragotin sur le sujet de l'Etoile, et l'arrivée d'un carrosse plein de noblesse, et autres aventures de Ragotin.

La comedie alloit toujours avant, et l'on representoit tous les jours avec grande satisfaction de l'auditoire, qui etoit toujours beau et fort nombreux; il n'y arrivoit aucun desordre, parce que Ragotin tenoit son rang derrière la scène, lequel n'etoit pourtant pas content de ce qu'on ne lui donnoit point de rôle, et dont il grondoit souvent; mais on lui donnoit esperance que, quand il seroit temps, on le feroit representer. Il s'en plaignoit presque tous les jours à la Rancune, en qui il avoit une grande confiance, quoique ce fût le plus mefiable de tous les hommes. Mais comme il l'en pressoit une fois extraordinairement, la Rancune lui dit: « Monsieur Ragotin, ne vous ennuyez pas encore, car apprenez qu'il y a grande différence du barreau au theâtre: si l'on n'y est bien hardi, l'on s'interrompt facilement; et puis la declamation des vers est plus difficile que vous ne pensez. Il faut observer la ponctuation des periodes et ne pas faire paroître que ce soit de la poésie, mais les prononcer comme si c'etoit de la prose; et il ne faut pas les chanter ni s'arrêter à la moitié ni à la fin des vers, comme fait le vulgaire, ce qui a très mauvaise grâce ; et il y faut être bien assuré ; en un mot, il les faut animer par l'action [1]. Croyez-moi donc, attendez encore quelque temps, et, pour vous accoutumer au theâtre, representez sous le masque à la farce : vous y pourrez faire le second zani [2]. Nous avons un habit qui vous sera propre (c'etoit celui d'un petit garçon qui faisoit

1. Voilà des préceptes aussi sensés que ceux que donne Hamlet aux comédiens. La Rancune recommande la déclamation telle qu'elle a prévalu aujourd'hui, et non telle qu'elle régnoit encore au commencement de ce siècle, avec Talma, sur notre théâtre. Molière fait à peu près les mêmes recommandations dans *l'Impromptu de Versailles*, en se moquant de la manière ampoulée de l'acteur Montfleury (I, 1), et dans les *Préc. rid.* (X). « Les autres (comédiens), dit Mascarille, sont des ignorants, qui récitent comme l'on parle ; ils ne savent pas faire ronfler les vers et s'arrêter au bel endroit. » Cervantes, dans une de ses comédies (*Pedro de Urdemalas*, jorn. 3), met en scène un directeur et un comédien qui veut être engagé, et il fait répondre par celui-ci aux interrogations de l'autre qu'un bon acteur ne doit pas déclamer. Rojas nous apprend que les comédiens espagnols de cette époque déclamoient jusque dans la conversation familière. Les acteurs qui jouoient les pièces de Montchrestien, de Garnier, de Hardy, de Mairet, etc., avoient besoin d'une déclamation emphatique pour faire valoir leurs médiocres pièces et en racheter les défauts : ce ne fut guère qu'à partir de Corneille qu'on commença à raisonner un rôle et à le jouer avec naturel et vérité. V. Grimarest, *Vie de Mol.*

2. Le rôle de zani, — mot qui en italien veut dire bouffon, — étoit celui d'un intrigant spirituel ; d'un fourbe tantôt valet et tantôt aventurier, d'un Scapin, en un mot. C'étoit un des types de la comédie italienne. Trivelin et Briguelle remplirent successivement, au XVIIe siècle, le rôle du *primo zani* dans la troupe du Petit-Bourbon ; celui du secod zani étoit rempli par des acteurs moins célèbres. On disoit quelquefois *faire le zani*, pour faire le bouffon.

quelquefois ce personnage-là, et que l'on appelloit Godenot); il en faut parler à M. le Destin et à mademoiselle de l'Etoile »; ce qu'ils firent le jour même, et fut arrêté que le lendemain Ragotin feroit ce personnage-là. Il fut instruit par la Rancune (qui, comme vous avez vu au premier tome de ce roman, s'enfarinoit à la farce) de ce qu'il devoit dire.

Le sujet de celle qu'ils jouèrent fut une intrigue amoureuse que la Rancune demêloit en faveur du Destin. Comme il se preparoit à exécuter ce négoce, Ragotin parut sur la scène, auquel la Rancune demanda en ces termes : « Petit garçon, mon petit Godenot, où vas-tu si empressé ? » Puis s'adressant à la compagnie (après lui avoir passé la main sous le menton et trouvé sa barbe) : « Messieurs, j'avois toujours cru que ce que dit Ovide de la métamorphose des fourmis en pygmées [1] (auxquels les grues font la guerre) etoit une fable; mais à present je change de sentiment, car sans doute en voici un de la race, ou bien ce petit homme, ressuscité, pour lequel l'on a fait (il y a environ sept ou huit cents ans) une chanson que je suis resolu de vous dire; ecoutez bien :

CHANSON.

Mon pere m'a donné mari.
Qu'est-ce que d'un homme si petit ?
Il n'est pas plus grand qu'un fourmi.
Hé ! qu'est ce ? qu'est-ce ? qu'est-ce ? qu'est-ce ?

---

[1]. L. VII, fable 25, des *Métamorphoses*.

Qu'est-ce que d'un homme,
S'il n'est, s'il n'est homme?
Qu'est-ce que d'un homme si petit [1]?

A chaque vers la Rancune tournoit et retournoit le pauvre Ragotin et faisoit des postures qui faisoient bien rire la compagnie. L'on n'a pas mis le reste de la chanson, comme chose superflue à notre roman.

Après que la Rancune eut achevé sa chanson, il montra Ragotin et dit : « Le voici ressuscité », et en disant cela il denoua le cordon avec lequel son masque etoit attaché, de sorte qu'il parut à visage decouvert, non pas sans rougir de honte et de colère tout ensemble. Il fit pourtant de necessité vertu, et pour se venger il dit à la Rancune qu'il etoit un franc ignorant d'avoir terminé tous les vers de sa chanson en *i*, comme *cribli*, *trouvi*, etc., et que c'etoit très mal parlé, qu'il falloit dire *trouva* ou *trouvai*. Mais la Ran-

---

[1]. Cette chanson, effectivement fort ancienne dans les provinces, faisoit partie d'une série de chants satiriques dirigés contre les maris, et qui étoient chantés les jours de noces. Les variations sur ce thème sont fort nombreuses; on peut en voir une plus longue dans la *Comédie des chansons*, III, 1. Elle s'est perpétuée, à peu près telle que la cite l'auteur, jusqu'à nos jours; les petites filles, en dansant aux Tuileries ou dans le jardin du Palais-Royal, chantent encore la ronde suivante, qui n'est qu'une variante brodée sur le texte original :

Mon père m'a donné un mari.
Mon Dieu! quel homme!
Quel petit homme!
Mon père m'a donné un mari;
Mon Dieu! quel homme! qu'il est petit!

D'une feuille on fit son habit.
Mon Dieu! etc.

cune lui repartit : « C'est vous, Monsieur, qui êtes un grand ignorant, pour un petit homme, car vous n'avez pas compris ce que j'ai dit, que c'etoit une chanson si vieille que, si l'on faisoit un rôle de toutes les chansons que l'on a faites en France depuis que l'on y fait des chansons, ma chanson seroit en chef. D'ailleurs ne voyez-vous pas que c'est l'idiome de cette province de Normandie où cette chanson a eté faite, et qui n'est pas si mal à propos comme vous vous imaginez? Car, puisque, selon ce fameux Savoyard M. de Vaugelas, qui a reformé la langue française, l'on ne sauroit donner de raison pourquoi l'on prononce certains termes, et qu'il n'y a que l'usage qui les fait approuver [1], ceux du temps que l'on fit cette chanson etoient en usage ; et, comme ce qui est le plus ancien est toujours le meilleur, ma chanson doit passer, puisqu'elle est la plus

---

1. Vaugelas, ce *Savoyard* (il étoit né à Bourg-en-Bresse, appartenant, avant 1600, à la Savoie) qui réforma la langue *françoise*, comme le dit l'auteur, non sans qu'il y ait, ce semble, une nuance d'ironie dans ce rapprochement (ironie qui, du reste, ne prouveroit rien, car la Savoie a produit plusieurs autres écrivains, — dont quelques-uns comptent parmi les premiers de notre langue, par exemple saint François de Sales, Saint-Réal, Ducis, Michaud et les frères de Maistre), préconise partout, et même à satiété, la toute-puissance et les droits de l'usage, dans ses *Remarques sur la langue françoise*. Il lui arrive continuellement de parler comme il fait dans les lignes suivantes, après avoir cité des locutions qui semblent fautives et sont pourtant reçues : « On pourroit en rendre quelque raison, mais il seroit superflu, puisqu'il est constant que l'usage fait parler ainsi, et qu'il fait plusieurs choses sans raison et même contre la raison, auxquelles néanmoins il faut obéir en matière de langage. » Du reste, les remarques de la Rancune présentent, sous une forme plaisante, une critique sérieuse.

ancienne. Je vous demande, Monsieur Ragotin, pourquoi est-ce que, puisque l'on dit de quelqu'un « il monta à cheval et il entra en sa maison », que l'on ne dit pas *il descenda* et *il sorta*, mais il descendit et il sortit? Il s'ensuit donc que l'on peut dire *il entrit* et *il montit*, et ainsi de tous les termes semblables. Or, puisqu'il n'y a que l'usage qui leur donne le cours, c'est aussi l'usage qui fait passer ma chanson. »

Comme Ragotin vouloit repartir, le Destin entra sur la scène, se plaignant de la longueur de son valet la Rancune, et, l'ayant trouvé en differend avec Ragotin, il leur demanda le sujet de leur dispute, qu'il ne put jamais apprendre: car ils se mirent à parler tous à la fois, et si haut qu'il s'impatienta et poussa Ragotin contre la Rancune, qui le lui renvoya de même, en telle sorte qu'ils le ballotèrent longtemps d'un bout du theâtre à l'autre, jusqu'à ce que Ragotin tomba sur les mains et marcha ainsi jusques aux tentes du theâtre, sous lesquelles il passa. Tous les auditeurs se levèrent pour voir cette badinerie, et sortirent de leurs places, protestant aux comediens que cette saillie valoit mieux que leur farce, qu'aussi bien ils n'auroient pu achever, car les demoiselles et les autres acteurs, qui regardoient par les ouvertures des tentes du theâtre, rioient si fort qu'il leur eût eté impossible.

Nonobstant cette boutade, Ragotin persecutoit sans cesse la Rancune de le mettre aux bonnes grâces de l'Etoile, et pour ce sujet il lui donnoit souvent des repas, ce qui ne deplaisoit pas à la Rancune, qui tenoit toujours le bec en l'eau au petit homme; mais, comme il etoit frappé d'un même trait, il n'osoit parler à cette belle ni pour lui ni pour Ragotin, lequel le pressa une fois si fort qu'il fut obligé de lui dire : « Monsieur Ragotin, cette Etoile est sans doute de la nature de celles du ciel que les astrologues appellent errantes : car, aussitôt que je lui ouvre le discours de votre passion, elle me laisse sans me repondre ; mais comment me repondroit-elle, puisqu'elle ne m'ecoute pas ? Mais je crois avoir decouvert le sujet qui la rend de si difficile abord ; ceci vous surprendra sans doute, mais il faut être preparé à tout evenement. Ce monsieur le Destin, qu'elle appelle son frère, ne lui est rien moins que cela ; je les surpris il y a quelques jours se faisant des caresses fort éloignées d'un frère et d'une sœur, ce qui m'a depuis fait conjecturer que c'etoit plutôt son galant ; et je suis le plus trompé du monde si, quand Leandre et Angelique se marieront, ils n'en font de même. Sans cela, elle seroit bien degoûtée de mepriser votre recherche, vous qui êtes un homme de qualité et de merite, sans compter la bonne mine. Je vous dis ceci afin que vous tâchiez à chasser de votre cœur cette passion, puisqu'elle ne peut servir qu'à vous tourmenter comme un damné. » Le petit poète et avocat fut si assommé de ce discours qu'il quitta la Rancune en branlant la tête et en disant sept ou huit fois, à son ordinaire : « Serviteur, serviteur, etc. »

Ensuite Ragotin s'avisa d'aller faire un voyage à Beaumont-le-Vicomte, petite ville distante d'environ cinq lieues d'Alençon, et où l'on tient un beau marché tous les lundis de chaque semaine ; il voulut choisir ce jour-là pour y aller, ce qu'il fit sçavoir à tous ceux de la troupe, leur disant que c'etoit pour retirer quelque somme d'argent qu'un des marchands de cette ville-là lui devoit, ce que tous trouvèrent bon. « Mais, lui dit la Rancune, comment pensez-vous faire ? car votre cheval est encloué, il ne pourra pas vous porter. — Il n'importe (dit Ragotin) ; j'en prendrai un de louage, et si je n'en puis trouver j'irai bien à pied, il n'y a pas si loin ; je profiterai de la compagnie de quelqu'un des marchands de cette ville, qui y vont presque tous de la sorte. » Il en chercha un partout sans en pouvoir trouver ; ce qui l'obligea à demander à un marchand de toiles, voisin de leur logis, s'il iroit lundi prochain au marché à Beaumont ; et, ayant appris que c'etoit sa resolution, il le pria d'agréer qu'il l'accompagnât, ce que le marchand accepta, à condition qu'ils partiroient aussitôt que la lune seroit levée, qui etoit environ une heure après minuit, ce qui fut executé.

Or, un peu devant qu'ils se missent en chemin, il etoit parti un pauvre cloutier, lequel avoit accoutumé de suivre les marchés pour debiter ses clous et des fers de cheval, quand il les avoit faits, et qu'il portoit sur son dos dans une besace. Ce cloutier etant en chemin, et n'entendant ni ne voyant personne devant ni derrière lui, jugea qu'il etoit encore trop tôt pour partir. D'ailleurs une certaine frayeur le saisit quand il pensa qu'il lui falloit passer tout proche des fourches patibulaires, où il y avoit alors un grand nombre de pendus[1] ; ce qui l'obligea à

---

1. On laissoit les pendus accrochés en permanence aux fourches patibulaires. Cet usage donna lieu à une anecdote assez plaisante, racontée par Tallemant : « Les habitants de Saint-Maixent, en Poitou, quand le feu roi y passa, dit-il,

s'ecarter un peu du chemin et se coucher sur une petite motte de terre, où etoit une haie, en attendant que quelqu'un passât, et où il s'endormit. Quelque peu de temps après, le marchand et Ragotin passèrent; il alloient au petit pas et ne disoient mot, car Ragotin rêvoit au discours que lui avoit fait la Rancune. Comme ils furent proche du gibet, Ragotin dit qu'il falloit compter les pendus; à quoi le marchand s'accorda par complaisance. Ils avancèrent jusqu'au milieu des piliers pour compter, et aussitôt ils aperçurent qu'il en etoit tombé un qui etoit fort sec. Ragotin, qui avoit toujours des pensées dignes de son bel esprit, dit au marchand qu'il lui aidât à le relever, et qu'il le vouloit appuyer tout droit contre un des piliers, ce qu'ils firent facilement avec un bâton : car, comme j'ai dit, il etoit roide et fort sec; et, après avoir vu qu'il y en avoit quatorze de pendus, sans celui qu'ils avoient relevé, ils continuèrent leur chemin. Ils n'avoient pas fait vingt pas quand Ragotin arrêta le marchand pour lui dire qu'il falloit appeler ce mort, pour voir s'il voudroit venir avec eux, et se mit à crier bien fort : « Holà ho ! veux-tu venir avec nous ? » Le cloutier, qui ne dormoit pas ferme, se leva aussitôt de son poste, et, en se levant, cria aussi bien fort : « J'y vais, j'y vais, attendez-moi », et se mit à les suivre. Alors le marchand et Ragotin, croyant que ce fût effectivement le pendu, se mirent à courir bien fort; et le cloutier se

mirent une belle chemise blanche à un pendu qui etoit à leurs justices, à cause que c'etoit sur le chemin. » (*Histor., naïvet. et bons mots*, t. 10, p. 186.)

mit aussi à courir, en criant toujours plus fort :
« Attendez-moi ! » Et, comme il couroit, les fers
et les clous qu'il portoit faisoient un grand bruit,
ce qui redoubla la peur de Ragotin et du marchand : car ils crurent pour lors que c'etoit veritablement le mort qu'ils avoient relevé, ou
l'ombre de quelque autre, qui traînoit des chaînes
(car le vulgaire croit qu'il n'apparoît jamais de
spectre qui n'en traîne après soi); ce qui les mit
en etat de ne plus fuir, un tremblement les ayant
saisis, en telle sorte que, leurs jambes ne les pouvant plus soutenir, ils furent contraints de se
coucher par terre, où le cloutier les trouva, et qui
fit deloger la peur de leur cœur par un bonjour
qu'il leur donna, ajoutant qu'ils l'avoient bien
fait courir. Ils eurent de la peine à se rassurer;
mais, après avoir reconnu le cloutier, ils se levèrent et continuèrent heureusement leur chemin
jusqu'à Beaumont, où Ragotin fit ce qu'il y avoit
à faire, et le lendemain s'en retourna à Alençon.
Il trouva tous ceux de la troupe qui sortoient de
table, auxquels il raconta son aventure, qui les
pensa faire mourir de rire. Les demoiselles en
faisoient de si grands eclats qu'on les entendoit
de l'autre bout de la rue, et qui furent interrompus par l'arrivée d'un carrosse rempli de noblesse campagnarde. C'etoit un gentilhomme
qu'on appeloit M. de la Fresnaye. Il marioit sa
fille unique, et il venoit prier les comediens de
representer chez lui le jour de ses noces. Cette
fille, qui n'etoit pas des plus spirituelles du monde,
leur dit qu'elle desiroit que l'on jouât la Silvie
de Mairet. Les comediennes se contraignirent
beaucoup pour ne rire pas, et lui dirent qu'il

falloit donc leur en procurer une, car ils ne l'avoient plus[1]. La demoiselle repondit qu'elle leur en bailleroit une, ajoutant qu'elle avoit toutes les Pastorales : celles de Racan, la Belle Pêcheuse, le Contraire en Amour, Ploncidon, le Mercier[2], et un grand nombre d'autres dont je

[1]. La *Silvie*, tragi-comédie pastorale (1621). Il y avoit longtemps que Mairet et ses œuvres, en particulier la *Silvie*, qui pourtant avoit eu un succès extraordinaire et qui avoit été « tant récitée, dit Fontenelle dans l'*Histoire du théâtre françois*, par nos pères et nos mères à la bavette », étoient privés des honneurs du théâtre; la demande de cette fille sentoit sa provinciale arriérée, ce qui fait rire les comédiennes. On a pu voir, par divers endroits du *Roman comique*, que même les acteurs de province étoient au courant des œuvres du jour, puisque Scarron leur fait jouer *Nicomède*, qui étoit de 1652, et *Don Japhet*, de 1653; on peut remarquer, en outre, que Corneille fait presqu'à lui seul les frais de leurs représentations en dehors de la farce : car ils donnent successivement ou ils parlent de donner *le Menteur*, *Pompée*, *Nicomède*, *Andromède*, et les pièces que cite la demoiselle, un peu plus loin, sont toutes des pièces de Corneille.

[2]. Les *Bergeries* de Racan (1625). Quant aux quatre autres pastorales dont les noms suivent, il n'en est que deux dont, après les plus minutieuses et les plus longues recherches dans les répertoires les plus complets, j'aie retrouvé les titres, ou à peu près. *Le Mercier* est évidemment *le Mercier inventif*, pastorale en 5 actes, en vers, publiée à Troyes, chez Oudot (1632, in-12), pièce bizarre et fort libre. *Le Contraire en amour* ne peut être que *les Amours contraires* de du Ryer, pastorale en 3 actes, en vers (1610), à moins que ce ne soit *Philine, ou l'Amour contraire*, autre pastorale de la Morelle (s. a., vers 1630). Je n'ai pu trouver la moindre trace de *Ploncidon*, non plus que de *la Belle pêcheuse* (il y a *la Belle plaideuse*, tragic. de Boisrobert; *les Pêcheurs illustres*, de Marcassus, et autres pièces dont le titre se rapproche plus ou moins de celui que donne notre auteur, mais pas de *Belle pêcheuse*). Du reste, la façon dont sont tronqués ou dénaturés les deux autres titres indique assez que l'auteur les a donnés à peu près, sans vérifier, et qu'il a bien pu dénaturer ceux-ci de même; peut-être a-t-il désigné les pièces par le

n'ai pas retenu les titres. « Car, disoit-elle, cela est propre à ceux qui, comme nous, demeurent dans des maisons aux champs ; et d'ailleurs les habits ne coûtent guère : il ne se faut point mettre en peine d'en avoir de somptueux, comme quand il faut representer la mort de Pompée, le Cinna, Heraclius ou la Rodogune. Et puis les vers des Pastorales ne sont pas si ampoulés comme ceux des poëmes graves ; et ce genre pastoral est plus conforme à la simplicité de nos premiers parents, qui n'etoient habillés que de feuilles de figuier, même après leur peché[1] ». Son père et sa mère ecoutoient ce discours avec admiration, s'imaginant que les plus excellents orateurs du royaume n'auroient sçu debiter de si riches pensées, ni en termes si relevés.

Les comediens demandèrent du temps pour se preparer, et on leur donna huit jours. La

---

nom d'un de leurs principaux personnages, ou par toute autre circonstance qui lui revenoit à l'esprit.

1. Il est à croire que nos vieux auteurs dramatiques, Hardy, Racan, Mairet, etc., partageoient l'opinion de mademoiselle de la Fresnaye, car les pastorales abondent au théâtre à la fin du XVIe et au commencement du XVIIe siècle, où *l'Astrée*, si souvent mis à contribution pour la scène, leur avoit donné une vogue extraordinaire. Mais elles finirent par se perdre dans la tragédie ou la comédie, dont elles n'étoient pas séparées par des frontières assez nettement tranchées. En outre, le ridicule les tua. On peut voir, dans *le Berger extravagant* de Sorel (1627), et dans la pastorale burlesque qu'en a extraite Thomas Corneille, combien ce genre étoit venu à être décrié par ses fadeurs et son absence de toute vérité. Dès lors la pastorale mourut, pour renaître un peu plus tard, mais en dehors du théâtre, avec Segrais et madame Deshoulières ; néanmoins Molière, qui a recueilli, sans en négliger aucune, toutes les traditions théâtrales, a fait quelques pastorales, qui sont loin d'être des chefs-d'œuvre.

compagnie s'en alla après avoir dîné, quand le prieur de Saint-Louis entra. L'Etoile lui dit qu'il avoit bien fait de venir, car il avoit ôté la peine à l'Olive de l'aller querir, pour s'acquitter de sa promesse, à quoi il ne lui falloit guère de persuasion, puisqu'il venoit pour ce sujet. Les comediennes s'assirent sur un lit et les comediens dans des chaises. L'on ferma la porte, avec commandement au portier de dire qu'il n'y avoit personne, s'il fût survenu quelqu'un. L'on fit silence, et le prieur debuta comme vous allez voir au suivant chapitre, si vous prenez la peine de le lire.

Chapitre X.

Histoire du prieur de Saint-Louis et l'arrivée de M. de Verville.

Le commencement de cette histoire ne peut vous être qu'ennuyeux, puisqu'il est genealogique; mais cet exorde est, ce me semble, necessaire pour une plus parfaite intelligence de ce que vous y entendrez. Je ne veux point deguiser ma condition, puisque je suis dans ma patrie; peut-être qu'ailleurs j'aurois pu passer pour autre que je ne suis, bien que je ne l'aie jamais fait. J'ai toujours été fort sincère en ce point-là. Je suis donc natif de cette ville: les femmes de mes deux grands-pères etoient demoiselles, et il y avoit du *de* à leur surnom. Mais, comme vous sçavez que les fils aînés emportent presque tout le bien et qu'il en reste fort peu pour les autres garçons et pour les filles (suivant l'ordre du Coutumier[1] de cette province), on les loge comme l'on peut, ou en les mettant en l'ordre ecclesiastique ou religieux, ou en les mariant à des personnes de moindre condition, pourvu qu'ils soient honnêtes gens et qu'ils aient du bien, suivant le proverbe qui court en ce pays : « Plus de profit et moins d'honneur », proverbe qui depuis longtemps a passé les limites de cette province et s'est repandu par tout le royaume[2]. Aussi mes grand'mères furent mariées à de riches marchands, l'un de draps de laine et l'autre de toiles. Le père de mon père avoit quatre fils, dont mon père n'etoit pas l'aîné. Celui de ma mère avoit deux fils et deux filles, dont elle en etoit une. Elle fut mariée au second fils de ce marchand drapier, lequel avoit quitté le commerce pour s'adonner à la chicane : ce qui est cause que je n'ai pas eu tant de bien que j'eusse pu

1. Le Coutumier étoit le recueil des coutumes et usages qui régissoient une contrée ; on appeloit pays coutumier celui où la *coutume* avoit force de loi, par opposition au pays de *droit écrit*, qui étoit soumis au droit romain.

2. Ces mésalliances intéressées étoient, en effet, fort communes. Si George Dandin avoit épousé mademoiselle de Sotenville pour son titre, celle-ci l'avoit épousé pour son argent. Les filles des partisans et financiers, par exemple, étoient fort recherchées, même par les plus hauts personnages ; ainsi, celle de la Raillière, dont il est question dans le *Roman comique*, épousa le comte de Saint-Aignan, de la maison d'Amboise ; celle de Feydeau épousa le comte de Lude, gouverneur de Gaston, duc d'Orléans. Mademoiselle de Chemeraut se maria au fils d'un paysan enrichi qui avoit quatre millions. « Le bien est depuis longtemps ce que l'on considère le plus en fait de mariage », dit plus loin l'auteur de cette 3e partie.

avoir. Mon père, qui avoit beaucoup gagné au commerce et qui avoit epousé en premières noces une femme fort riche qui mourut sans enfans, etoit dejà fort avancé en âge quand il epousa ma mère, qui consentit à ce mariage plutôt par obeissance que par inclination : aussi il y avoit plutôt de l'aversion de son côté que de l'amour; ce qui fut sans doute la cause qu'ils demeurèrent treize ans mariés et quasi hors d'esperance d'avoir des enfans; mais enfin ma mère devint enceinte. Quand le terme fut venu de produire son fruit, ce fut avec une peine extrême, car elle demeura quatre jours au mal de l'enfantement; à la fin elle accoucha de moi sur le soir du quatrième jour. Mon père, qui avoit eté occupé pendant ce temps-là à faire condamner un homme à être pendu (parce qu'il avoit tué un sien frère) et quatorze faux temoins au fouet[1], fut ravi de joie quand les femmes qu'il avoit laissées dans sa maison pour secourir ma mère le felicitèrent de la naissance de son fils. Il les regala du mieux qu'il put, et en enivra quelques-unes, auxquelles il fit boire du vin blanc en guise de cidre poiré : lui-même me l'a raconté plusieurs fois.

Je fus baptisé deux jours après ma naissance ; le nom que l'on m'imposa ne fait rien à mon histoire. J'eus pour parrain un seigneur de place fort riche, dont mon père etoit voisin, lequel ayant

---

1. On employoit souvent le fouet dans la pénalité de l'ancienne jurisprudence ; ce n'est qu'à partir de 1789 que ce genre de châtiment a été légalement aboli. Le faux témoignage n'étoit pas toujours puni du fouet, mais tantôt par la loi du talion, tantôt par des peines arbitraires qui allèrent plus d'une fois jusqu'à la mort.

CHAPITRE X.

appris de madame sa femme la grossesse de ma mère, après un si long temps de mariage, comme j'ai dit, il lui demanda son fruit pour le presenter au baptême : ce qui lui fut accordé fort agreablement. Comme ma mère n'avoit que moi, elle m'eleva avec grand soin, et un peu trop delicatement pour un enfant de ma condition. Quand je fus un peu grand, je fis paroître que je ne serois pas sot; ce qui me fit aimer de tous ceux de qui j'etois connu, et principalement de mon parrain, lequel n'avoit qu'une fille unique mariée à un gentilhomme parent de ma mère. Elle avoit deux fils, un plus âgé d'un an que moi, et l'autre moins âgé d'un an, mais qui etoient aussi brutaux que je faisois paroître d'esprit; ce qui obligeoit mon parrain à m'envoyer querir quand il avoit quelque illustre compagnie, car c'etoit un homme splendide et qui traitoit tous les princes et grands seigneurs qui passoient par cette ville. Il me faisoit chanter, danser et caqueter pour les divertir, et j'etois toujours assez bien vêtu pour avoir entrée partout. J'aurois fait fortune avec lui, si la mort ne me l'eût ravi trop tôt, à un voyage qu'il fit à Paris. Je ne ressentis point alors cette mort comme j'ai fait depuis. Ma mère me fit etudier, et je profitois beaucoup; mais, quand elle aperçut que j'avois de l'inclination à être d'église, elle me retira du collége et me jeta dans le monde, où je pensai me perdre, nonobstant le vœu qu'elle avoit fait à Dieu de lui consacrer le fruit qu'elle produiroit s'il lui accordoit la prière qu'elle lui faisoit de lui en donner. Elle etoit tout au contraire des autres mères, qui ôtent à leurs enfans les moyens de se debaucher : car elle me bailloit (tous les dimanches et fêtes) de l'argent pour jouer et aller au cabaret. Neanmoins, comme j'avois le naturel bon, je ne faisois point d'excès, et tout se terminoit à me rejouir avec mes voisins. J'avois fait grande amitié avec un jeune garçon âgé de quelques années plus que moi, fils d'un officier de la reine mère du roi Louis treizième, de glorieuse memoire, lequel avoit aussi deux filles. Il faisoit sa residence dans une maison située dans ce beau parc, lequel (comme vous pouvez sçavoir) a eté autrefois le lieu de delices des anciens ducs d'Alençon. Cette maison lui avoit eté donnée, avec un grand enclos, par la reine sa maîtresse, qui jouissoit alors en apanage de ce duché. Nous passions agreablement le temps dans ce parc; mais comme des enfans, sans penser à ce qui arriva depuis. Cet officier de la reine, que l'on appeloit M. du Fresne, avoit un frère aussi officier dans la maison du roi, lequel lui demanda son fils, ce que du Fresne n'osa refuser. Devant que de partir pour la cour il me vint dire adieu, et j'avoue que ce fut la première douleur que je ressentis en ma vie. Nous pleurâmes bien fort en nous separant; mais je pleurai bien davantage quand, trois mois après son depart, sa mère m'apprit la nouvelle de sa mort. Je ressentis cette affliction autant que j'en etois capable, et je m'en allai le pleurer avec ses sœurs, qui en etoient sensiblement touchées. Mais, comme le temps modère tout, quand ce triste souvenir fut un peu passé, mademoiselle du Fresne vint un jour prier ma mère d'agréer que j'allasse donner quelques exemples d'ecriture à sa jeune fille, que l'on appeloit mademoiselle du Lys, pour la discerner de son aînée, qui portoit le nom de la maison. « D'autant, lui dit-elle, que l'ecrivain qui l'enseignoit s'en est allé »; ajoutant qu'il y en avoit beaucoup d'autres, mais qu'ils ne vouloient pas aller montrer en ville, et que sa fille n'etoit pas de condition à rouler les ecoles. Elle s'excusa fort de cette liberté; mais elle dit qu'avec les amis l'on en use facilement. Elle ajouta que cela pourroit se terminer à quelque chose de plus important, sous-entendant notre mariage, qu'elles conclurent depuis secretement entre elles. Ma mère ne m'eut pas plutôt proposé cet emploi que l'après-dînée j'y allai, ressentant dejà quelque secrète cause qui me faisoit agir, sans y faire pourtant guère de reflexion. Mais je n'eus pas demeuré huit jours en la pratique de cet exercice que la du Lys, qui etoit la plus jolie des deux filles, se rendit fort familière avec moi, et souvent par raillerie m'appeloit mon petit maître. Ce fut pour lors que je commençai à ressentir quelque chose dans mon cœur, qu'il avoit ignoré jusque alors, et il en fut de même de la du Lys. Nous etions inseparables, et nous n'avions point de plus grande satisfaction que quand on nous laissoit seuls, ce qui arrivoit assez souvent. Ce commerce dura environ six mois, sans que nous nous parlassions de ce qui nous possedoit; mais nos yeux en disoient assez. Je voulus un jour essayer à faire des vers à sa louange, pour voir si elle les recevroit agreablement; mais, comme je n'en avois point encore composé, je ne pus pas y reussir. Je commençois à lire les bons romans et les bons poètes, ayant laissé les Melusines, Robert-le-Diable, les Quatre fils Aymon, la Belle Maguelonne, Jean de Paris, etc., qui sont les romans des enfans. Or, en lisant les œuvres de Marot, j'y trouvai un triolet qui convenoit merveilleusement bien à mon dessein. Je le transcrivis mot à mot. Voici comme il y avoit :

> Votre bouche petite et belle,
> Est si agréable entretien,
> Qui parfois son maître m'appelle,
> Et l'alliance j'en retiens :
> Car ce m'est honneur et grand bien;
> Mais, quand vous me prîtes pour maître,
> Que ne disiez-vous aussi bien :
> Votre maîtresse je veux être.

1. *Le roman de Mélusine* (vers 1478) a pour auteur Jean d'Arras (Voy. édit Jannet). On lit : *les Mélusines*, parce que les diverses éditions de ce roman célèbre diffèrent considérablement entre elles. *La Vie du terrible Robert le Diable*, qui est aujourd'hui encore un des livres les plus populaires de la bibliothèque du colportage, remonte à la fin du XVe siècle (1496). *Les Quatre fils Aymon* ont pour auteur Huon de Villeneuve : c'est une espèce d'épopée de la Table ronde. *L'Histoire de Pierre de Provence et de la belle Maguelonne*, dont l'auteur est inconnu, et la 1re édition sans date, mais à peu près de 1490, a de l'intérêt dans sa naïveté : il en existe, dit-on, divers manuscrits antérieurs à cette époque, en vers et prose. Quant à *Jean de Paris*, c'est un roman plein de verve gauloise et de patriotisme narquois, qui remonte aux premières années du XVIe siècle, et dont l'auteur est inconnu. (Voy. édit. Jannet.)

2. Ces vers, dans Marot, sont adressés à Jeanne d'Albret, princesse de Navarre, son amie et son disciple en poésie (éd. Rapilly, t. 2, p. 484). La pièce est rangée parmi les épigrammes. Je ne sais pourquoi l'auteur donne ce nom à cette petite pièce, sinon peut-être parce qu'elle est composée de huit vers. On sait aussi que Boileau dit de Marot qu'il *tourna des triolets*, quoiqu'il n'y en ait pas un seul dans ses œuvres. Mais ce mot de triolet se prenoit quelquefois dans des sens très étendus; ainsi, je trouve dans les pièces

Je lui donnai ces vers, qu'elle lut avec joie, comme je connus sur son visage ; après quoi elle les mit dans son sein, d'où elle les laissa tomber un moment après, et qui furent relevés par sa sœur aînée sans qu'elle s'en aperçût, et dont elle fut avertie par un petit laquais. Elle les lui demanda, et, voyant qu'elle faisoit quelque difficulté de les lui rendre, elle se mit furieusement en colère et s'en plaignit à sa mère, qui commanda à sa fille de les lui bailler, ce qu'elle fit. Ce procedé me donna de bonnes esperances, quoique ma condition me rebutât.

Or, pendant que nous passions ainsi agreablement le temps, mon père et ma mère, qui etoient fort avancés en âge, deliberèrent de me marier, et ils m'en firent un jour la proposition. Ma mère decouvrit à mon père le projet qu'elle avoit fait avec mademoiselle du Fresne, comme je vous ai dit ; mais, comme c'etoit un homme fort interessé, il lui repondit que cette fille-là etoit d'une condition trop relevée pour moi, et, d'ailleurs, qu'elle avoit trop peu de bien, nonobstant quoi elle voudroit trop trancher de la dame. Comme j'etois fils unique, et que mon père etoit fort riche selon sa condition, et semblablement un mien oncle, qui n'avoit point d'enfans, et duquel il n'y avoit que moi qui en pût être heritier, selon la coutume de Normandie, plusieurs familles me regardoient comme un objet digne de leur alliance, et même l'on me fit porter trois ou qua-

---

manuscrites de Fr. Colletet : *Athanatus converti, triolet tragi-grotesque, ou Fantaisie récréative pour servir d'entr'acte à la tragédie du Triomphe de Clovis.*

tre enfans au baptême avec des filles des meilleures maisons de notre voisinage (qui est ordinairement par où l'on commence pour reussir aux mariages); mais je n'avois dans la pensée que ma chère du Lys. J'en etois neanmoins si persecuté de tous mes parens que je pris resolution de m'en aller à la guerre, quoique je n'eusse que seize ou dix-sept ans. L'on fit des levées en cette ville pour aller en Danemark sous la conduite de M. le comte de Montgommeri. Je me fis enroler secretement avec trois cadets, mes voisins, et nous partîmes de même en fort bon equipage; mon père et ma mère en furent fort affligés, et ma mère en pensa mourir de douleur. Je ne pus sçavoir alors quel effet ce depart inopiné fit sur l'esprit de la du Lys, car je ne lui en dis rien du tout; mais je l'ai sçu depuis par elle-même. Nous nous embarquâmes au Havre-de-Grâce et voguâmes assez heureusement jusqu'à ce que nous fussions près du Sund; mais alors il se leva la plus furieuse tempête que l'on ait jamais vûe sur la mer océane; nos vaisseaux furent jetés par la tourmente en divers endroits, et celui de M. de Montgommeri, dans lequel j'etois, vint aborder heureusement à l'embouchure de la Tamise, par laquelle nous montâmes, à l'aide du reflux, jusqu'à Londres, capitale d'Angleterre, où nous sejournâmes environ six semaines, pendant lequel temps j'eus le loisir de voir une partie des raretés de cette superbe ville, et l'illustre cour de son roi, qui etoit alors Charles Stuart, premier du nom. M. de Montgommeri s'en retourna dans sa maison de Pont-Orson, en Basse-Normandie, où je ne voulus pas le suivre. Je le

suppliai de me permettre de prendre la route de
Paris, ce qu'il fit. Je m'embarquai dans un vaisseau qui alloit à Rouen, où j'arrivai heureusement, et de là je me mis sur un bateau qui me remonta jusqu'à Paris, où je trouvai un mien parent fort proche, qui etoit ciergier du Roi. Je le
priai que par son moyen je pusse entrer au régiment des gardes; il s'y employa et fut mon repondant, car en ce temps-là il en falloit avoir pour
y être reçu, ce que je fus en la compagnie de
M. de la Rauderie. Mon parent me bailla de quoi
me remettre en equipage (car en ce voyage de
mer j'avois gâté mes habits) et de l'argent, ce qui
me faisoit faire paroli [1] à une trentaine de cadets
de grande maison [2], qui portoient tous le mousquet aussi bien que moi.

En ce temps-là les princes et grands seigneurs
de France se soulevèrent contre le roi, et même
Mgr le duc d'Orléans, son frère; mais Sa Majesté, par l'adresse ordinaire du grand cardinal de
Richelieu, rompit leurs mauvais desseins, ce qui
obligea Sa Majesté de faire un voyage en Bretagne avec une puissante armée [3]. Nous arrivâmes
à Nantes, où l'on fit la première execution des rebelles sur la personne du comte de Chalais, qui
y eut la tête tranchée [4]; ce qui donna de la terreur

1. Aller de pair, faire tête, égaler. (*Dict. com.* de Leroux.)
2. Le régiment des gardes étoit la ressource ordinaire des
cadets de grandes familles qui ne se faisoient point d'église.
De là l'expression fréquente : un cadet aux gardes.
3. V., sur tous ces événements, l'*Histoire de France sous
Louis XIII*, par Bazin, t. 2, année 1626. Le roi avoit d'abord passé par Blois, et le cardinal le rejoignit à Nantes,
où il alloit ouvrir les Etats de Bretagne.
4. Chalais, le membre le plus important du *parti de l'a-*

à tous les autres, qui moyennèrent leurs paix avec le roi, lequel s'en retourna à Paris. Il passa par la ville du Mans, où mon père me vint trouver, tout vieux qu'il etoit (car il avoit eté averti par mon cousin, ce ciergier du Roi, que j'etois au regiment des gardes); il me demanda à mon capitaine, lequel lui accorda mon congé. Nous nous en revînmes en cette ville, où mes parens resolurent que, pour m'arrêter, il me falloit lier avec une femme; celle d'un chirurgien voisin d'une mienne cousine germaine fit venir pendant le carême (sous pretexte d'ouïr les prédications) la fille d'un lieutenant de bailli [1] d'un bourg distant de trois lieues d'ici. Ma cousine me vint querir à notre maison pour me la faire voir; mais, après une heure de conversation que j'eus avec elle dans la maison de madite cousine, où elle etoit venue, elle se retira, et alors l'on me dit que c'etoit une maîtresse pour moi; à quoi je repondis froidement qu'elle ne m'agréoit pas. Ce n'est pas qu'elle ne fût assez belle et riche, mais toutes les beautés me sembloient laides en comparaison de ma chère du Lys, qui seule occupoit toutes mes pensées. J'avois un oncle, frère de ma mère, homme de justice, et que je craignois beaucoup, lequel s'en vint un soir à notre maison, et, après m'avoir fort bravé sur le mê-

version, fut condamné à mort, malgré l'humilité de ses aveux et de son repentir, par arrêt du 18 août 1626.

1. Les baillis étoient des officiers chargés de rendre la justice dans un certain ressort. Cette fonction passa peu à peu aux mains de leurs lieutenants. « Le bailli, dit Furetière dans son Dictionnaire, est aujourd'hui dépouillé de toute sa fonction, et toute l'autorité de cette charge a été transférée à son lieutenant. »

pris que j'avois témoigné faire de cette fille, me dit qu'il falloit me resoudre à l'aller voir chez elle aux prochaines fêtes de Pâques, et qu'il y avoit des personnes qui valoient plus que moi qui se tiendroient bien honorées de cette alliance. Je ne repondis ni oui ni non; mais, les fêtes suivantes, il fallut y aller avec ma cousine, cette chirurgienne et un sien fils. Nous fûmes agreablement reçus, et l'on nous regala trois jours durant. L'on nous mena aussi à toutes les metairies de ce lieutenant, dans toutes lesquelles il y avoit festin. Nous fûmes aussi à un gros bourg, distant d'une lieue de cette maison, voir le curé du lieu, qui etoit frère de la mère de cette fille, lequel nous fit un fort gracieux accueil. Enfin nous nous en retournâmes comme nous etions venus, c'est-à-dire, pour ce qui me regardoit, aussi peu amoureux que devant. Il fut pourtant resolu que dans une quinzaine de jours on parleroit à fond de ce mariage. Le terme etant expiré, j'y retournai avec trois de mes cousins germains, deux avocats et un procureur en ce presidial; mais, par bonheur, on ne conclut rien, et l'affaire fut remise aux fêtes de mai prochaines. Mais le proverbe est bien veritable, que l'homme propose et Dieu dispose, car ma mère tomba malade quelques jours devant lesdites fêtes et mon père quatre jours après; l'une et l'autre maladie se terminèrent par la mort. Celle de ma mère arriva un mardi, et celle de mon père le jeudi de la même semaine, et je fus aussi fort malade; mais je me levai pour aller voir cet oncle severe, qui etoit aussi fort malade, et qui mourut quinze jours après. A quelque temps de là, l'on me reparla de cette fille du lieutenant que j'etois allé voir ; mais je n'y voulus pas entendre, car je n'avois plus de parens qui eussent droit de me commander ; d'ailleurs que mon cœur etoit toujours dans ce parc, où je me promenois ordinairement, mais bien plus souvent en imagination.

Un matin, que je ne croyois pas qu'il y eût encore personne de levé dans la maison du sieur Dufresne, je passai devant, et je fus bien etonné quand j'ouïs la du Lys qui chantoit, sur son balcon, cette vieille chanson qui a pour reprise : « Que n'est-il auprès de moi, celui que mon cœur aime ! ». Ce qui m'obligea à m'approcher d'elle et à lui faire une profonde reverence, que j'accompagnai de telles ou semblables paroles : « Je souhaiterois de tout mon cœur, mademoiselle, que vous eussiez la satisfaction que vous desirez, et je voudrois y pouvoir contribuer : ce seroit avec la même passion que j'ai toujours été votre très humble serviteur. » Elle me rendit bien mon salut, mais elle ne me repondit pas, et, continuant à chanter, elle changea la reprise de la chanson en ces paroles : « Le voici auprès de moi celui que mon cœur aime. » Je ne demeurai pas court, car je m'etois un peu ouvert à la guerre et à la cour, et, quoique le procedé fût capable de me demonter, je lui dis : « J'aurai sujet de le croire si vous me faites ouvrir la porte. » A même temps elle appela le petit laquais dont j'ai dejà parlé, auquel elle commanda de me l'ouvrir, ce qu'il fit. J'entrai, et je fus reçu avec tous les temoignages de bienveillance du père, de la mère et de la sœur aînée, mais encore plus de la du Lys. La mère me demanda pourquoi j'etois si

CHAPITRE X.

sauvage et que je ne les visitois pas si souvent que j'avois accoutumé, qu'il ne falloit pas que le deuil de mes parens m'en empêchât, et qu'il falloit se divertir comme auparavant; en un mot, que je serois toujours le bienvenu dans leur maison. Ma reponse ne fut que pour faire paroître mon peu de merite, en disant quelque peu de paroles aussi mal rangées que celles que je vous debite. Mais enfin tout se termina à un dejeuner de laitage, qui est en ce pays un grand regal, comme vous savez. — « Et qui n'est pas desagreable, repondit l'Etoile; mais poursuivez. » — Quand je pris congé pour sortir, la mère me demanda si je ne m'incommoderois point d'accompagner elle et ses filles chez un vieux gentilhomme, leur parent, qui demeuroit à deux lieues d'ici. Je lui repondis qu'elle me faisoit tort de me le demander, et qu'un commandement absolu m'eût eté plus agreable. Le voyage fut conclu au lendemain. La mère monta un petit mulet, qui etoit dans la maison; la fille aînée monta le cheval de son père, et je portois en croupe sur le mien, qui etoit fort, ma chère du Lys; je vous laisse à penser quel fut notre entretien le long du chemin, car, pour moi, je ne m'en souviens plus. Tout ce que je vous puis dire, c'est que nous nous separâmes, la du Lis et moi, fort amoureux; depuis ce temps-là mes visites furent fort frequentes, ce qui dura tout le long de l'eté et de l'automne. De vous dire tout ce qui se passa, je vous serois trop ennuyeux; seulement vous dirai-je que nous nous derobions souvent de la compagnie et nous allions demeurer seuls à l'ombrage de ce bois de haute futaie, et toujours sur le bord de la belle petite rivière qui passe au milieu, où nous avions la satisfaction d'ouïr le ramage des oiseaux, qu'ils accordoient au doux murmure de l'eau, parmi lequel nous mêlions mille douceurs que nous nous disions, et nous nous faisions ensuite autant d'innocentes caresses. Ce fut là où nous prîmes resolution de nous bien divertir le carnaval prochain.

Un jour que j'etois occupé à faire faire du cidre à un pressoir du faubourg de la Barre, qui est tout joignant le parc, la du Lys m'y vint trouver; à son abord je connus qu'elle avoit quelque chose sur le cœur, en quoi je ne me trompais pas; car, après qu'elle m'eut un peu raillé sur l'equipage où j'etois, elle me tira à part et me dit que le gentilhomme dont la fille etoit chez M. de Planche-Panète, son beau-frère, en avoit amené un autre, qu'il pretendoit lui faire donner pour mari, et qu'ils etoient à la maison, dont elle s'etoit derobée pour m'en avertir. « Ce n'est pas, ajouta-t-elle, que je favorise jamais sa recherche et que je consente à quoi que ce soit, mais j'aimerois mieux que tu trouvasses quelque moyen de le renvoyer que s'il venoit de moi. » Je lui dis alors : « Va-t-en, et lui fais bonne mine, pour ne rien alterer; mais sçache qu'il ne sera pas ici demain à midi. » Elle s'en alla plus joyeuse, attendant l'evenement. Cependant je quittai tout et abandonnai mon cidre à la discretion des valets, et m'en allai à ma maison, où je pris du linge et un autre habit, et m'en allai chercher mes camarades : car vous devez sçavoir que nous etions une quinzaine de jeunes hommes qui avions tous chacun notre maîtresse, et tellement unis, que qui en offensoit un avoit offensé tous les autres ; et nous etions tous resolus que, si quelque etranger venoit pour nous les ravir, de le mettre en etat de n'y reussir jamais [1]. Je leur proposai ce que vous venez d'ouïr, et aussitôt tous conclurent qu'il falloit aller trouver ce galant (qui etoit un gentilhomme de la plus petite noblesse du bas Maine) et l'obliger à s'en retourner comme il etoit venu. Nous allâmes donc à son logis, où il soupoit avec l'autre gentilhomme son conducteur. Nous ne marchandâmes point à lui dire qu'il se pouvoit bien retirer, et qu'il n'y avoit rien à gagner pour lui en ce pays. Alors le conducteur repartit que nous ne sçavions pas leur dessein, et que, quand nous le sçaurions, nous n'y avions aucun interêt. Alors je m'avançai, et, mettant la main sur la garde de mon epée, je lui dis : « Si ai bien moi, j'y en ai, et, si vous ne le quittez, je vous mettrai en etat de n'en faire plus. » L'un d'eux repartit que la partie n'etoit pas egale, et que, si j'etois seul, je ne parlerois pas ainsi. Alors je lui dis : « Vous êtes deux, et je sors avec celui-ci », en prenant un de mes camarades, « suivez-nous ». Ils s'en mirent en devoir ; mais l'hôte et un sien fils les en empêchèrent, et leur firent connoître que le meilleur pour eux etoit de se retirer, et qu'il ne faisoit pas bon de se frotter avec nous. Ils profitèrent de l'avis, et l'on n'en ouït plus parler depuis. Le lendemain j'allai voir la du Lys, à laquelle je racontai l'action que j'avois

---

1. Sorel parle de même, dans *Francion*, d'une société de *bravi* formée entre jeunes gens pour redresser les torts, châtier les fats et les insolents, etc., sans préjudice de la débauche à laquelle ils se livroient en commun. (7e liv.)

faite, dont elle fut très contente et m'en remercia en des termes fort obligeans.

L'hiver approchoit, les veillées etoient fort longues, et nous les passions à jouer à des petits jeux d'esprit[1]; ce qui etant souvent reiteré ennuya; ce qui me fit resoudre à lui donner le bal. J'en conferai avec elle, et elle s'y accorda. J'en demandai la permission à M. du Fresne, son père, et il me la donna. Le dimanche suivant nous dansâmes, et continuâmes plusieurs fois; mais il y avoit toujours une si grande foule de monde, que la du Lys me conseilla de ne faire plus danser, mais de penser à quelque autre divertissement. Il fut donc resolu d'etudier une comedie, ce qui fut executé. »

L'Etoile l'interrompit en lui disant : « Puisque vous en êtes à la comedie, dites-moi si cette histoire est encore guère longue, car il se fait tard, et l'heure du souper approche. — Ha! dit le prieur, il y en a encore deux fois autant pour le moins. » L'on jugea donc qu'il la falloit remettre à une autre fois, pour donner le temps aux acteurs d'etudier leurs rôles; et, quand ce n'eût pas eté pour ces raisons, il eût fallu cesser à cause de l'arrivée de M. de Verville, qui entra dans la chambre facilement, car le portier s'etoit endormi. Sa venue surprit bien fort toute la compagnie. Il fit de grandes caresses à tous les comediens et comediennes, et principalement au Destin, qu'il embrassa à diverses reprises, et leur dit le sujet

---

[1]. Par exemple, au *jeu des proverbes*, aux jeux de conversation, des éléments, des compliments ou flatteries, des mathematiques, et autres dont on peut voir la description dans *la Maison des jeux*, 1642, in-8.

de son voyage, comme vous verrez au chapitre suivant, qui est fort court.

CHAPITRE XI.

Resolution des mariages du Destin avec l'Etoile, et de Leandre avec Angelique.

Le prieur de Saint-Louis voulut prendre congé, mais le Destin l'arrêta, lui disant que dans peu de temps il faudroit souper, et qu'il tiendroit compagnie à monsieur de Verville, qu'il pria de leur faire l'honneur de souper avec eux. L'on demanda à l'hôtesse si elle avoit quelque chose d'extraordinaire; elle dit que oui. L'on mit du linge blanc, et l'on servit quelque temps après. L'on fit bonne chère, l'on but à la santé de plusieurs personnes et l'on parla beaucoup. Après le dessert, le Destin demanda à Verville le sujet de son voyage en ces quartiers, et il lui repondit que ce n'etoit pas la mort de son beau-frère Saldaigne, que ses sœurs ne plaignoient guère non plus que lui; mais qu'ayant une affaire d'importance à Rennes, en Bretagne, il s'etoit detourné exprès pour avoir le bien de les voir, dont il fut grandement remercié; ensuite il fut informé du mauvais dessein de Saldagne et du succès, et enfin de tout ce que vous avez vu au sixième chapitre. Verville plia les epaules en disant qu'il avoit trouvé ce qu'il cherchoit avec trop de soin. Après souper, Verville fit connoissance avec le prieur, duquel tous ceux de la troupe dirent beaucoup de bien, et, après avoir un peu veillé, il se retira. Alors Verville tira le Destin à part et lui demanda pourquoi Leandre étoit vêtu de noir et pourquoi tant de laquais vêtus de même. Il lui en apprit le sujet, et le dessein qu'il avoit fait d'epouser Angelique. « Et vous, dit Verville, quand vous marierez-vous ? Il est, ce me semble temps de faire connoître au monde qui vous êtes, ce qui ne se peut que par un mariage »; ajoutant que s'il n'etoit pressé, qu'il demeureroit pour assister à l'un et à l'autre. Le Destin dit qu'il falloit sçavoir le sentiment de l'Etoile; ils l'appelèrent et lui proposèrent le mariage, à quoi elle repondit qu'elle suivroit toujours le sentiment de ses amis. Enfin il fut conclu que, quand Verville auroit mis fin aux affaires qu'il avoit à Rennes, qui seroit dans une quinzaine de jours au plus tard, qu'il repasseroit par Alençon, et que l'on executeroit la proposition. Il en fut autant conclu entre eux et la Caverne, pour Leandre et Angelique.

Verville donna le bonsoir à la compagnie et se retira à son logis. Le lendemain il partit pour la Bretagne, et il arriva à Rennes, où il alla voir monsieur de la Garouffière, lequel, après les complimens accoutumés, lui dit qu'il y avoit dans la ville une troupe de comediens, l'un desquels avoit beaucoup de traits du visage de la Caverne : ce qui l'obligea d'aller le lendemain à la comedie, où ayant vu le personnage, il fut tout persuadé que c'etoit son parent (je dis de la Caverne). Après la comedie il l'aborda, et s'enquit de lui d'où il etoit, s'il y avoit longtemps qu'il etoit dans la troupe et par quels moyens il y etoit venu; il repondit sur tous les chefs en sorte qu'il fut facile à Verville de connoître qu'il etoit le frère de la Caverne, qui s'etoit perdu quand son père fut tué en Perigord par le page du baron de Sigognac, ce qu'il avoua franchement, en ajoutant qu'il n'avoit jamais pu sçavoir ce que sa sœur etoit devenue. Lors Verville lui apprit qu'elle etoit dans une troupe de comediens qui etoit à Alençon; qu'elle avoit eu beaucoup de disgrâces, mais qu'elle avoit sujet d'en être consolée, parce qu'elle avoit une très belle fille qu'un seigneur de douze mille livres de rentes etoit sur le point d'epouser, et qu'il faisoit la comedie avec eux et qu'à son retour il assisteroit au mariage, et qu'il ne tiendroit qu'à lui de s'y trouver, pour rejouir sa sœur, qui etoit fort en peine de lui, n'en ayant eu aucunes nouvelles depuis sa fuite. Non-seulement le comedien accepta cette offre, mais il supplia instamment monsieur de Verville de souffrir qu'il l'accompagnât, ce qu'il agréa. Cependant il mit ordre à ses affaires, que nous lui laisserons negocier, et retournerons à Alençon.

Le prieur de Saint-Louis alla, le même jour que partit Verville, trouver les comediens et comediennes, pour leur dire que monseigneur l'evêque de Sées l'avoit envoyé querir pour lui communiquer quelque affaire d'importance, et qu'il etoit bien marri de ne se pouvoir acquitter de sa promesse; mais qu'il n'y avoit rien de perdu; que cependant qu'il seroit à Sées, ils iroient à la Fresnaye, representer *Silvie* aux noces de la fille du seigneur du lieu, et qu'à leur retour et au sien, il achèveroit ce qu'il avoit commencé. Il s'en alla, et les comediens se disposèrent à partir.

Chapitre XII.

Ce qui arriva au voyage de la Fresnaye; autre disgrâce de Ragotin.

La veille de la noce l'on envoya un carrosse et des chevaux de selle aux comediens. Les comediennes s'y placèrent dedans avec le Destin, Leandre et l'Olive; les autres montèrent les chevaux, et Ragotin le sien, qu'il avoit encore, pour n'avoir pu le vendre, et qui etoit gueri de son enclouure. Il voulut persuader à l'Etoile ou à Angelique de se mettre en croupe derrière lui, disant qu'elles seroient plus à leur aise que dans le carrosse, qui ebranle beaucoup les personnes; mais ni l'une ni l'autre n'en voulurent rien faire. Pour aller d'Alençon à la Fresnaye il faut passer une partie de la forêt de Persaine, qui est au pays du Maine. Ils n'eurent pas fait mille pas dans cette forêt que Ragotin, qui alloit devant, cria au cocher d'arrêter, « parce, dit-il, qu'il voyoit une troupe d'hommes à cheval ». L'on ne trouva pas bon d'arrêter, mais de se tenir chacun sur ses gardes. Quand ils furent près de ces cavaliers,

Ragotin dit que c'etoit la Rappinière avec ses archers. L'Etoile pâlit; mais le Destin, qui s'en aperçut, l'assura en lui disant qu'il n'oseroit leur faire insulte en la presence de ses archers et des domestiques de monsieur de la Fresnaye, et si près de sa maison. La Rappinière connut bien que c'etoit la troupe comique; aussi il s'approcha du carrosse avec son effronterie ordinaire et salua les comediennes, auxquelles il fit d'assez mauvais complimens, à quoi elles repondirent avec une froideur capable de demonter un moins effronté que ce levrier de bourreau; lequel leur dit qu'il cherchoit des brigands qui avoient volé des marchands du côté de Balon [1], et qu'on lui avoit dit qu'ils avoient pris cette route. Comme il entretenoit la compagnie, le cheval d'un de ses archers, qui etoit fougueux, sauta sur le col du cheval de Ragotin, auquel il fit si grand' peur qu'il recula et enfonça dans une touffe d'arbres, dont il y en avoit quelques-uns dont les branches etoient sèches, l'une desquelles se trouva sous le pourpoint de Ragotin et qui lui piqua le dos, en sorte qu'il y demeura pendu: car, voulant se degager de parmi ces arbres, il avoit donné des deux talons à son cheval, qui avoit passé et l'avoit laissé ainsi en l'air, criant comme un petit fou qu'il etoit: « Je suis mort, l'on m'a donné un coup d'epée dans les reins [2]. »

1. Petite ville du Maine, sur l'Orne, à 4 lieues et demie du Mans.
2. Cette plaisanterie paroît imitée d'un passage de l'*Euphormion* de Barclay, où César, l'un des personnages, se croit mort, comme Ragotin, parce que, comme lui, à peu près, il a été piqué par une épine à la fesse. (1re part., ch. 30.)

L'on rioit si fort de le voir en cette posture que l'on ne songeoit à rien moins qu'à le secourir. L'on crioit bien aux laquais de le dependre ; mais il s'enfuyoient d'un autre côté en riant. Cependant son cheval gagnoit toujours pays, sans se laisser prendre. Enfin, après avoir bien ri, le cocher, qui etoit un grand et fort garçon, descendit de dessus son siége et s'approcha de Ragotin, le souleva et le dependit. On le visita et on lui fit accroire qu'il etoit fort blessé, mais qu'on ne pouvoit le panser que l'on fût au village, où il y avoit un fort bon chirurgien ; en attendant, on lui appliqua quelques feuilles fraîches pour le soulager. On le plaça dans le carrosse, dont l'Olive sortit, tandis que les laquais passèrent au travers du bois pour gagner le devant du cheval, qui ne vouloit pas se laisser prendre, et qui fut pourtant pris, et l'Olive monta dessus. La Rappinière continua son chemin, et la troupe arriva au château, d'où l'on envoya querir le chirurgien, auquel l'on donna le mot. Il fit semblant de sonder la plaie imaginaire de Ragotin, que l'on avoit fait mettre dans le lit. Il le pansa de même qu'il l'avoit sondé, après lui avoir dit que son coup etoit favorable, et que deux doigts plus à côté il n'y avoit plus de Ragotin. Il lui ordonna le regime ordinaire et le laissa reposer. Ce petit bout d'homme avoit l'imagination si frappée de tout ce qu'on lui avoit dit qu'il crut toujours d'être fort blessé. Il ne se leva point pour voir le bal qui fut tenu le soir après souper : car l'on avoit fait venir la grande bande de violons du Mans, celle d'Alençon etant à une autre noce, à Argentan. L'on dansa à la mode du pays, et les comediens et comediennes dansèrent à la mode de la cour. Le Destin et l'Etoile dansèrent la sarabande, avec l'admiration de toute la compagnie, qui etoit composée de la noblesse campagnarde et des plus gros manans du village.

Le lendemain l'on joua la pastorale que l'épousée avoit demandée; Ragotin s'y fit porter en chaise avec son bonnet de nuit. Ensuite l'on fit bonne chère, et le lendemain, après avoir bien dejeûné, l'on paya et remercia la troupe. Le carrosse et les chevaux furent prêts, et l'on tâcha à desabuser Ragotin de sa pretendue blessure; mais on ne lui put jamais persuader le contraire, car il disoit toujours qu'il sentoit bien son mal. On le mit dans le carrosse, et toute la troupe arriva heureusement à Alençon. Le lendemain on ne representa point, car les comediennes se voulurent reposer. Cependant le prieur de Saint-Louis etoit de retour de son voyage de Sées. Il alla voir la troupe, et l'Etoile lui dit qu'il ne trouveroit point d'occasion plus favorable pour achever son histoire; il ne s'en fit point prier, et il poursuivit comme vous allez voir au suivant chapitre.

Chapitre XIII.

Suite et fin de l'histoire du prieur de Saint-Louis.

Si le commencement de cette histoire (où vous n'avez vu que de la joie et des contentemens) vous a été ennuyeux, ce que vous allez ouïr le sera bien davantage, puisque vous n'y verrez que des revers de la fortune, des douleurs et des desespoirs qui suivront les plaisirs et les satisfactions où vous me verrez encore, mais pour fort peu de temps. Pour donc reprendre au même lieu où je finis le recit, après que mes camarades et moi eûmes appris nos rôles et exercé plusieurs fois, un jour de dimanche au soir nous representâmes notre pièce dans la maison du sieur du Fresne, ce qui fit un grand bruit dans le voisinage ; quoique nous eussions pris tous les soins de faire tenir les portes du parc bien fermées, nous fûmes accablés de tant de monde, qui avoit passé le château ou escaladé les murailles, que nous eûmes toutes les peines imaginables à gagner le theâtre, que nous avions fait dresser dans une salle de mediocre grandeur ; aussi il resta les deux tiers du monde dehors. Pour obliger ces gens-là à se retirer, nous leur fîmes promesse que le dimanche suivant nous la representerions dans la ville et dans une plus grande salle. Nous fîmes passablement bien pour des apprentis, excepté un de nos acteurs qui faisoit le personnage du secretaire du roi Darius (la mort de ce monarque etoit le sujet de notre pièce[1]) : car il n'avoit que huit vers à dire, ce qu'il faisoit assez bien entre nous ; mais, quand il fallut representer tout à bon, il le fallut pousser sur la scène par force, et ainsi il fut obligé de parler, mais si mal que nous eûmes beaucoup de peine à faire cesser les éclats de rire.

La tragedie etant finie, je commençai le bal avec la du Lys, et qui dura jusqu'à minuit. Nous prîmes goût à cet exercice, et sans en rien dire à personne nous etudiâmes une autre pièce. Cependant je ne desistois point de mes visites ordinaires. Or, un jour que nous etions assis auprès du feu, il arriva un jeune homme auquel l'on y fit prendre place ; après un quart d'heure d'entretien, il sortit de sa poche une boîte dans laquelle il y avoit un portrait de cire en relief, très bien fait, qu'il dit être celui de sa maîtresse. Après que toutes les demoiselles l'eurent vu et dit qu'elle etoit fort belle, je le pris à mon tour, et, en le considerant avec attention, je m'imaginai qu'il ressembloit à la du Lys, et que ce galant-là avoit quelque pensée pour elle. Je ne marchandai point à jeter cette boîte dans le feu, où la petite statue se fondit bientôt : car, quand il se mit en devoir de l'en tirer, je l'arrêtai et le menaçai de le jeter par la fenêtre. M. du Fresne (qui m'aimoit autant alors comme il m'a haï de-

---

1. Il s'agit probablement de *La Mort de Daire*, tragédie de Hardy (1619), où Masœe, qui peut passer en effet pour le secretaire de Darius, a non pas huit vers, mais dix en tout à prononcer, dans la 1re scène du 2e acte.

puis) jura qu'il lui feroit sauter l'escalier, ce qui obligea ce malheureux à sortir confusement. Je le suivis sans que personne de la compagnie m'en pût empêcher, et je lui dis que, s'il avoit quelque chose sur le cœur, que nous avions chacun une epée et que nous etions en beau lieu pour se satisfaire; mais il n'en eut pas le courage. Or le dimanche suivant nous jouâmes la même tragedie que nous avions dejà representée, mais dans la salle d'un de nos voisins qui etoit assez grande, et par ce moyen nous eûmes quinze jours pour étudier l'autre pièce. Je m'avisai de l'accompagner de quelques entrées de ballet [1], et je fis choix de six de mes camarades qui dansoient le mieux, et je fis le septième. Le sujet du ballet etoit les bergers et les bergères soumis à l'Amour : car à la première entrée paroissoit un Cupidon, et aux autres des bergers et des bergères, tous vêtus de blanc, et leurs habits tout parsemés de nœuds de petit ruban bleu, qui etoit la couleur de la du Lys, et que j'ai aussi toujours portée depuis; il est vrai que j'y ai ajouté la feuille [2] morte, pour les raisons que je

---

1. Le ballet, que Benserade devoit élever à un si haut point de gloire, et que Molière même ne dédaigna pas de cultiver, étoit déjà, à cette époque, en grande faveur. V. le *Mercure* du temps et les *Mémoires* de Marolles, *passim*. En 1630, le fameux ballet préparé par le comte de Soissons pour le retour de Louis XIII à Paris mit la cour et la ville en émoi et préoccupa les esprits plus encore que le procès du maréchal de Marillac. Les ballets de *Maître Galimathias*, des *Goutteux* (1630), du *Monde*, de la *Prospérité des armes de France*, du *Triomphe de la beauté* (1640), etc., n'excitoient guère moins l'attention publique. Déjà, même sous Henri IV, il y avoit eu à la cour plus de 80 ballets.

2. On peut consulter le *Jeu du galant* (*Maison des jeux*,

vous dirai à la fin de cette histoire. Ces bergers et bergères faisoient deux à deux chacun une entrée, et, quand ils paroissoient tous ensemble, ils formoient les lettres du nom de la du Lys, et l'amour decochoit une flèche à chaque berger et jetoit des flammes de feu aux bergères, et tous en signe de soumission flechissoient le genou. J'avois composé quelques vers sur le sujet du ballet, que nous recitâmes; mais la longueur du temps me les a fait oublier, et, quand je m'en souviendrois encore, je n'aurois garde de vous les dire, car je suis assuré qu'ils ne vous agréeroient pas, à present que la poësie françoise est au plus haut degré où elle puisse monter. Comme nous avions tenu la chose secrète, il nous fut facile de n'avoir que de nos amis particuliers, qui insensiblement et sans que l'on s'en aperçût entrèrent dans le parc, où nous representâmes à notre aise les *Amours d'Angelique et de Sacripant, roi de Circassie*, sujet tiré de l'Arioste [1]; ensuite nous dansâmes notre ballet.

3e p.) pour la signification attachée alors à la couleur des rubans. Voici d'abord pour le bleu : « Doriclas, commençant, dit qu'il choisissoit le bleu à cause qu'etant une couleur attribuée au ciel, elle temoignoit que l'on ne vouloit avoir que des affections celestes. » Quant à la couleur feuille morte, elle signifioit la mort de l'espérance, ou au moins d'une espérance.

1. Encore un sujet emprunté au *Roland furieux*, qui étoit alors mis à contribution par le théâtre presque autant que l'*Astrée*. Je serois assez porté à croire que l'auteur a commis une erreur dans la désignation de cette pièce, car l'Arioste nous montre bien Sacripant amoureux d'Angélique, mais non Angélique amoureuse de Sacripant; d'ailleurs, je ne connois pas, dans notre ancien théâtre, de pièce intitulée ainsi. Il y en a deux, l'une publiée à Troyes, chez Noël

Je voulus commencer le bal à l'ordinaire, mais M. du Fresne ne le voulut pas permettre, disant que nous etions assez fatigués de la comedie et du ballet; il nous donna congé et nous nous retirâmes. Nous resolûmes de rendre cette comedie publique et de la representer dans la ville, ce que nous fîmes le dimanche gras, dans la salle de mon parrain, et en plein jour. Là du Lys me dit que, si je commençois le bal, que ce fût avec une fille de notre voisinage qui etoit vêtue de taffetas bleu tout de même qu'elle, ce que je fis. Mais il s'eleva un murmure sourd dans la compagnie, et il y en eut qui dirent assez haut : « Il se trompe, il se manque », ce qui excita le rire à la du Lys et à moi; de quoi la fille s'etant aperçue, me dit : « Ces gens ont raison, car vous avez pris l'une pour l'autre. » Je lui repondis succinctement : « Pardonnez-moi, je sçais fort bien ce que je fais. » Le soir je me masquai avec trois de mes camarades, et je portois le flambeau, croyant que par ce moyen je ne serois pas connu [1], et nous allâmes dans le parc. Quand nous fûmes entrés dans la maison, la du Lys regarda attentivement les trois masques, et, ayant reconnu que je n'y etois pas, elle s'ap-

---

Laudereau, l'autre probablement de Ch. Bauter, dit Méliglosse, publiée chez Oudot (1614), qui portent ce titre : *Tragédie françoise des amours d'Angelique et de Medor, avec les furies de Rolland et la mort de Sacripant*, etc. Peut-être l'auteur a-t-il fait une confusion involontaire.

1. Ce ne fut que peu d'années avant la composition de cette 3e partie que la cour commença à répandre la mode des mascarades. V. *Mém.* de madem. de Montp., coll. Petitot, XLII, p. 408, et une note de Walckenaër, *Mém.* de Madame de Sévigné, II, p. 481.

procha de moi à la porte où je m'etois arrêté avec le flambeau, et, me prenant par la main, me dit ces obligeantes paroles : « Deguise-toi de toutes les façons que tu pourras t'imaginer, je te connoîtrai toujours facilement. » Après avoir éteint le flambeau, je m'approchai de la table, sur laquelle nous posâmes nos boîtes de dragées et jetâmes les dés. La du Lys me demanda à qui j'en voulois, et je lui fis signe que c'etoit à elle; elle me repliqua qu'est-ce que je voulois qu'elle mît au jeu, et je lui montrai un nœud de ruban que l'on appelle à present *galant* [1], et un bracelet de corail qu'elle avoit au bras gauche. Sa mère ne vouloit pas qu'elle le hasardât; mais elle eclata de rire, en disant qu'elle n'apprehendoit pas de me le laisser. Nous jouâmes et je gagnai, et je lui fis un present de mes dragées. Autant en firent mes compagnons avec la fille aînée et d'autres demoiselles qui y etoient venues passer la veillée. Après quoi nous prîmes

1. On appeloit *galants* des rubans noués, servant à orner les habits ou la tête tant des hommes que des femmes : « Il y a de certaines petites choses qui coûtent peu, et neanmoins parent extrêmement un homme, ...comme par exemple d'avoir un beau ruban d'or et d'argent au chapeau, quelquefois entremeslé de soie de quelque belle couleur, et d'avoir aussi au devant des chausses sept ou huit des plus beaux rubans satinés et des couleurs les plus eclatantes qui se voient... Pour montrer que toutes ces manières de rubans contribuent beaucoup à faire parestre la galanterie d'un homme, ils ont emporté le nom de galands, par preference sur toute autre chose. » (*Loix de la galant.*) On peut voir aussi, dans *la Maison des jeux*, la pièce suivante, intitulée : *le Jeu du galand*, et dans le *Recueil en prose* de Sercy (1642), t. Ier, *l'Origine et le progrès des rubans*. Les *galants* qui ornoient la toilette des femmes prenoient différents noms, suivant la place qu'ils occupoient: on les appeloit le *mignon*, le *badin*, *l'assassin des dames*, etc.

congé. Mais, comme nous allions sortir, la du Lys s'approcha de moi, et mit la main aux cordons qui tenoient mon masque attaché, qu'elle dénoua promptement, en disant : « Est-ce ainsi que l'on fait de s'en aller si vite ? » Je fus un peu honteux, mais pourtant bien aise d'avoir un si beau pretexte de l'entretenir. Les autres se demasquèrent aussi, et nous passâmes la veillée fort agreablement. Le dernier soir du carnaval je lui donnai le bal avec la petite bande de violons, la grande etant employée pour la noblesse. Pendant le carême il fallut faire trève de divertissemens pour vaquer à la piété, et je vous puis assurer que nous ne manquions pas un sermon, la du Lys et moi. Nous passions les autres heures du jour en visites continuelles et en promenades, ou à ouïr chanter les filles de la ville sur le derrière du château, où il y a un excellent echo, où elles provoquoient cette nymphe imaginaire à leur repondre[1].

Les fêtes de Pâques approchoient, quand un jour mademoiselle du Fresne, la fille, me dit en riant : « Me meneras-tu à Saint-Pater[2] ? » C'est

---

[1]. Voilà un ressouvenir de ces *échos* qui avoient fait les délices des cours de François Ier et de Henri II. V. un curieux écho dans les œuvres de Joach. du Bellay), et dont les pastorales avoient tellement mis l'usage à la mode qu'on les retrouve parfois jusque dans les romans comiques et satiriques, bien que ceux-ci tournent en ridicule la plupart des inventions de la pastorale, comme du roman héroïque et chevaleresque. Ainsi Sorel, dans *Le Berger extravagant*, manifeste lui-même un certain foible pour les échos. (*Remarq.* sur le 1er l.) Boileau se moque de cet usage, à plusieurs reprises, dans les *Héros de roman*.

[2]. Ou plutôt *Saint-Paterne*, qui est le vrai nom. V. *Dict.* de Pesche.

une petite paroisse qui est à un quart de lieue du faubourg de Montfort, où l'on va en devotion le lundi de Pâques, après dîner, et c'est là aussi où l'on voit tous les galans et galantes. Je lui repondis qu'il ne tiendroit qu'à elle. Le jour venu, comme je me disposois à les aller prendre, au sortir de ma maison je rencontrai un mien voisin, jeune homme fort riche, lequel me demanda où j'allois si empressé. Je lui dis que j'allois au Parc querir les demoiselles du Fresne pour les accompagner à Saint-Pater. Alors il me repondit que je pouvois bien rentrer, car il sçavoit de bonne part que leur mère avoit dit qu'elle ne vouloit pas que ses filles y allassent avec moi. Ce discours m'assomma si fort que je ne pus lui rien repliquer; mais je rentrai dans ma maison, où etant, je me mis à penser d'où pouvoit venir un si prompt changement; après y avoir bien rêvé, je n'en trouvai autre sujet que mon peu de merite et ma condition. Pourtant je ne pus m'empêcher de declamer contre leur procédé, de m'avoir souffert tandis que je les avois diverties par des bals, ballets, comedies et serenades, car je leur en donnois souvent, en toutes lesquelles choses j'avois fait de grandes depenses, et qu'à present l'on me rebutoit. La colère où j'etois me fis resoudre d'aller à l'assemblée avec quelques-uns de mes voisins, ce que je fis. Cependant l'on m'attendoit au Parc, et, quand le temps fut passé que je devois m'y rendre, la du Lys et sa sœur, avec quelques autres demoiselles du voisinage, y allèrent. Après avoir fait leur devotion dans l'eglise, elles se placèrent sur la muraille du cimetière, au devant d'un ormeau qui leur donnoit de l'ombrage. Je passai devant elles, mais d'assez loin, et la du Fresne me fit signe d'approcher, et je fis semblant de ne les pas voir. Ceux qui etoient avec moi m'en avertirent et je feignis de ne l'entendre pas et passai outre, leur disant : « Allons faire collation au logis des Quatre-Vents »; ce que nous fîmes.

Je ne fus pas plustôt retourné chez moi qu'une femme veuve (qui etoit notre confidente) me vint trouver et me demanda fort brusquement quel sujet m'avoit obligé de fuir l'honneur d'accompagner les demoiselles du Fresne à Saint-Pater; que la du Lis en etoit outrée de colère au dernier point, et ajouta que je pensasse à reparer cette faute. Je fus fort surpris de ce discours, et, après lui avoir fait le recit de ce que je vous viens de dire, je l'accompagnai à la porte du Parc, où elles etoient. Je la laissai faire mes excuses, car j'etois si troublé que je n'aurois pu leur dire que de mauvaises raisons. Alors la mère, s'adressant à moi, me dit que je ne devois pas être si credule; que c'etoit quelqu'un qui vouloit troubler notre contentement, et que je fusse assuré que je serois toujours le bienvenu dans leur maison, où nous allâmes. J'eus l'honneur de donner la main à la du Lys, qui m'assura qu'elle avoit eu bien de l'inquietude, surtout quand j'avois feint de ne pas voir le signe que sa sœur m'avoit fait. Je lui demandai pardon et lui fis de mauvaises excuses, tant j'etois transporté d'amour et de colère. Je me voulois venger de ce jeune homme; mais elle me commanda de n'en pas parler seulement, ajoutant que je devois être content d'experimenter le contraire de ce qu'il m'avoit dit. Je lui obéis, comme je fis toujours depuis.

Nous passions le temps le plus doucement qu'on puisse imaginer, et nous eprouvions par de véritables effets ce que l'on dit que le mouvement des yeux est le langage des amans ; car nous l'avions si familier, que nous nous faisions entendre tout ce que nous voulions. Un dimanche au soir, au sortir de Vêpres, nous nous dîmes, avec ce langage muet, qu'il falloit aller après souper nous promener sur la rivière et n'avoir que telles personnes que nous designâmes. J'envoyai aussitôt retenir un bateau. A l'heure dite, je me transportai, avec ceux qui devoient être de la promenade, à la porte du Parc, où les demoiselles nous attendoient ; mais trois jeunes hommes, qui n'etoient pas de notre cabale, s'arrêtèrent avec elles. Elles firent bien tout ce qu'elles purent pour s'en defaire ; mais eux s'en etant aperçus, ils s'opiniâtrèrent à demeurer, ce qui fut cause que quand nous abordâmes la porte du Parc, nous passâmes outre sans nous y arrêter, et nous nous contentâmes de leur faire signe de nous suivre, et nous les allâmes attendre au bateau. Mais quand nous aperçûmes ces fâcheux avec elles, nous avançâmes sur l'eau et allâmes aborder à un autre lieu, proche d'une des portes de la ville, où nous rencontrâmes le sieur du Fresne, lequel me demanda où j'avais laissé ses filles. Je ne pensai pas bien à ce que je lui devois repondre, mais lui dis franchement que je n'avois pas eu l'honneur de les voir ce soir-là. Après nous avoir donné le bon soir, il prit le chemin du Parc, à la porte duquel il trouva ses filles, auxquelles il demanda d'où elles venoient et avec qui. La du Lys lui repondit : « Nous venons de nous promener avec un tel », et me nomma. Alors son père lui accompagna un : « Vous en avez menti », d'un soufflet, ajoutant que si j'eusse eté avec elles (quand même il auroit eté plus tard) il ne s'en fût pas mis en peine. Le lendemain, cette veuve dont je vous ai dejà parlé me vint trouver pour me dire ce qui s'etoit passé le soir précédent, et que la du Lys en etoit fort en colère, non pas tant du soufflet comme de ce que je ne l'avois pas attendue, parce qu'au bateau son intention etoit de se defaire accortement de ces fâcheux. Je m'excusai du mieux que je pus, et je passai quatre jours sans l'aller voir. Mais un jour qu'elle et sa sœur et quelques demoiselles etoient assises sur un banc de boutique, dans la rue la plus prochaine de la porte de la ville par laquelle j'allois sortir pour aller au faubourg, je passai devant elles en levant un peu le chapeau, mais sans les regarder ni leur rien dire. Les autres demoiselles leur demandèrent ce que vouloit dire ce procédé, qui paroissoit incivil. La du Lys ne repondit rien ; mais sa sœur aînée dit qu'elle en ignoroit la cause et qu'il la falloit sçavoir de lui-même : « Et pour ne le pas manquer, allons, dit-elle, nous poster un peu plus près de la porte, au-delà de cette petite rue par où il nous pourroit éviter » ; ce qu'elles firent. Comme je repassois devant elles, cette bonne sœur se leva de sa place et me prit par mon manteau, en me disant : « Depuis quand, monsieur le glorieux, fuyez-vous l'honneur de voir votre maîtresse ? » et à même temps me fit asseoir auprès d'elle. Mais quand je la voulus caresser et lui dire quelques douceurs, elle fut toujours muette et me rebuta furieusement. Je demeurai là quelque peu de temps bien entrepris [1], après quoi je les accompagnai jusqu'à la porte du Parc, d'où je me retirai, resolu de n'y aller plus. Je demeurai donc encore quelques jours sans y aller, et qui me furent autant de siècles ; mais un matin j'eus une rencontre de mademoiselle du Fresne la mère, laquelle m'arrêta et me demanda pourquoi l'on ne me voyoit plus. Je lui répondis que c'etoit la mauvaise humeur de sa cadette. Elle me repliqua qu'elle vouloit faire notre accord, et que je l'allasse attendre à la maison. J'en mourois d'impatience et je fus ravi de cette ouverture. J'y allai donc, et comme je montois à la chambre, la du Lys, qui m'avoit aperçu, en descendit si brusquement que je ne la pus jamais arrêter. J'y entrai et je trouvai sa sœur, qui se mit à sourire, à laquelle je dis le procedé de sa cadette, et elle m'assura que tout cela n'etoit que feinte et qu'elle avoit regardé plus de cent fois par la fenêtre pour voir si je paroîtrois, et qu'elle en temoignoit une grande inquietude ; qu'elle etoit sans doute dans le jardin, où je pouvois aller. Je descendis l'escalier et m'approchai de la porte du jardin, que je trouvai fermée par dedans. Je la priai plusieurs fois de l'ouvrir, ce qu'elle ne voulut point faire. Sa sœur, qui

---

[1] Perclus, impotent, paralytique, au propre ; et, par conséquent, tout interdit, au figuré.

l'entendoit du haut de l'escalier, descendit et me la vint ouvrir, car elle en sçavoit le secret. J'entrai, et la du Lys se mit à fuir; mais je la poursuivis si bien, que je la pris par une des manches de son corps de jupe, et je l'assis sur un siege de gazon où je me mis aussi. Je lui fis mes excuses du mieux qu'il me fut possible; mais elle me parut toujours plus severe. Enfin, après plusieurs contestations, je lui dis que ma passion ne souffroit point de mediocrité et qu'elle me porteroit à quelque desespoir, de quoi elle se repentiroit après, ce qui ne la rendit pas plus exorable. Alors je tirai mon epée du fourreau et la lui presentai, la suppliant de me la plonger dans le corps, lui disant qu'il m'etoit impossible de vivre privé de l'honneur de ses bonnes grâces; elle se leva pour s'enfuir, en me repondant qu'elle n'avoit jamais tüé personne; et que, quand elle en auroit quelque pensée, elle ne commenceroit pas par moi. Je l'arrêtai en la suppliant de me permettre de l'executer moi-même, et elle me repondit froidement qu'elle ne m'en empêcheroit pas. Alors j'appuyai la pointe de mon epée contre ma poitrine, et me mis en posture pour me jeter dessus, ce qui la fit pâlir, et à même temps elle donna un coup de pied contre la garde de l'epée, qu'elle fit tomber à terre, m'assurant que cette action l'avoit beaucoup troublée, et me disant que je ne lui fisse plus voir de tels spectacles. Je lui repliquai : « Je vous obeirai, pourvu que vous ne me soyez plus si cruelle »; ce qu'elle me promit. Ensuite nous nous caressâmes si amoureusement, que j'eusse bien

CHAPITRE XIII. 239

souhaité d'avoir tous les jours une querelle avec elle pour l'appointer [1] avec tant de douceur. Comme nous etions dans ces transports, sa mère entra dans le jardin, et nous dit qu'elle seroit bien venue plus tôt, mais qu'elle avoit bien jugé que nous n'avions pas besoin de son entremise pour nous accorder.

Or, un jour que nous nous promenions dans une des allées du parc, le sieur du Fresne, sa femme, la du Lys et moi, qui allions après eux et qui ne pensions qu'à nous entretenir, cette bonne mère se tourna vers nous et nous dit qu'elle plaidoit bien notre cause. Elle le put dire sans que son mari l'entendît, car il etoit fort sourd ; nous la remerciâmes plutôt d'action que de parole. Un peu de temps après, M. du Fresne me tira à part et me decouvrit le dessein que lui et sa femme avoient formé de me donner leur plus jeune fille en mariage, devant qu'il partît pour aller en cour servir son quartier [2], et qu'il ne falloit plus faire de depenses en serenades ni autrement pour ce sujet. Je ne lui fis que des remerciemens confus : car j'etois si transporté de joie d'un bonheur si inopiné et qui faisoit le comble de ma felicité, que je ne savois ce que je disois. Il me souvient bien que je lui dis que je n'eusse pas eté si temeraire que de la lui demander, attendu mon peu de merite et l'inegalité des conditions ; à quoi il me repondit que pour du merite, il en avoit assez reconnu en moi, et

---

1. L'arranger, la terminer, terme tiré du langage juridique.
2. Il y avoit, à la cour, des gentilshommes *ordinaires* et des gentilshommes de *quartier*, c'est-à-dire qui venoient y remplir, durant trois mois, les devoirs de leur charge.

que pour la condition j'avois de quoi suppléer à ce defaut, sous-entendant du bien. Je ne sçais ce que je lui repliquai, mais je sçais bien qu'il me convia à souper, après quoi il fut conclu que le dimanche suivant nous assemblerions nos parents pour faire les fiançailles. Il me dit aussi quel dot[1] il pouvoit donner à sa fille; mais à cela je repondis que je ne lui demandois que la personne et que j'avois assez de bien pour elle et pour moi. J'etois le plus content homme du monde, et la du Lys aussi contente, ce que nous connûmes dans la conversation que nous eûmes ce soir-là, et qui fut la plus agreable que l'on puisse imaginer. Mais ce plaisir ne dura guères; car l'avant-veille du jour que nous devions nous fiancer, nous etions, la du Lys et moi, assis sur l'herbe, quand nous aperçumes de loin un conseiller du presidial[2], proche parent du sieur du Fresne, lequel lui venoit rendre visite. Nous en conçûmes une même pensée, elle et moi, et nous nous en affligeâmes sans savoir au vrai ce que nous apprehendions; ce que l'evènement ne nous fit que trop connoître: car le lendemain, comme j'allois prendre l'heure de l'assemblée, je fus furieusement surpris quand je trouvai, à la porte de la basse-cour, la du Lys qui pleuroit. Je lui dis quelque chose et elle ne me repondit rien. J'en-

---

1. *Dot* étoit du masculin dans la vieille langue. V. Nicot, *Trésor de la langue franç.* On a déjà pu remarquer que l'auteur de cette 3e partie écrit d'un style plus ancien que Scarron.

2. On entendoit par *présidial* un tribunal établi dans les villes considérables pour y prononcer sur les appellations des juges subalternes, dans les causes de médiocre importance. (*Dict.* de Fur.)

CHAPITRE XIII.

trai plus avant, et je trouvai sa sœur au même etat. Je lui demandai que vouloient dire tant de pleurs, et elle me repondit, en redoublant ses sanglots, que je ne le sçaurois que trop. Je montois à la chambre quand la mère en sortoit, laquelle passa sans me rien dire, car les larmes, les sanglots et les soupirs la sufffoquoient si fort, que tout ce qu'elle put faire, ce fut de me regarder pitoyablement et dire : « Ha ! pauvre garçon ! » Je ne comprenois rien en un si prompt changement ; mais mon cœur me presageoit tous les malheurs que j'ai ressentis depuis. Je me resolus d'en apprendre le sujet, et je montai à la chambre, où je trouvai M. du Fresne assis dans une chaise, lequel me dit fort brusquement qu'il avoit changé d'avis et qu'il ne vouloit pas marier sa cadette devant son aînée ; que quand il la marieroit, ce ne seroit qu'après le retour de son voyage de la cour. Je lui repondis sur ces deux chefs : au premier, que sa fille aînée n'avoit aucune repugnance que sa sœur fût mariée la première, pourvu que ce fût avec moi, parce qu'elle m'avoit toujours aimé comme un frère ; que pour un autre elle s'y seroit opposée (je vous puis assurer qu'elle m'en avoit fait la protestation plusieurs fois) ; et sur le second, que j'attendrois aussi bien dix ans que les trois mois qu'il seroit à la cour. Mais il me dit tout net que je ne pensasse plus au mariage de sa fille. Ce discours si surprenant et prononcé du ton que je vous viens de dire me jeta dans un si horrible desespoir que je sortis sans lui repliquer et sans rien dire aux demoiselles, qui ne me purent rien dire aussi.

Rom. com. II.

Je m'en allai à ma maison, resolu de me donner la mort ; mais comme je tirois mon epée à dessein de me la plonger dans le corps, cette veuve confidente entra chez moi et empêcha l'execution de ce mortel dessein, en me disant de la part de la du Lys que je ne m'affligeasse point, qu'il falloit avoir patience, et qu'en pareilles affaires il arrivoit toujours du trouble ; mais que j'avois un grand avantage d'avoir sa mère et sa sœur aînée pour moi, et elle plus que tous, qui etoit la principale partie ; qu'elles avoient resolu que quand son père seroit parti, qui seroit dans huit ou dix jours, que je pourrois continuer mes visites, et que le temps etoit un grand operateur. Ce discours etoit fort obligeant, mais je n'en pus point être consolé ; aussi je m'abandonnai à la plus noire melancolie que l'on puisse imaginer, et qui me jeta enfin dans un si furieux desespoir que je me resolus de consulter les demons. Quelques jours devant le depart de M. du Fresne, je m'en allai à demi-lieue de cette ville, dans un lieu où il y a un bois taillis de fort grande etendue, dans lequel la croyance du vulgaire est qu'il y habite de mauvais esprits, d'autant que ç'a eté autrefois la demeure de certaines fées (qui etoient sans doute de fameuses magiciennes) [1]. Je m'enfonce dans le bois, appe-

---

1. On a déjà rencontré, dans le *Roman comique*, d'assez nombreuses traces des croyances superstitieuses d'alors, qu'avoient partagées, du reste, au dernier siècle surtout, et au commencement du XVIIe, les plus graves et les plus savants esprits, Postel, Bacon, de Thou, Porta, d'Aubigné, Bodin, Malherbe (V. ses *Lettres*), Fléchier (V. sa *Relat. des grands jours*), Richelieu, l'abbé Arnauld, etc. La *Démonomanie* de Bodin, et d'autres livres alors plus récents, tels que

lant et invoquant ces esprits, et les suppliant de
me secourir en l'extrême affliction où j'etois;
mais après avoir bien crié, je ne vis ni n'ouïs
que des oiseaux qui par leur ramage sembloient
me temoigner qu'ils etoient touchés de mes malheurs. Je retournai à ma maison, où je me mis
au lit, atteint d'une si etrange frenesie, que l'on
ne croyoit pas que j'en pusse rechapper, car j'en
fus jusques à perdre la parole. La du Lys fut
malade à même temps et de la même manière
que moi; ce qui m'a obligé depuis de croire à
la sympathie : car comme nos maladies proce-
doient d'une même cause, elles produisoient
aussi en nous de semblables effets; ce que nous

le *Discours des sorciers*, de Boguet (Paris, 1603); le *Discours et histoire des spectres*, de P. Le Loyer (1605); l'*In-
crédulité et mécréance du sortilége*, et le *Tableau de l'inconstance des mauvais anges et démons*, de Delancre (1612), sont
les monuments les plus complets comme les plus terribles de
ces superstitions. On croyoit à la sorcellerie, à l'astrologie,
comme à l'alchimie et au pouvoir mystérieux des Rosecroix;
après Gauric, Agrippa, Cardan, Paracelse et le grand Nos-
tradamus, étoient venus d'autres sorciers non moins célèbres,
qui vécurent plus ou moins avant dans le XVIIe siècle, —
César (de son vrai nom Jean du Chastel), Cosme Ruggieri
(V. *Var. histor.*, édit. Jannet, I, 25), Palma-Cayet (mort en
1610), le fameux astrologue J. B. Morin, Marie Boudin, l'abbé
Brigalier, sur lequel Segrais a donné de curieux détails dans
ses *Mémoires anecdot.* (t. 2, p. 35 et suiv.), les prophètes et
astrologues célèbres Mauregard, Jean Petit, et Belot, le curé
de Mi-Monts. Ces comédies tournoient souvent au tragique, et
c'est la meilleure preuve de la ténacité avec laquelle cette su-
perstition étoit enracinée dans les esprits. Il n'y avoit pas encore bien longtemps que le peuple de Calais avoit voulu jeter
d'Assoucy à la mer comme sorcier, si du moins nous pouvons l'en croire lui-même; et les supplices récents des prêtres Louis Gaufridy et Urbain Grandier, du médecin Poirot,
de quatre sorciers espagnols brûlés à Bordeaux en 1610,

apprenions par le medecin et l'apothicaire, qui etoient les mêmes qui nous servoient; pour les chirurgiens, nous avions chacun le nôtre en particulier. Je gueris un peu plus tôt qu'elle, et je m'en allai, ou, pour mieux dire, je me traînai à sa maison, où je la trouvai dans le lit (son père etoit parti pour la cour). Sa joie ne fut pas mediocre, comme la suite me le fit connoître : car, après avoir demeuré environ une heure avec elle, il me sembla qu'elle n'avoit plus de mal ; ce qui m'obligea à la presser de se lever, ce qu'elle fit pour me satisfaire. Mais si tôt qu'elle fut hors du lit elle evanouit entre mes bras. Je fus bien marri de l'en avoir pressée, car nous eûmes beau-

---

d'Adrien Bouchard et de Gargan, de Didyme, l'une des trois possédées de Flandres, de la femme Cathin (1640), sans parler de bien d'autres, prouvoient assez que les magistrats eux-mêmes partageoient sur ce point les croyances du peuple. En 1670 encore, le Parlement de Rouen supplioit Louis XIV de ne rien changer à la jurisprudence reçue dans les tribunaux en matière de sorcellerie ; ce ne fut qu'en 1672 que le roi fit défense d'admettre les accusations de ce genre, ce qui n'empêcha pas qu'il n'y eût en 1682 un nouvel édit pour la punition des maléfices. Les forêts, en particulier, étoient la demeure privilégiée des sorciers et le domaine des légendes extraordinaires : c'est dans un bois enchanté, séjour des fées et de l'enchanteur Merlin, que Jeanne d'Arc eut ses visions ; c'est là aussi que Cyrano place l'apparition de Corneille Agrippa (*Lettres sur les sorc.*). Le Tasse, en créant la forêt magique de sa *Jérusalem*, n'a fait que donner un corps splendide aux imaginations populaires. La magie joue un grand rôle dans les pastorales et les romans héroïques du XVIIe siècle ; les romans comiques ou satiriques l'emploient aussi, parfois sérieusement, comme l'*Euphormion* de Barclay, souvent dans une intention de raillerie et de parodie, comme les *Histoires comiques* de Cyrano, le *Francion* et le *Berger extravagant* de Sorel, et le *Roman comique*. V., par exemple, plus haut, l'anecdote des pendus, IIIe part., ch. 9.

coup de peine à la remettre. Quand elle fut revenue de son évanouissement, nous la remîmes dans le lit, où je la laissai pour lui donner moyen de reposer, ce qu'elle n'eût peut-être pas fait en ma presence.

Nous guerîmes entièrement; et nous passâmes agréablement le temps, tout celui que son père demeura à la cour. Mais quand il fut revenu, il fut averti par quelques ennemis secrets que j'avois toujours frequenté dans sa maison et pratiqué familièrement sa fille, à laquelle il fit de rigoureuses défenses de me voir, et se fâcha fort contre sa femme et sa fille aînée de ce qu'elles avoient favorisé nos entrevues; ce que j'appris par notre confidente, ensemble la resolution qu'elles avoient prise de me voir toujours, et par quels moyens. Le premier fut que je prenois garde quand cet injuste père venoit à la ville, car aussitôt j'allois dans sa maison, où je demeurois jusqu'à son retour, que nous connoissions facilement à sa manière de frapper à la porte, et aussitôt je me cachois derrière une pièce de tapisserie, et, quand il entroit, un valet ou une servante, ou quelquefois une de ses filles lui ôtoit son manteau, et je sortois facilement sans qu'il le pût ouïr, car, comme je vous ai dejà dit, il etoit fort sourd, et en sortant la du Lys m'accompagnoit toujours jusqu'à la porte de la basse-cour. Ce moyen fut découvert, et nous eûmes recours au jardin de notre confidente, dans lequel je me rendois par un autre de nos voisins, ce qui dura assez, mais à la fin il fut encore découvert. Nous nous servîmes ensuite des églises, tantôt l'une, tantôt l'autre; ce qui fut encore connu, tellement que nous n'avions plus que le hasard, quand nous pouvions nous rencontrer dans quelques-unes des allées du parc; mais il falloit user de grande précaution. Un jour que j'y avois demeuré assez longtemps avec la du Lys (car nous nous etions entretenus à fond de nos communs malheurs et avions pris de fortes résolutions de les surmonter), je la voulus accompagner jusqu'à la porte de la basse-cour, où etant, nous aperçûmes de loin son père qui venoit de la ville et tout droit à nous. De fuir, il n'y avoit lieu, car il nous avoit vus. Elle me dit alors de faire quelque invention pour nous excuser; mais je lui repondis qu'elle avoit l'esprit plus present et plus subtil que moi, et qu'elle y pensât. Cependant il arriva, et, comme il commençoit à se fâcher, elle lui dit que j'avois appris qu'il avoit apporté des bagues et autres joailleries (car il employoit ses gages en orfevrerie pour y faire quelque profit, etant aussi avare qu'il etoit sourd), et que je venois pour voir s'il voudroit m'accommoder de quelques-unes pour donner à une fille du Mans à laquelle je me mariois. Il le crut facilement : nous montâmes, et il me montra ses bagues. J'en choisis deux, un petit diamant et une rose d'opale. Nous fûmes d'accord du prix, que je lui payai à l'heure même. Cet expedient me facilita la continuation de mes visites; mais quand il vit que je ne me hâtois point d'aller au Mans, il en parla à sa jeune fille, comme se doutant de quelque fourbe, et elle me conseilla d'y faire un voyage, ce que je fis. Cette ville-là est une des plus agreables du royaume, et où il y a du plus beau monde et du mieux civilisé, et où les filles y sont les plus accortes et les plus spirituelles [1], comme vous sçavez fort bien; aussi j'y fis en peu de temps de grandes connoissansances. J'étois logé au logis des Chênes-Verts, où etoit aussi logé un operateur qui debitoit ses drogues en public sur le theâtre, en attendant l'issue d'un projet qu'il avoit fait de dresser une troupe de comediens. Il avoit déjà avec lui des personnes de qualité, entr'autres le fils d'un

---

1. Ce n'étoit pas là l'opinion de Scarron, au moins quand il alla prendre possession de son bénéfice. Qu'on voie en quels termes irrévérencieux il traite les habitants du lieu :

> Parleray-je des jouvenceaux...
> Ayant tous canon trop plissé,
> Rond de botte trop compassé,
> Souliers trop longs, grègue trop large,
> Chapeaux à trop petite marge...?
> Parleray-je des damoiselles,
> Aux très redoutables aisselles? etc.

Et ailleurs (rondeau redoublé à mademoiselle Descart, recueil de 1648), il dit :

> Le Mans seroit un séjour bien hideux
> Sans votre sœur, sans vous, sans votre frère.

Mais ce ne sont là que des boutades; Scarron, à ses premiers voyages, avoit mieux parlé du Mans. Du reste, c'étoit en effet une ville où il y avoit alors du *beau monde*, et du monde *civilisé* : ainsi le gouverneur, M. de Tresmes, le baron de Lavardin, lieutenant du roi, le baron des Essarts, sénéchal, l'archidiacre Costar et Louis Pauquet, les Portail, les Denisot, les Levayer, la famille des Tessé et des Beaumanoir, l'évêque M. de Lavardin, mademoiselle de Hautefort, qui faisoit sans doute, de temps à autre, des excursions au Mans, de son château sis dans le Maine, etc. La *préciosité* s'étoit répandue au Mans et dans la province, et, à en croire *le Procès des pretieuses*, de Somaize, c'étoit un des pays où le langage quintessencié des ruelles avoit le plus pris racine. V. Somaize, Bibl. elzev., t. 2, p. 59, 68, etc. On conçoit donc qu'il pût y avoir beaucoup de filles *accortes et spirituelles*.

comte que je ne nomme pas par discretion, un jeune avocat du Mans qui avoit déjà eté en troupe, sans compter un sien frère et un autre vieux comedien qui s'enfarinoit à la farce, et il attendoit une jeune fille de la ville de Laval qui lui avoit promis de se derober de la maison de son père et de le venir trouver. Je fis connoissance avec lui, et un jour, faute de meilleur entretien, je lui fis succinctement le recit de mes malheurs, en suite de quoi il me persuada de prendre parti dans sa troupe, et que ce seroit le moyen de me faire oublier mes disgrâces. J'y consentis volontiers, et si la fille fût venue, j'aurois certainement suivi; mais les parens en furent avertis, ils prirent garde à elle, ce qui fut la cause que le dessein ne reussit pas, ce qui m'obligea à m'en revenir. Mais l'amour me fournit une invention pour pratiquer encore la du Lys sans soupçon, qui fut de mener avec moi cet avocat dont je vous viens de parler, et un autre jeune homme de ma connoissance, auxquels je decouvris mon dessein, et qui furent ravis de me servir en cette occasion. Ils parurent en cette ville sous le titre l'un de frère et l'autre de cousin germain d'une maîtresse imaginaire. Je les menai chez le sieur du Fresne, que j'avois prié de me traiter de parent, ce qu'il fit. Il ne manqua pas aussi à leur dire mille biens de moi, les assurant qu'ils ne pouvoient pas mieux loger leur parente, et ensuite nous donna à souper. L'on but à la santé de ma maîtresse, et la du Lys en fit raison. Après qu'ils eurent demeuré cinq ou six jours en cette ville, ils s'en retournèrent au Mans. J'avois toujours libre accès chez le sieur du Fresne, lequel me disoit sans cesse que je tardois trop à aller au Mans achever mon mariage, ce qui me fit apprehender que la feinte ne fût à la fin decouverte et qu'il ne me chassât encore une fois honteusement de sa maison; ce qui me fit prendre la plus cruelle resolution qu'un homme desesperé puisse jamais avoir, qui fut de tuer la du Lys, de peur qu'un autre n'en fût possesseur. Je m'armai d'un poignard et l'allai trouver, la priant de venir avec moi faire une promenade, ce qu'elle m'accorda. Je la menai insensiblement dans un lieu fort écarté des allées du parc, où il y avoit des broussailles; ce fut là où je lui decouvris le cruel dessein que le desespoir de la posseder m'avoit fait concevoir, tirant à même temps le poignard de ma poche. Elle me regarda si tendrement et me dit tant de douceurs, qu'elle accompagna de protestations de constance et de belles promesses, qu'il lui fut facile de me desarmer. Elle saisit mon poignard, que je ne pus retenir, et le jeta au travers des broussailles, et me dit qu'elle s'en vouloit aller et qu'elle ne se trouveroit plus seule avec moi. Elle me vouloit dire que je n'avois pas sujet d'en user ainsi, quand je l'interrompis pour la prier de se trouver le lendemain chez notre confidente, où je me rendrois, et que là nous prendrions les dernières resolutions. Nous nous y rencontrâmes à l'heure dite. Je la saluai et nous pleurâmes nos communes misères, et, après de longs discours, elle me conseilla d'aller à Paris, me protestant qu'elle ne consentiroit jamais à aucun mariage, et quand je demeurerois dix ans qu'elle m'attendroit. Je lui fis des promesses reciproques, que j'ai mieux tenues qu'elle n'a fait. Comme je voulois prendre congé d'elle (ce qui ne fut pas sans verser beaucoup de larmes), elle fut d'avis que sa mère et sa sœur fussent de la confidence. Cette veuve les alla querir, et je demeurai seul avec la du Lys. Ce fut alors que nous nous ouvrîmes nos cœurs mieux que nous n'avions jamais fait; et elle en vint jusques à me dire que si je la voulois enlever elle y consentiroit volontiers et me suivroit partout, et que, si l'on venoit après nous et que l'on nous attrapât, elle feindroit d'être enceinte. Mais mon amour étoit si pur que je ne voulus jamais mettre son honneur en compromis, laissant l'evenement à la conduite du sort. Sa mère et sa sœur arrivèrent et nous leur declarâmes nos resolutions, ce qui fit redoubler les pleurs et les embrassemens. Enfin je pris congé d'elles pour aller à Paris. Devant que de partir j'écrivis une lettre à la du Lys, des termes de laquelle je ne me sçaurois souvenir; mais vous pouvez bien vous imaginer que j'y avois mis tout ce que je m'etois figuré de tendre pour leur donner de la compassion. Aussi notre confidente, qui porta la lettre, m'assura qu'après la lecture de cette lettre la mère et les deux filles avoient eté si affligées de douleur que la du Lys n'avoit pas eu le courage de me faire reponse.

J'ai supprimé beaucoup d'aventures qui nous arrivèrent pendant le cours de nos amours (pour n'abuser pas de votre patience), comme les jalousies que la du Lys conçut contre moi pour une demoiselle sa cousine germaine qui l'etoit venue voir, et qui demeura trois mois dans la maison;

la même chose pour la fille de ce gentilhomme qui avoit amené ce galant que je fis en aller, non plus que plusieurs querelles que j'eus à démêler, et des combats en des rencontres de nuit, où je fus blessé par deux fois au bras et à la cuisse. Je finis donc ici la digression, pour vous dire que je partis pour Paris, où j'arrivai heureusement et où je demeurai environ une année. Mais ne pouvant pas y subsister comme je faisois en cette ville, tant à cause de la cherté des vivres¹ que pour avoir fort diminué mes biens à la recherche de la du Lys, pour laquelle j'avois fait de grandes dépenses, comme vous avez pu apprendre de ce que je vous ai dit, je me mis en condition en qualité de secrétaire d'un secrétaire de la chambre du roi², lequel avoit épousé la veuve d'un autre secrétaire aussi du roi. Je n'y eus pas demeuré huit jours que cette dame usa avec moi d'une familiarité extraordinaire, à laquelle je ne fis point pour lors de reflexion; mais elle continua si ouvertement que quelques-

---

1. C'est peut-être une allusion à l'horrible famine qui, par suite des guerres civiles et des troubles de la Fronde, désola Paris entre 1649 et 1655. La cherté des vivres augmentoit dans une progression si rapide que le setier de froment, fixé à 13 livres le 2 janvier 1649, étoit à 30 le 9 et à 60 au commencement de mars. Malgré toutes les précautions prises, la famine devint bientôt intolérable. En 1652, le pain se vendoit 10 sous la livre; les pauvres mangeoient de la chair de cheval, des boyaux de bêtes mortes, etc. V. Moreau, *Bibliogr. des Mazar.*, n° 1408, le *Franc bourg. — Rec. des relations contenant ce qui s'est fait pour l'assistance des pauvres, de 1650 à 1654*, etc.

2. On sait qu'on appeloit *chambre du roi*, ou simplement la chambre, l'ensemble des officiers et des meubles de la maison royale.

uns des domestiques s'en aperçurent, comme vous allez voir.

Un jour qu'elle m'avoit donné une commission pour faire dans la ville, elle me dit de prendre le carrosse, dans lequel je montai seul, et je dis au cocher de me mener par le Marais du Temple, tandis que son mari alloit par la ville à cheval, suivi d'un seul laquais : car elle lui avoit persuadé qu'il feroit mieux ses affaires de la sorte que de traîner un carrosse, qui est toujours embarrassant. Quand je fus dans une longue rue où il n'y avoit que des portes cochères, et par conséquent l'on n'y voyoit guère de monde, le cocher arrêta le carrosse et en descendit. Je lui criai pourquoi il arrêtoit. Il s'approcha de la portière et me pria de l'écouter, ce que je fis. Alors il me demanda si je n'avois point pris garde au procédé de madame sur mon sujet; à quoi je lui répondis que non, et qu'est-ce qu'il vouloit dire. Il me répondit alors que je ne connoissois pas ma fortune, et qu'il y avoit beaucoup de personnes à Paris qui eussent bien voulu en avoir une semblable. Je ne raisonnai guère avec lui; mais je lui commandai de remonter sur son siége et me conduire à la rue Saint-Honoré. Je ne laissai pas de rêver profondément à ce qu'il m'avoit dit, et quand je fus de retour à la maison j'observai plus exactement les actions de cette dame, dont quelques-unes me confirmèrent en la croyance de ce que m'avoit dit le cocher.

Un jour que j'avois acheté de la toile et de la dentelle pour des collets que j'avois baillés à faire à ses filles de service, comme elles y travailloient,

CHAPITRE XIII.

elle leur demanda pour qui etoient ces collets. Elles repondirent que c'etoit pour moi, et alors elle leur dit qu'elles les achevassent, mais que pour la dentelle, elle la vouloit mettre. Un jour qu'elle l'attachoit, j'entrai dans sa chambre, et elle me dit qu'elle travailloit pour moi, dont je fus si confus que je ne fis que des remerciemens de même. Mais un matin que j'ecrivois dans ma chambre, qui n'etoit pas eloignée de la sienne, elle me fit appeler par un laquais, et quand j'en approchai j'entendis qu'elle crioit furieusement contre sa demoiselle suivante et contre sa femme de chambre ; elle disoit : « Ces chiennes, ces vilaines, ne sçauroient rien faire adroit ! Sortez de ma chambre. » Comme elles en sortoient, j'y entrai, et elle continua à declamer contre elles, et me dit de fermer la porte et de lui aider à s'habiller ; et aussitôt elle me dit de prendre sa chemise qui étoit sur la toilette et de la lui donner, et à même temps elle depouilla celle qu'elle avoit et s'exposa à ma vue toute nue, dont j'eus une si grande honte que je lui dis que je ferois encore plus mal que ces filles, qu'elle devoit faire revenir, à quoi elle fut obligée par l'arrivée de son mari. Je ne doutai donc plus de son intention ; mais comme j'etois jeune et timide, j'apprehendai quelque sinistre accident : car, quoiqu'elle fût dejà avancée en âge, elle avoit pourtant encore des beaux restes ; ce qui me fit resoudre à demander mon congé, ce que je fis un soir après que l'on eut servi le souper. Alors, sans me rien repondre, son mari se retira à sa chambre, et elle tourna sa chaise du côté du feu, disant au maître d'hôtel de remporter la viande. Je descendis pour souper avec lui.

Comme nous etions à table, une sienne nièce, âgée d'environ douze ans, descendit, et, s'adressant à moi, me dit que madame sa tante l'envoyoit pour sçavoir si j'avois bien le courage de souper, elle ne soupant point. Je ne me souviens pas bien de ce que je lui repondis ; mais je sçais bien que la dame se mit au lit et qu'elle fut extremement malade. Le lendemain, de grand matin, elle me fit appeler pour donner ordre d'avoir des medecins ; comme j'approchai de son lit, elle me donna la main et me dit ouvertement que j'etois la cause de son mal, ce qui fit redoubler mon apprehension, en sorte que le même jour je me mis dans des troupes qu'on faisoit à Paris pour le duc de Mantoue[1], et je partis sans en rien dire à personne. Notre capitaine ne vint pas avec nous, laissant la conduite de sa compagnie à son lieutenant, qui etoit un franc voleur, aussi bien que les deux sergens : car ils brûloient presque tous les logemens et nous faisoient souffrir ; aussi ils furent pris par le prevôt de Troye en Champagne, lequel les y fit pendre[2], excepté l'un des sergens,

---

1. A qui les Espagnols et le duc de Savoie vouloient enlever le duché de Montferrat.

2. Ces vols et ces abus étoient choses continuelles, dont se rendoient fréquemment coupables les plus bas comme les plus hauts officiers de l'armée. Ainsi le maréchal de Marillac fut mis en jugement (1630) et exécuté à raison des malversations de ce genre « par lui commises dans sa charge de général d'armée en Champagne. » Tallemant raconte qu'un nommé du Bois, qui commandoit les chevau-légers du prince de Conti, avoit énormément volé, également en Champagne, et qu'il fut quitte pour rendre la moitié de ce qu'il avoit pris. (*Historiette* de Sarrazin.) « Partout où les armées ont passé, écrit un peu plus tard Vincent de Paul à l'évêque de Dax, elles y ont commis les sacriléges, les vols et les im-

CHAPITRE XIII.

qui se trouva frère d'un des valets de chambre de monseigneur le duc d'Orleans, lequel le sauva. Nous demeurâmes sans chef, et les soldats, d'un commun accord, firent election de ma personne pour commander la compagnie, qui etoit composée de quatre-vingts soldats. J'en pris la conduite avec autant d'autorité que si j'en eusse eté le capitaine en chef. Je passai en revue et tirai la montre [1], que je distribuai, aussi bien que les armes, que je pris à Sainte-Reine en Bourgogne [2]. Enfin nous filâmes jusqu'à Embrun en Dauphiné, où notre capitaine nous vint trouver, dans l'apprehension qu'il n'y avoit pas un soldat à sa compagnie. Mais quand il apprit ce qui s'etoit passé, et que je lui en fis paroître soixante-huit (car j'en avois perdu douze dans la marche) il me caressa fort et me donna son drapeau et sa table.

L'armée, qui etoit la plus belle qui fût jamais sortie de France, eut le mauvais succès que vous avez pu sçavoir; ce qui arriva par la mauvaise intelligence des generaux [3]. Après son debris je

---

piétés que votre diocèse a soufferts; et non seulement dans la Guienne et le Périgord, mais aussi en Saintonge, Poitou, Bourgogne, Champagne et Picardie, et en beaucoup d'autres. » Les pillages et dévastations des troupes produisoient des effets d'autant plus terribles que la plupart de ces provinces, surtout la Picardie et la Champagne, étoient alors dans une horrible misère.

1. Ce mot se dit de la solde qu'on paie aux soldats dans les revues. (Dict. de Fur.)

2. Sainte-Reine ou Alise est un bourg, avec eaux minérales, à une lieue de Flavigny.

3. Cette armée, qui étoit sous les ordres du marquis d'Uxelles, fut complétement battue, malgré l'avantage du nombre, par les troupes du duc de Savoie, à l'affaire de

m'arrêtai à Grenoble, pour laisser passer la fureur des paysans de Bourgogne et de Champagne, qui tuoient tous les fugitifs, et le massacre en fut si grand que la peste se mit si furieusement dans ces deux provinces, qu'elle s'epandit par tout le royaume [1]. Après que j'eus demeuré quelque temps à Grenoble, où je fis de grandes connoissances, je resolus de me retirer dans cette ville, ma patrie. Mais en passant par des lieux ecartés du grand chemin, pour la raison que j'ai dite, j'arrivai à un petit bourg appelé Saint-Patrice, où le fils puîné de la dame du lieu, qui etoit veuve, faisoit une compagnie de fantassins pour le siége de Montauban [2]. Je me mis avec lui, et il reconnut quelque chose sur mon visage qui n'etoit pas rebutant. Après m'avoir demandé d'où j'etois, et que je lui eus dit franchement la verité, il me pria de prendre le soin de conduire

---

Saint-Pierre, dans le marquisat de Saluces (1628). Sur la mauvaise intelligence qui régnoit entre les chefs et les directeurs de l'entreprise, on peut voir, outre les histoires spéciales, les *Mémoires* de l'abbé Marolles (édit. d'Amst., 1755, t. I, p. 146 et 7).

1. Les paysans étoient irrités des ravages qu'avoit faits l'armée sur la route, des pillages des soldats, des concussions des généraux. La peste dont il s'agit ici fut, en plusieurs endroits, l'occasion d'un nouveau soulèvement contre les réformés, qu'on soupçonna « de propager l'infection au moyen d'un onguent appliqué sur les portes des maisons; on en avoit massacré plusieurs dans les rues, et les magistrats eux-mêmes s'étoient vus forcés de faire exécuter juridiquement quelques malheureux désignés par le cri général comme *engraisseurs de portes et infecteurs publics*. » (Bazin, Histoire de France sous Louis XIII.)

2. La principale place qui restât aux réformés en France, après la prise de La Rochelle, et la dernière qui se soumit; ce ne fut qu'en 1629 qu'elle se rendit définitivement.

CHAPITRE XIII.

un sien frère, jeune garçon, chevalier de Malte, auquel il avoit donné son enseigne, ce que j'acceptai volontiers. Nous partîmes pour aller à Noves, en Provence, qui etoit le lieu d'assemblée du regiment, mais nous n'y eûmes pas demeuré trois jours que le maître d'hôtel de ce capitaine le vola et s'enfuit. Il donna ordre qu'il fût suivi, mais en vain; ce fut alors qu'il me pria de prendre les clefs de ses coffres, que je ne gardai guères, car il fut deputé du corps du regiment pour aller trouver le grand cardinal de Richelieu, lequel conduisoit l'armée pour le siége de Montauban et autres villes rebelles de Guyenne et Languedoc. Il me mena avec lui, et nous trouvâmes Son Eminence dans la ville d'Albi; nous la suivîmes jusqu'à cette ville rebelle, qui ne le fut plus à l'arrivée de ce grand homme, car elle se rendit, comme vous avez pu sçavoir. Nous eûmes pendant ce voyage un grand nombre d'aventures que je ne vous dis point, pour ne vous être pas ennuyeux, ce que j'ai peut-être dejà trop eté. »

Alors l'Etoile lui dit que ce seroit les priver d'un agreable divertissement s'il ne continuoit jusqu'à la fin. Il poursuivit donc ainsi :

« Je fis des grandes connoissances dans la maison de cet illustre cardinal, et principalement avec les pages, dont il y en avoit dix-huit de Normandie, et qui me faisoient de grandes caresses, aussi bien que les autres domestiques de sa maison. Quand la ville fut rendue, notre regiment fut licencié, et nous nous en revînmes à Saint-Patrice. La dame du lieu avoit un procès contre son fils aîné, et se preparoit pour aller le poursuivre à Grenoble. Quand nous arrivâmes, je fus prié de l'accompagner; à quoi j'eus un peu de répugnance, car je voulois me retirer, comme je vous ai dit; mais je me laissai gagner, dont je ne me repentis pas, car, quand nous fûmes arrivés à Grenoble, où je sollicitai fortement le procès, le roi Louis treizième, de glorieuse memoire, y passa pour aller en Italie [1], et j'eus l'honneur de voir à sa suite les plus grands seigneurs de ce pays [2], et entre autres le gouverneur de cette ville, lequel connoissoit fort M. de Saint-Patrice, auquel il me recommanda, et, après m'avoir offert de l'argent, lui dit qui j'etois, ce qui l'obligea à faire plus d'estime de moi qu'il n'avoit pas fait, bien que je n'eusse pas sujet de me plaindre. Je vis encore cinq jeunes hommes de cette ville qui etoient au regiment des gardes, trois desquels etoient gentilshommes, et auxquels j'avois l'honneur d'appartenir; je les traitai du mieux qu'il me fut possible, et à la maison et au cabaret. Un jour que nous venions de déjeuner d'un logis du faubourg de Saint-Laurent, qui est au delà du pont, nous nous arrêtâmes dessus pour voir passer des bateaux, et alors un d'eux me dit qu'il s'etonnoit fort que je ne leur deman-

1. Il y passa en février 1629, pour diriger la guerre de la succession de Mantoue et de Montferrat, légués par le dernier duc à un prince françois, le duc de Nevers, et que les Espagnols, secondés des Savoyards, ne vouloient pas céder.
2. Malgré les fatigues et la longueur du siége de La Rochelle, un grand nombre de seigneurs avoient tenu à honneur d'accompagner le roi dans cette nouvelle expédition : les maréchaux de Bassompierre, de Schomberg, de Créqui; le chevalier de Valançay; les ducs de Longueville et de La Trémouille; les comtes d'Harcourt, de Soissons, de Moret; les marquis de La Meilleraye, de Brézé, de La Valette, etc.

dasse point de nouvelles de la du Lys. Je leur dis
que je n'avois osé de peur de trop apprendre. Ils
me repartirent que j'avois bien fait, et que je
devois l'oublier, puisqu'elle ne m'avoit pas tenu
parole. Je pensai mourir à cette nouvelle; mais
enfin il fallut tout sçavoir. Ils m'apprirent donc
qu'aussitôt que l'on eut appris mon depart pour
l'Italie, qu'on l'avoit mariée à un jeune homme
qu'ils me nommèrent, et qui etoit celui de tous
ceux qui y pouvoient pretendre pour qui j'avois
le plus d'aversion. Alors j'eclatai, et dis contre
elle tout ce que la colère me suggera. Je l'appe-
lai tigresse, felonne, perfide, traîtresse; qu'elle
n'eût pas osé se marier me sçachant si près,
etant bien assurée que je la serois allé poignar-
der avec son mari, jusques dedans son lit. Après,
je sortis de ma poche une bourse d'argent et de
soie bleue, à petit point, qu'elle m'avoit donnée,
dans laquelle je conservois le bracelet et le ruban
que je lui avois gagné. Je mis une pierre dedans
et la jetai avec violence dans la rivière, en disant : « Ainsi se puisse effacer de ma memoire celle
à qui ont appartenu ces choses, de même qu'elles
s'enfuiront au gré des ondes! » Ces messieurs furent etonnés de mon procedé, et me protestèrent
qu'ils etoient bien marris de me l'avoir dit, mais
qu'ils croyoient que je l'eusse sçu d'ailleurs. Ils
ajoutèrent, pour me consoler, qu'elle avoit eté
forcée à se marier, et qu'elle avoit bien fait paroître l'aversion qu'elle avoit pour son mari : car
elle n'avoit fait que languir depuis son mariage,
et etoit morte quelque temps après. Ce discours
redoubla mon deplaisir et me donna à même
temps quelque espèce de consolation. Je pris

congé de ces messieurs et me retirai à la maison, mais si changé que mademoiselle de Saint-Patrice, fille de cette bonne dame, s'en aperçut. Elle me demanda ce que j'avois, à quoi je ne repondis rien ; mais elle me pressa si fort que je lui dis succinctement mes aventures et la nouvelle que je venois d'apprendre. Elle fut touchée de ma douleur, comme je le connus par les larmes qu'elle versa. Elle le fit sçavoir à sa mère et à ses frères, qui me temoignèrent de participer à mes deplaisirs, mais qu'il falloit se consoler et prendre patience.

Le procès de la mère et du fils termina par un accord, et nous nous en retournâmes. Ce fut alors que je commençai à penser à une retraite. La maison où j'etois etoit assez puissante pour me faire trouver de bons partis, et l'on m'en proposa plusieurs ; mais je ne pus jamais me resoudre au mariage. Je repris le premier dessein que j'avois eu autrefois, de me rendre capucin, et j'en demandai l'habit ; mais il y survint tant d'obstacles, dont la deduction ne vous seroit qu'ennuyeuse, que je cessai cette poursuite.

En ce temps-là, le roi commanda l'arrière-ban de la noblesse du Dauphiné pour aller à Casal[1]. M. de Saint-Patrice me pria de faire encore ce voyage-là avec lui, ce que je ne pus honorablement refuser. Nous partîmes, et nous y arrivâmes

---

1. Casal, ville du Montferrat, étoit occupée par les troupes du marquis de Spinola, et la citadelle par les François, sous les ordres du comte de Toiras. L'armée françoise marcha sur cette place, guidée par les maréchaux de La Force, de Schomberg et de Marillac (1630). V. Bazin, *Hist. de Louis XIII*, t. 3, p. 87 et suiv.

Vous sçavez ce qu'il en réussit. Le siége fut levé, la ville rendue et la paix faite par l'entremise de Mazarin[1]. Ce fut le premier degré par où il monta au cardinalat, et à cette prodigieuse fortune qu'il a euë ensuite du gouvernement de la France. Nous nous en retournâmes à Saint-Patrice, où je persistai toujours à me rendre religieux. Mais la divine Providence en disposoit autrement. Un jour M. de Saint-Patrice me dit, voyant ma resolution, qu'il me conseilloit de me faire prêtre seculier; mais j'apprehendai de n'avoir pas assez de capacité, et il me repartit qu'il y en avoit de moindres. Je m'y resolus, et je pris les ordres sur un patrimoine, que madame sa mère me donna, de cent livres de rente, qu'elle m'assigna sur le plus liquide de son revenu. Je dis ma première messe dans l'eglise de la paroisse, et ladite dame en usa comme si j'eusse été son propre enfant; car elle traita splendidement une trentaine de prêtres qui s'y trouvèrent et plusieurs gentilshommes du voisinage. J'etois dans une maison trop puissante pour manquer de benefices; aussi six mois après j'eus un prieuré assez considerable, avec deux autres petits benefices. Quelques années après j'eus un

---

[1]. Mazarin étoit alors « un officier de guerre au service du pape, que le nonce de Sa Sainteté avoit employé d'abord pour porter ses paroles de médiation, et qui, un an durant, n'avoit cessé de courir d'un camp à l'autre, accrédité partout comme courtier de propositions et messager de réponses.» (Bazin, *Hist. de France sous Louis XIII.*) Au moment où les deux armées alloient se heurter, on le vit sortir des retranchements, agitant un mouchoir blanc au bout d'un bâton; il venoit apporter au maréchal de Schomberg les conditions auxquelles les Espagnols consentoient à quitter la ville.

gros prieuré et une fort bonne cure : car j'avois pris grande peine à etudier, et je m'etois rendu jusqu'au point de monter en chaire avec succès, devant les beaux auditoires et en presence même de prelats. Je menageai mes revenus et amassai une notable somme d'argent, avec laquelle je me retirai dans cette ville, où vous me voyez maintenant ravi du bonheur de la connoissance d'une si charmante compagnie et d'avoir eté assez heureux de lui rendre quelque petit service. »

L'Etoile prit la parole, disant : « Mais le plus grand que vous sçauriez nous avoir jamais rendu... » Elle vouloit continuer, quand Ragotin se leva pour dire qu'il vouloit faire une comedie de cette histoire, et qu'il n'y auroit rien de plus beau que la decoration du theâtre : un beau parc avec son grand bois et une rivière ; pour le sujet, des amans, des combats, et une première messe. Tout le monde se mit à rire, et Roquebrune, qui le contrarioit toujours, lui dit : « Vous n'y entendez rien ; vous ne sçauriez mettre cette pièce dans les règles, d'autant qu'il faudroit changer la scène et demeurer trois ou quatre ans dessus. » Alors le prieur leur dit : « Messieurs, ne disputez point pour ce sujet, j'y ai donné ordre il y a longtemps. Vous savez que M. du Hardi n'a jamais observé cette rigide règle des vingt-quatre heures, non plus que quelques-uns de nos poëtes modernes, comme l'auteur de *Saint-Eustache*[1], etc. ; et M.

---

1. Probablement Baro, qui fit, vers 1639, une tragédie de *Saint Eustache*, imprimée seulement en 1659. Il dit lui-même, dans son avertissement : « Cher lecteur, je ne te donne pas ce poëme comme une pièce de théâtre où toutes les règles soient observées, le sujet ne s'y pouvant accom-

Corneille ne s'y seroit pas attaché, sans la censure que M. Scudéry voulut faire du *Cid*[1] : aussi tous les honnêtes gens appellent ces manquements de belles fautes. J'en ai donc composé une comedie que j'ai intitulée : *La Fidélité conservée après l'esperance perdue*; et depuis j'ai pris pour devise un arbre depouillé de sa parure verte[2], et où il ne reste que quelques feuilles mortes (qui est la raison pourquoi j'ai ajouté cette couleur à la bleue), avec un petit chien barbet au pied et ces paroles pour âme de la devise : « Privé d'espoir, je suis fidèle. » Cette pièce roule les theâtres il y a fort longtemps. — Le titre en est aussi à propos que vos couleurs et votre devise, dit l'Etoile, car votre maîtresse vous a trompé, et vous

---

moder. » Desfontaines fit aussi un *Martyre de saint Eustache* (1642), qui n'est pas plus régulier que la pièce de Baro. V. la note 1 de la page 211, 1er vol.

1. Les premières pièces de Corneille, sauf quelques-unes, telles que *Clitandre* et *La Suivante*, sont fort peu dans les règles, comme il l'avoue lui-même dans ses examens, et violent surtout celle des vingt-quatre heures. Pour *Mélite*, il doit s'être passé, dit-il, huit ou quinze jours entre le 1er et le second acte, et autant entre le 2e et le 3e. *La Veuve* se prolonge pendant cinq jours consécutifs. *L'Illusion comique* a l'unité de lieu, mais non celle de temps, etc. Quant au *Cid*, Scudéry ne lui reprocha pas précisément, dans ses *Observations*, d'avoir enfreint cette règle, comme on pourroit le comprendre d'après la phrase de notre auteur, mais d'avoir enfermé « plusieurs années dans ses vingt-quatre heures », en accumulant, contre toute vraisemblance et tout naturel, les accidents de l'action, pour les faire tenir dans les bornes légales.

2. Personne n'ignore que la couleur verte est le symbole de l'espérance. C'étoit la nuance préférée des amants. « Il n'y a aucune couleur qui leur (aux galants) soit si propre que le vert, témoin la façon de parler proverbiale, qui dit : Un vert galant. » (*Le jeu du gal.*)

lui avez toujours gardé la fidelité, n'en ayant point voulu epouser d'autre. »

La conversation finit par l'arrivée de M. de Verville et de M. de la Garouffière. Et je finis aussi ce chapitre, qui, sans doute, a eté bien ennuyeux, tant pour sa longueur que pour son sujet.

CHAPITRE XIV.

Retour de Verville, accompagné de M. de la Garouffière; mariage des comediens et comediennes, et autres aventures de Ragotin.

Tous ceux de la troupe furent etonnés de voir M. de la Garouffière; pour Verville, il etoit attendu avec impatience, principalement de ceux et celles qui se devoient marier. Ils lui demandèrent quels bons affaires[1] il avoit en cette ville, et il leur repondit qu'il n'en avoit aucuns, mais que, M. de Verville lui ayant communiqué quelque chose d'importance, il avoit eté ravi de trouver une occasion si favorable pour les revoir encore une fois, et leur offrit la continuation de ses services. Verville lui fit signe qu'il n'en falloit parler qu'en secret, et, pour lui en rompre les discours, il lui

---

1. *Affaire* étoit quelquefois du masculin alors. Dans le *Rôle des présentations faites aux grands jours de l'éloquence françoise*, de Sorel, nous lisons : « S'est presenté un novice en poésie, requérant... qu'il plaise à la compagnie déclarer quel genre sont les mots *navire* et *affaire*. »

CHAPITRE XIV.

présenta le prieur de Saint-Louis, avec lequel il avoit fait grande amitié, lui disant que c'etoit un fort galant homme. Alors l'Etoile leur dit qu'il venoit d'achever une histoire aussi agreable que l'on en pût ouïr. Ces deux messieurs témoignèrent avoir du regret de n'être venus plus tôt pour avoir eu la satisfaction de l'entendre. Alors Verville passa dans une autre chambre, où le Destin le suivit, et, après y avoir demeuré quelques momens, ils appelèrent l'Etoile et Angelique, et ensuite Leandre et la Caverne, que M. de la Garouffière suivit. Quand ils furent assemblés, Verville leur dit qu'étant à Rennes il avoit communiqué au sieur de la Garouffière le dessein qu'ils avoient fait de se marier, et qu'il devoit repasser par Alençon pour être de la noce, et qu'il avoit temoigné vouloir être de la partie. Il en fut très humblement remercié, et on lui temoigna de même l'obligation qu'on lui avoit d'avoir voulu prendre cette peine. « Mais à propos, dit M. de Verville, il faudroit faire monter cet honnête homme qui est en bas »; ce que l'on fit. Quand il fut entré, la Caverne le regarda fixement, et la force du sang fit un si merveilleux effet en elle qu'elle s'attendrit et pleura sans en sçavoir la cause. On lui demanda si elle connoissoit cet homme-là, et elle repondit qu'elle ne croyoit pas de l'avoir jamais vu. On lui dit de le regarder avec attention, ce qu'elle fit, et pour lors elle trouva sur son visage tant de traits du sien qu'elle s'ecria : « Seroit-ce point mon frère ? » Alors il s'approcha d'elle et l'embrassa, l'assurant que c'etoit lui-même, que le malheur avoit eloigné si longtemps de sa présence. Il salua sa nièce et tous ceux de la compagnie, et assista à la conference secrète, où il fut conclu que l'on celebreroit les deux mariages, sçavoir : du Destin avec l'Etoile et de Leandre avec Angelique. Toute la difficulté consistoit à sçavoir quel prêtre les epouseroit; alors le prieur de Saint-Louis (que l'on avoit aussi appelé à la conference) leur dit qu'il se chargeoit de cela et qu'il en parleroit aux curés des deux paroisses de la ville et à celui du faubourg de Montfort; que, s'ils en faisoient quelque difficulté, il retourneroit à Sées et qu'il en obtiendroit la permission du seigneur evêque; que, s'il ne vouloit pas la lui accorder, il iroit trouver monseigneur l'evêque du Mans, de qui il avoit l'honneur d'être connu, d'autant que sa petite eglise étoit de sa juridiction, et qu'il ne croyoit pas d'en être refusé. Il fut donc prié de prendre ce soin-là. Cependant l'on fit secretement venir un notaire et l'on passa les contrats de mariage. Je ne vous en dis point les clauses (car cette particularité n'est pas venue à ma connoissance), oui bien qu'ils se marièrent. MM. de Verville, de la Garouffière et de Saint-Louis furent les temoins. Ce dernier alla parler aux curés, mais aucun d'eux ne voulut les epouser, alleguant beaucoup de raisons que le prieur ne put surmonter, parce qu'il n'en etoit peut-être pas capable, ce qui le fit resoudre d'aller à Sées. Il prit le cheval de Leandre et un de ses laquais, et alla trouver le seigneur evêque, lequel repugna un peu lui accorder sa requête; mais le prieur lui remontra que ces gens-là n'etoient veritablement de nulle paroisse, car ils etoient aujourd'hui dans un lieu et demain dans un autre; que pourtant l'on ne pouvoit pas les mettre au rang des vagabonds et gens sans aveu (qui etoit la plus forte raison sur laquelle les curés avoient fondé leur refus), car ils avoient bonne permission du roi et avoient leur menage, et par consequent etoient censés sujets des evêques dans le diocèse desquels ils se trouvoient lors de leur residence en quelque ville ; que ceux pour qui il demandoit la dispense etoient dans celle d'Alençon, où il avoit juridiction, tant sur eux que sur les autres habitans, et que partant il les pouvoit dispenser, comme il l'en supplioit très humblement, parce que d'ailleurs ils etoient fort honnêtes gens. L'evêque donna les mains et pouvoir au prieur de les epouser en quelle eglise qu'il voudroit ; il vouloit appeler son secretaire pour faire la dispense en forme, mais le prieur lui dit qu'un mot de sa main suffisoit, ce que le bon seigneur fit aussi agreablement qu'il lui donna à souper.

Le lendemain il s'en retourna à Alençon, où il trouva les fiancés qui preparoient tout ce qui etoit necessaire pour les noces. Les autres comediens (qui n'avoient point eté du secret) ne sçavoient que penser de tant d'appareil, et Ragotin en etoit le plus en peine. Ce qui les obligeoit à tenir la chose ainsi secrète n'etoit que ce que vous avez appris du Destin : car, pour Leandre et Angelique, cela etoit connu de tous, et aussi la crainte de ne réussir pas à la dispense. Mais, quand ils en furent assurés, l'on rendit la chose publique, et l'on recita les contrats de mariage devant tous, et l'on prit jour pour epouser. Ce fut un furieux coup de foudre pour le pauvre Ragotin, auquel la Rancune dit tout bas : « Ne vous l'avois-je pas bien dit? Je m'en etois toujours defié. » Le pauvre petit homme entra en la plus profonde melancolie que l'on puisse imaginer, laquelle le precipita dans un furieux desespoir, comme vous apprendrez au dernier chapitre de ce roman. Il devint si troublé que, passant devant la grande eglise de Notre-Dame un jour de fête que l'on carillonnoit, il tomba dans l'erreur de la plupart des gens du vulgaire, qui croient que les cloches disent tout ce qu'ils s'imaginent. Il s'arrêta pour les ecouter, et il se persuada facilement qu'elles disoient :

Ragotin, ce matin,
A bu tant de pots de vin,
Qu'il branle, qu'il branle.

Il entra en une si furieuse colère contre le campanier qu'il cria tout haut : « Tu as menti ! je n'ai pas bu aujourd'hui extraordinairement ! Je ne me serois pas fâché si tu leur faisois dire :

Le mutin de Destin
A ravi à Ragotin
L'Etoile, l'Etoile [1],

car j'aurois eu la consolation de voir les choses inanimées temoigner avoir du ressentiment de ma douleur ; mais de m'appeler ivrogne ! ha ! tu la payeras ! » Et aussitôt il enfonça son chapeau, et entra dans l'eglise par une des portes où il y a un degré en vis par lequel il monta à l'orgue. Quand il vit que cette montée n'alloit pas au clocher, il

---

[1]. Ce passage semble un ressouvenir de Rabelais et des paroles que les cloches de Varennes prononcent aux oreilles de Panurge : « Marie-toy, marie-toy ; marie, marie ; si tu te maries, maries, maries, très bien t'en trouveras, veras, veras. » (*Pantag.*, III, 26.) On raconte semblable chose de Withington, qui entendit les cloches lui prédire qu'il seroit maire de Londres.

CHAPITRE XIV.

la suivit jusqu'au plus haut, où il trouva une porte fort basse, par laquelle il entra, et suivit sous le toit des chapelles, sous lequel il faut que ceux qui y passent se baissent; mais lui y trouva un plancher fort elevé. Il chemina jusqu'au bout, où il trouva une porte qui va au clocher, où il monta. Quand il fut au lieu où les cloches sont pendues, il trouva le campanier qui carillonnoit toujours, et qui ne regardoit point derrière lui. Alors il se mit à lui crier des injures, l'appelant insolent, impertinent, sot, brutal, maroufle, etc.; mais le bruit des cloches l'empêchoit de l'entendre. Ragotin s'imagina qu'il le meprisoit, ce qui le fit impatienter et s'approcher de lui, et à même temps lui baillier un grand coup de poing sur le dos. Le campanier, se sentant frappé, se tourna, et, voyant Ragotin, lui dit : « Hé! petit escargot! qui diable t'a mené ici pour me frapper ? » Ragotin se mit en devoir de lui en dire le sujet et de lui faire ses plaintes ; mais le campanier, qui n'entendoit point de raillerie, sans le vouloir ecouter, le prit par un bras, et à même temps lui bailla un coup de pied au cul, qui le fit culbuter le long d'un petit degré de bois jusques sur le plancher d'où l'on sonne les cloches à branle. Il tomba si rudement, la tête la première, qu'il donna du visage contre une des boîtes par où l'on passe les cordes, et se mit tout en sang. Il pesta comme un petit demon, et descendit promptement; il passa au travers de l'eglise, d'où il alla trouver le lieutenant criminel pour se plaindre à lui de l'excès que le campanier avoit commis en sa personne. Ce magistrat, le voyant ainsi sanglant, crut facilement ce qu'il disoit; mais après en avoir appris le sujet, il ne put s'empêcher de rire, et connut bien que le petit homme avoit le cerveau mal timbré. Pourtant, pour le contenter, il lui dit qu'il feroit justice et envoya un laquais dire au campanier qu'il le vînt trouver. Quand il fut venu, il lui demanda pourquoi il faisoit injurier cet honnête homme par ses cloches? A quoi il lui repondit qu'il ne le connoissoit point et, qu'il carillonoit à son ordinaire :

> Orléans, Beaugenci,
> Notre-Dame de Cleri,
> Vendôme, Vendôme ;

mais qu'ayant eté frappé de lui et injurié, il l'avoit poussé, et qu'ayant rencontré le haut de l'escalier, il en etoit tombé. Le lieutenant criminel lui dit : « Une autre fois soyez plus avisé », et à Ragotin : « Soyez plus sage et ne croyez pas votre imagination touchant le son des cloches. » Ragotin s'en retourna à la maison, où il ne se vanta pas de son accident. Mais les comediens, voyant son visage ecorché en trois ou quatre endroits, lui en demandèrent la raison, ce qu'il ne voulut pas dire ; mais ils l'apprirent par la voix commune, car cette disgrâce avoit eclaté, et dont ils rirent bien fort, aussi bien que MM. de Verville et de La Garouffière.

Le jour des epousailles des comediennes etant venu, le prieur de Saint-Louis leur dit qu'il avoit fait choix de son eglise pour les epouser. Ils y allèrent à petit bruit, et il benit les mariages après avoir fait une très belle exhortation aux mariés, lesquels se retirèrent à leur logis, où ils dînèrent. Après quoi l'on demanda à quoi l'on passeroit le temps jusqu'au souper. La comedie, les ballets et les bals leur etoient si ordinaires, que l'on trouva bon de faire le recit de quelque histoire. Verville dit qu'il n'en sçavoit point. Si Ragotin n'eût pas eté dans sa noire melancolie, il se fût sans doute offert à en debiter quelqu'une; mais il etoit muet. L'on dit à la Rancune de raconter celle du poète Roquebrune, puisqu'il l'avoit promis quand l'occasion s'en presenteroit, et qu'il n'en pourroit jamais trouver de plus belle, la compagnie etant beaucoup plus illustre que quand il la vouloit commencer. Mais il repondit qu'il avoit quelque chose dans l'esprit qui le troubloit, et que, quand il l'auroit assez libre, qu'il ne vouloit pas rendre ce mauvais office au poète de faire son eloge, dans lequel il faudroit comprendre sa maison, et qu'il etoit trop de ses amis pour debiter une juste satire. Roquebrune pensa troubler la fête, mais le respect qu'il eut pour les etrangers qui etoient dans la compagnie calma tout cet orage. En suite de quoi M. de la Garouffière dit qu'il sçavoit beaucoup d'aventures dont il avoit eté temoin oculaire. On le pria d'en faire le recit; ce qu'il fit, comme vous verrez au chapitre suivant.

CHAPITRE XV.

Histoire des deux jalouses.

Les divisions qui mirent la maîtresse ville du monde au rang des plus malheureuses furent une semence qui s'epandit partout l'univers, et en un temps où les hommes ne doivent avoir qu'une âme, comme au berceau de l'eglise, puisqu'ils avoient l'honneur d'être les membres de ce sacré corps. Mais elles ne laissèrent pas d'eclore celles des Guelfes et des Gibelins, et, quelques années après, celles des Capelets et des Montesches. Ces divisions, qui ne devoient point sortir de l'Italie, où elles avoient eu leur origine, ne laissèrent pas de se dilater par tout le monde, et notre France n'en a pas eté exempte; et il semble même que c'est dans son sein où la pomme de discorde a plus fait eclater ses funestes effets; ce qu'elle fait encore à present, car il n'y a ville, bourg ni village où il n'y ait divers partis, d'où il arrive tous les jours de sinistres accidens. Mon père, qui etoit conseiller au Parlement de Rennes, et qui m'avoit destiné pour être, comme je suis, son successeur, me mit au collége pour m'en rendre capable; mais, comme j'etois dans ma patrie, il s'aperçut que je ne profitois pas, ce qui le fit resoudre à m'envoyer à La Flèche (où est, comme vous sçavez, le plus fameux college que les Jesuites aient dans ce royaume de France). Ce fut dans cette petite ville-là où arriva ce que je vous vais apprendre, et au même temps que j'y faisois mes etudes.

Il y avoit deux gentilshommes, qui etoient les plus qualifiés de la ville, dejà avancés en âge, sans être pourtant mariés, comme il arrive souvent aux personnes de condition, ce que l'on dit en proverbe: « Entre qui nous veut et que nous ne voulons pas, nous demeurons sans nous marier. » A la fin tous deux se marièrent. L'un, qu'on appeloit M. de Fons-Blanche, prit une fille de Châteaudun, laquelle etoit de fort petite noblesse, mais fort riche. L'autre, qu'on appeloit M. du Lac, epousa une demoiselle de la ville de

Chartres, qui n'etoit pas riche, mais qui etoit très belle, et d'une si illustre maison qu'elle appartenoit à des ducs et pairs et à des marechaux de France. Ces deux gentilshommes, qui pouvoient partager la ville, furent toujours de fort bonne intelligence; mais elle ne dura guère après leurs mariages: car leurs deux femmes commencèrent à se regarder d'un œil jaloux, l'une se tenant fière de son extraction et l'autre de ses grands biens. Madame de Fons-Blanche n'etoit pas belle de visage; mais elle avoit grand'mine, bonne grâce et etoit fort propre; elle avoit beaucoup d'esprit et etoit fort obligeante. Madame du Lac etoit très belle, comme j'ai dit, mais sans grâce; elle avoit de l'esprit infiniment, mais si mal tourné que c'etoit une artificieuse et dangereuse personne. Ces deux dames etoient de l'humeur de la plupart des femmes de ce temps, qui ne croiroient pas être du grand monde si elles n'avoient chacune une douzaine de galans [1]; aussi elles faisoient tous leurs efforts et employoient tous leurs soins pour faire des conquêtes, à quoi la du Lac reussissoit beaucoup mieux que la Fons-Blanche: car elle tenoit sous son empire toute la jeunesse de la ville et du voisinage; s'entend des personnes très qualifiées, car elle n'en souffroit point d'autres. Mais cette affectation causa des murmures sourds, qui eclatèrent enfin ouvertement en medisance, sans que

1. Ce n'est pas là une exagération aussi grande qu'on pourroit croire. Pour s'en convaincre, il suffit d'ouvrir Tallemant des Réaux, les *Mémoires* du chevalier de Grammont, et surtout l'*Histoire amoureuse des Gaules*, de Bussy-Rabutin.

pour cela elle discontinuât de sa manière d'agir; au contraire, il semble que ce lui fût un sujet pour prendre plus de soin à faire des nouveaux galans. La Fons-Blanche n'etoit pas du tout si soigneuse d'en avertir, et elle en avoit pourtant quelques-uns qu'elle retenoit avec adresse, entre lesquels etoit un jeune gentilhomme très bien fait, dont l'esprit correspondoit au sien, et qui etoit un des braves du temps. Celui-là en etoit le plus favori : aussi son assiduité causa des soupçons, et la medisance eclata hautement.

Ce fut là la source de la rupture entre ces deux dames : car auparavant elles se visitoient civilement, mais, comme j'ai dit, toujours avec une jalouse envie. La du Lac commença à medire de la Fons-Blanche, fit epier ses actions et fit mille pieces artificieuses pour la perdre de reputation, notamment sur le sujet de ce gentilhomme, que l'on appeloit M. du Val-Rocher; ce qui vint aux oreilles de la Fons-Blanche, qui ne demeura pas muette : car elle disoit par raillerie que, si elle avoit des galans, ce n'etoit pas par douzaines comme la du Lac, qui faisoit toujours de nouvelles impostures. L'autre, en se defendant, lui bailloit le change, si bien qu'elles vivoient comme deux demons. Quelques personnes charitables essayèrent à les mettre d'accord; mais ce fut inutilement, car elles ne les purent jamais obliger à se voir. La du Lac, qui ne pensoit à autre chose qu'à causer du deplaisir à la Fons-Blanche, crut que le plus sensible qu'elle pourroit lui faire ressentir, ce seroit de lui ôter le plus favori de ses galans, ce du Val-Rocher. Elle fit dire à M. de Fons-Blanche, par des gens qui lui etoient affidés, que quand il etoit hors de sa maison (ce qui arrivoit souvent, car il etoit continuellement à la chasse ou en visite chez des gentilshommes voisins de la ville), que le du Val-Rocher couchoit avec sa femme, et que des gens dignes de foi l'avoient vu sortir de son lit, où elle etoit. M. de Fons-Blanche, qui n'en avoit jamais eu aucun soupçon, fit quelque réflexion à ce discours, et ensuite fit connoître à sa femme qu'elle l'obligeroit si elle faisoit cesser les visites du Val-Rocher. Elle repliqua tant de choses et le paya de si fortes raisons qu'il ne s'y opiniâtra pas, la laissant dans la liberté d'agir comme auparavant. La du Lac, voyant que cette invention n'avoit pas eu l'effet qu'elle desiroit, trouva moyen de parler à du Val-Rocher. Elle etoit belle et accorte, qui sont deux fortes machines pour gagner la forteresse d'un cœur le mieux muni; aussi, encore qu'il eût de grands attachemens à la Fons-Blanche, la du Lac rompit tous ces liens et lui donna des chaînes bien plus fortes; ce qui causa une sensible douleur à la Fons-Blanche (surtout quand elle apprit que du Val-Rocher parloit d'elle en des termes fort insolens), laquelle augmenta par la mort de son mari, qui arriva quelques mois après. Elle en porta le deuil fort austerement; mais la jalousie la surmonta et fut la plus forte. Il n'y avoit que quinze jours que l'on avoit enterré son mari qu'elle pratiqua une entrevue secrète avec du Val-Rocher. Je n'ai pas sçu quel fut leur entretien, mais l'evenement le fit assez connoître, car une douzaine de jours après leur mariage fut publié, quoi qu'ils l'eussent contracté fort secretement, et ainsi dans moins d'un mois elle eut deux maris, l'un qui mourut en l'espace de ce temps-là, et l'autre vivant. Voilà, ce me semble, le plus violent effet de jalousie qu'on puisse imaginer, car elle oublia la bienséance du veuvage et ne se soucia pas de tous les insolens discours que du Val-Rocher avoit faits d'elle à la persuasion de la du Lac; ce qui justifie assez ce que l'on dit, qu'une femme hasarde tout quand il s'agit de se venger, mais vous le verrez encore mieux par ce que je vous vais dire. La du Lac pensa enrager quand elle apprit cette nouvelle, mais elle dissimula son ressentiment tant qu'elle put, et qu'elle fut pourtant sur le point de faire eclater, ayant fait dessein de le faire assassiner en un voyage qu'il devoit faire en Bretagne; dont il fut averti par des personnes à qui elle s'en etoit decouverte, ce qui l'obligea à se bien precautionner. D'ailleurs elle considera que ce seroit mettre ses plus chers amis en grand hasard, ce qui la fit penser à un moyen le plus etrange que la jalousie puisse susciter, qui fut de brouiller son mari avec du Val-Rocher par ses pernicieux artifices. Aussi ils se querellèrent furieusement plusieurs fois, et en furent jusqu'au point de se battre en duel, à quoi la du Lac poussa son mari (qui n'etoit pas des plus adroits du monde), jugeant bien qu'il ne dureroit guère à du Val-Rocher, lequel, comme j'ai dit, etoit un des braves du temps, se figurant qu'après la mort de son mari elle le pourroit encore ôter à la Fons-Blanche, de laquelle elle se pourroit facilement defaire ou par poison ou par le mauvais traitement qu'elle lui feroit donner. Mais il en arriva tout autrement qu'elle n'avoit projeté : car du

Val-Rocher, se fiant en son adresse, meprisa du Lac (qui au commencement se tenoit sur la defensive), ne croyant pas qu'il osât lui porter; et ainsi il se negligeoit, en sorte que du Lac, le voyant un peu hors de garde, lui porta si justement qu'il lui mit son epée au travers du corps et le laissa sans vie, et s'en alla à sa maison, où il trouva sa femme, à laquelle il raconta l'action, dont elle fut bien etonnée et marrie tout ensemble de cet evenement si inopiné. Il s'enfuit secretement et s'en alla dans la maison d'un des parens de sa femme, lesquels, comme j'ai dit, etoient des grands et puissants seigneurs, qui travaillèrent à obtenir sa grâce du roi. La Fons-Blanche fut fort étonnée quand on lui annonça la mort de son mari, et qu'on lui dit qu'il ne falloit pas s'amuser à verser d'inutiles larmes, mais qu'il falloit le faire enterrer secretement, pour eviter que la justice n'y mît pas la main, ce qui fut fait; et ainsi elle fut veuve en moins de six semaines.

Cependant du Lac eut sa grâce, qui fut enterinée au Parlement de Paris, nonobstant toutes les oppositions de la veuve du mort, qui vouloit faire passer l'action pour un assassinat; ce qui la fit resoudre à la plus étrange resolution qui puisse jamais entrer dans l'esprit d'une femme irritée. Elle s'arma d'un poignard, et, passant une fois par devant du Lac, qui se promenoit à la place avec quelques-uns de ses amis, elle l'attaqua si furieusement et si inopinement qu'elle lui ôta le moyen de se mettre en defense, et lui donna à même temps deux coups de poignard dans le corps, dont il mourut trois jours après. Sa femme la fit poursuivre et mettre en prison. On lui fit son procès, et la plupart des juges opinèrent à la mort, à quoi elle fut condamnée. Mais l'execution en fut retardée, car elle declara qu'elle étoit grosse, et, ce qui est à remarquer, c'est qu'elle ne sçavoit duquel de ses deux maris. Elle demeura donc prisonnière. Mais, comme c'étoit une personne fort delicate, l'air renfermé et puant de la Conciergerie, avec les autres incommodités que l'on y souffre, lui causèrent une maladie et sa delivrance avant le terme, et ensuite sa mort; neanmoins le fruit eut baptême, et après avoir vecu quelques heures il mourut aussi. La du Lac fut touchée de Dieu; elle rentra en soi-même, fit reflexion sur tant de sinistres accidens dont elle etoit cause, mit ordre aux affaires de sa maison, et entra dans un monastère de religieuses reformées de l'ordre de Saint-Benoît, au lieu d'Almenesche[1], au diocèse de Sées. Elle voulut s'éloigner de sa patrie pour vivre avec plus de quietude et faire plus facilement penitence de tant de maux qu'elle avoit causés. Elle est encore dans ce monastère, où elle vit dans une grande austerité, si elle n'est morte depuis quelques mois.

Les comediens et comediennes ecoutoient encore, quoique M. de la Garouffière ne dît plus mot, quand Roquebrune s'avança pour dire à son ordinaire que c'etoit là un beau sujet pour un poème grave, et qu'il en vouloit composer une excellente tragedie, qu'il mettroit facilement dans les règles d'un poème dramatique. L'on ne repondit pas à sa proposition; mais tous admi-

---

1. Bourg à 2 lieues S.-E. d'Argentan.

rèrent le caprice des femmes quand elles sont frappées de jalousie, et comme elles se portent aux dernières extrémités. Ensuite de quoi l'on discuta si c'etoit une passion; mais les sçavans conclurent que c'etoit la destruction de la plus belle de toutes les passions, qui est l'amour. Il y avoit encore beaucoup de temps jusqu'au souper, et tous trouvèrent bon d'aller faire une promenade dans le parc, où etant ils s'assirent sur l'herbe. Lors le Destin dit qu'il n'y avoit rien de plus agreable que le recit des histoires. Leandre (qui n'avoit point entré dans la belle conversation [1] depuis qu'il etoit dans la troupe, y ayant toujours paru en qualité de valet) prit la parole, disant que, puisque l'on avoit fini par le caprice des femmes, si la compagnie agréoit, qu'il feroit le recit de ceux d'une fille qui ne demeuroit pas loin d'une de ses maisons. Il en fut prié de tous, et, après avoir toussé cinq ou six fois, il debuta comme vous allez voir.

---

1. C'est-à-dire dans la conversation raffinée, subtile et galante. C'étoient là des façons de parler mises à la mode par l'hôtel Rambouillet, et dont nous avons déjà vu plusieurs traces dans cet ouvrage, par exemple l'*illustre* troupe, la *bonne cabale*, etc.

Chapitre XVI.

Histoire de la capricieuse amante.

Il y avoit dans une petite ville de Bretagne qu'on appelle Vitré un vieux gentilhomme, lequel avoit longtemps demeuré marié avec une très vertueuse demoiselle sans avoir des enfans. Entre plusieurs domestiques qui le servoient étoient un maître d'hôtel et une gouvernante, par les mains desquels passoit tout le revenu de la maison. Ces deux personnages, qui faisoient comme font la plupart des valets et servantes (c'est-à-dire l'amour), se promirent mariage et tirèrent si bien chacun de son côté que le bon vieux gentilhomme et sa femme moururent fort incommodés, et les deux domestiques vecurent fort riches et mariés. Quelques années après il arriva une si mauvaise affaire à ce maître d'hôtel qu'il fut obligé de s'enfuir, et, pour être en assurance, d'entrer dans une compagnie de cavalerie et de laisser sa femme seule et sans enfans, laquelle ayant attendu environ deux ans sans avoir aucune de ses nouvelles, elle fit courir le bruit de sa mort et en porta le deuil. Quand il fut un peu passé, elle fut recherchée en mariage de plusieurs personnes, entre lesquels se presenta un riche marchand, lequel l'epousa, et au bout de l'année elle accoucha d'une fille, laquelle pouvoit avoir quatre ans quand le premier mari de sa mère arriva à la maison. De vous dire quels furent les plus etonnés des deux maris ou de la femme, c'est ce que l'on ne peut sçavoir ; mais, comme la mauvaise affaire du premier subsistoit toujours, ce qui l'obligeoit à se tenir caché, et d'ailleurs voyant une fille de l'autre mari, il se contenta de quelque somme d'argent qu'on lui donna, et ceda librement sa femme au second mari, sans lui donner aucun trouble. Il est vrai qu'il venoit de temps en temps et toujours fort sécretement querir de quoi subsister, ce qu'on ne lui refusoit point.

Cependant la fille (que l'on appeloit Marguerite) se faisoit grande, et avoit plus de bonne grâce que de beauté, et de l'esprit assez pour une personne de sa condition. Mais, comme vous sçavez que le bien est depuis longtemps ce que l'on considère le plus en fait de mariage, elle ne manquoit pas de galans, entre lesquels etoit le fils d'un riche marchand, qui ne vivoit pas comme tel, mais en demi-gentilhomme, car il frequentoit les plus honorables compagnies, où il ne manquoit pas de trouver sa Marguerite, qui y etoit reçue à cause de sa richesse. Ce jeune homme (que l'on appeloit le sieur de Saint-Germain) avoit bonne mine, et tant de cœur qu'il etoit souvent employé en des duels, qui en ce temps-là etoient fort frequents[1]. Il dansoit de

---

1. Cette histoire, comme on peut le voir à l'une des pages suivantes, se passe à l'époque du siége de La Rochelle, c'est-à-dire en 1627. A cette époque, les duels, en effet, étoient des plus fréquents, et souvent pour des motifs tout aussi futiles que celui qui est mentionné plus loin ; on se battoit

bonne grâce, et jouoit dans les grandes compagnies, et etoit toujours bien vêtu. Dans tant de rencontres qu'il eut avec cette fille, il ne manqua pas à lui offrir ses services et à lui temoigner sa passion et le desir qu'il avoit de la rechercher en mariage; à quoi elle ne repugna point, et même lui permit de la voir chez elle; ce qu'il fit avec l'agrement de son père et de sa mère, qui favorisoient sa recherche de tout leur pouvoir. Mais, au temps qu'il se disposoit pour la leur demander en mariage, il ne le voulut pas faire sans son consentement, croyant qu'elle n'y apporteroit aucun obstacle; mais il fut fort etonné quand elle le rebuta si furieusement de parole et d'action qu'il s'en alla le plus confus homme du monde.

pour un oui, pour un non, pour rien du tout. Il y avoit encore de ces *raffinés d'honneur* qui avoient surtout fleuri sous le règne de Henri IV, « gens, dit d'Aubigné, qui se vattent pour un clin d'uil, si on ne les salue que par acquit, pour une fredur, si le manteau d'un autre touche le lur, si on crache à quatre pieds d'ux..., sur un rapport, vien qu'il se troube faux. » (*Le Bar. de Fæn.*, éd. Jannet, I, 9.) Cela etoit devenu une affaire de mode et de bon ton, tellement que les laquais même, dit Sauval, se portoient sur le pré. On sait avec quelle rigueur Richelieu fut obligé de sévir contre ce cruel et frénétique divertissement, et comment il punit Bouteville de lui avoir désobéi. La fureur des duels étoit telle, d'après Savaron, qu'en vingt ans huit mille lettres de grâce avoient été octroyées à des gens qui avoient tué leurs adversaires en champ-clos (*Traité contre les duels*, 1612). « Un gentilhomme, dit Sorel, n'estoit point prisé s'il ne s'estoit battu en duel. » (*Franc.*, VII.) Et quelques pages plus loin il revient encore sur cet engouement des combats singuliers. Louis XIV lui-même avoit eu velléité d'envoyer un cartel à l'empereur Léopold. (*Lettres* de Pellisson.) V. aussi ce que dit de la même manie le cavalier Marin dans sa Lettre sur les mœurs parisiennes. C'étoit un dernier reste des usages de la chevalerie, entretenu par l'habitude des guerres civiles.

Il laissa passer quelques jours sans la voir, croyant de pouvoir etouffer cette passion ; mais elle avoit pris de trop profondes racines, ce qui l'obligea à retourner la voir. Il ne fut pas plutôt entré dans la maison qu'elle en sortit et alla se mettre en une compagnie de filles du voisinage, où il la suivit, après avoir fait des plaintes au père et à la mère du mauvais traitement que lui faisoit leur fille, sans lui en avoir donné aucun sujet ; de quoi ils temoignèrent être marris, et lui promirent de la rendre plus sociable. Mais comme elle etoit fille unique, ils n'osèrent lui contredire, ni la presser sur cette matière-là, se contentant de lui remontrer doucement le tort qu'elle avoit de traiter ce jeune homme avec tant de rigueur, après avoir temoigné de l'aimer. A tout cela elle ne repondoit rien, et continuoit dans sa mauvaise humeur : car, quand il vouloit approcher d'elle, elle changeoit de place ; et il la suivoit, mais elle le fuyoit toujours, en sorte qu'un jour il fut obligé, pour l'arrêter, de la prendre par la manche de son corps de jupe, dont elle cria, lui disant qu'il avoit froissé ses bouts de manche, et que s'il y retournoit, qu'elle lui donneroit un soufflet, et qu'il feroit beaucoup mieux de la laisser. Enfin, tant plus il s'empressoit pour l'accoster, plus elle faisoit de diligence pour le fuir ; et quand on alloit à la promenade, elle aimoit mieux aller seule que de lui donner la main. Si elle etoit dans un bal et qu'il la voulût prendre pour la faire danser, elle lui faisoit affront, disant qu'elle se trouvoit mal, et à même temps elle dansoit avec un autre. Elle en vint jusqu'à lui susciter des querelles, et elle fut cause que par quatre fois il se porta sur le pré, d'où il sortit toujours glorieusement, ce qui la faisoit enrager, au moins en apparence. Tous ces mauvais traitemens n'etoient que jeter de l'huile sur la braise, car il en etoit toujours plus transporté et ne relâchoit point du tout de ses visites. Un jour il crut que sa perseverance l'avoit un peu adoucie, car elle se laissa approcher de lui et ecouta attentivement les plaintes qu'il lui fit de son injuste procedé, en telles ou semblables paroles : « Pourquoi fuyez-vous celui qui ne sçauroit vivre sans vous ? Si je n'ai pas assez de merite pour être souffert de vous, au moins considerez l'excès de mon amour et la patience que j'ai à endurer toutes les indignités dont vous usez envers moi, qui ne respire qu'à vous faire paroître à quel point je suis à vous. — Eh bien ! lui repondit-elle, vous ne me le sçauriez mieux persuader qu'en vous eloignant de moi; et, parceque vous ne le pourriez pas faire si vous demeuriez en cette ville, s'il est vrai, comme vous dites, que j'aie quelque pouvoir sur vous, je vous ordonne de prendre parti dans les troupes qu'on lève; quand vous aurez fait quelques campagnes, peut-être me trouverez-vous plus flexible à vos desirs. Ce peu d'esperance que je vous donne vous y doit obliger ; sinon, perdez-la tout à fait. » Alors elle tira une bague de son doigt, la lui presenta en lui disant : « Gardez cette bague, qui vous fera souvenir de moi, et je vous defends de me venir dire adieu; en un mot ne me voyez plus. » Elle souffrit qu'il la saluât d'un baiser, et le laissa, passant dans une autre chambre, dont elle ferma la porte.

CHAPITRE XVI.

Ce miserable amant prit congé du père et de la mère, qui ne purent contenir leurs larmes et qui l'assurèrent de lui être toujours favorables pour ce qu'il souhaitoit. Le lendemain il se mit dans une compagnie de cavalerie qu'on levoit pour le siége de La Rochelle. Comme elle lui avoit defendu de la plus voir, il n'osa pas l'entreprendre; mais, la nuit devant le jour de son depart, il lui donna des serenades, à la fin desquelles il chanta cette complainte, qu'il accorda aux tristes et doux accens de son luth, en cette sorte :

    Iris, maîtresse inexorable,
    Sans amour et sans amitié,
    Helas! n'auras-tu point pitié
D'un si fidèle amant que tu rends miserable?

    Seras-tu toujours inflexible?
    Ton cœur sera-t-il de rocher?
    Ne le pourrai-je point toucher?
Ne sera-t-il jamais à mon amour sensible?

    Je t'obéis, fille cruelle;
    Je te dis le dernier adieu;
    Jamais, dedans ce triste lieu,
Tu ne verras de moi que mon cœur trop fidèle.

    Lorsque mon corps sera sans ame,
    Quelque mien ami l'ouvrira,
    Et mon cœur il en sortira
Pour t'en faire un present où tu verras ma flamme.

Cette capricieuse fille s'etoit levée et avoit ouvert le volet d'une fenêtre, n'ayant laissé que la vitre, au travers de laquelle elle se fit ouïr, faisant un si grand eclat de rire que cela acheva de desesperer le pauvre Saint-Germain, lequel voulut dire quelque chose ; mais elle referma le volet en disant tout haut : « Tenez votre promesse pour votre profit »; ce qui l'obligea à se retirer. Il partit quelques jours après avec la compagnie, qui se rendit au camp de La Rochelle, là où, comme vous avez pu sçavoir, le siége fut fort opiniâtre, le roi à l'attaquer et les assiegés à se defendre. Mais enfin il fallut se rendre à la discretion d'un monarque auquel les vents et les elemens rendoient obeissance.

Après que la ville fut rendue, on licencia plusieurs troupes, du nombre desquelles fut la compagnie où etoit Saint-Germain, lequel s'en retourna à Vitré, où il ne fut pas plutôt qu'il alla voir sa rigoureuse Marguerite, laquelle souffrit d'en être saluée ; mais ce ne fut que pour lui dire que son retour etoit bien prompt, et qu'elle n'etoit pas encore disposée à le souffrir, et qu'elle le prioit de ne la point voir. Il lui repondit ces tristes paroles : « Il faut avouer que vous êtes une dangereuse personne, et que vous ne desirez que la mort du plus fidèle amant qui soit au monde : car vous m'avez par quatre fois procuré des moyens d'eprouver sa rigueur, quoique glorieusement, mais qui eût pourtant eté pour moi très funeste. Je la suis allé chercher là où des plus malheureux que moi l'ont fatalement trouvée, sans que je l'aie jamais pu rencontrer ; mais, puisque vous la desirez avec tant d'ardeur, je la chercherai en tant de lieux qu'à la fin elle sera obligée de me satisfaire pour vous contenter ; mais peut-être ne pourrez-vous pas vous empêcher de vous repentir de me l'avoir causée, car elle sera d'un genre si etrange que vous en serez touchée de pitié. Adieu donc, la plus cruelle qui soit dans l'univers. » Il se leva et la vouloit laisser, quand elle l'arrêta pour lui dire qu'elle ne souhaitoit du tout point sa mort, et que, si elle lui avoit procuré des combats, ce n'avoit eté que pour avoir des preuves certaines de sa valeur, et afin qu'il fût plus digne de la posseder; mais qu'elle n'etoit pas encore en etat de souffrir sa recherche; que peut-être le temps la pourroit adoucir. Et elle le laissa sans lui en dire davantage. Ce peu d'esperance l'obligea à user d'un moyen qui pensa tout gâter, qui fut de lui donner de la jalousie. Il raisonnoit en lui-même que, puisqu'elle avoit encore quelque bonne volonté pour lui, elle ne manqueroit pas d'en prendre s'il lui en donnoit le sujet. Il avoit un camarade qui avoit une maîtresse dont il etoit autant cheri que lui etoit maltraité de la sienne. Il le pria de souffrir qu'il accostât cette bonne maîtresse, et que lui pratiquât la sienne pour voir quelle mine elle tiendroit. Son camarade ne voulut pas lui accorder sans en avoir averti sa maîtresse, laquelle y consentit. La première conversation qu'ils eurent ensemble (car ces deux filles n'etoient guère l'une sans l'autre), ces deux amans firent echange : car Saint-Germain approcha de la maîtresse de son camarade, lequel accosta cette fière Marguerite, laquelle le souffrit fort agréablement. Mais, quand elle vit que les autres rioient, elle s'imagina que ce changement etoit concerté, de quoi elle entra en de si furieux transports qu'elle dit tout ce qu'une amante irritée peut dire en cas pareil. Elle fut outrée à tel point qu'elle laissa la compagnie en versant beaucoup de larmes; ce qui fit que cette obligeante maîtresse alla auprès d'elle et lui remontra le tort qu'elle avoit d'en user de la sorte; qu'elle ne pouvoit esperer plus de bonheur que la recherche d'un si honnête homme et si passionné pour elle, et que sa politique etoit tout à fait extraordinaire et inusitée entre des amans; qu'elle pouvoit bien voir de quelle manière elle en usoit avec le sien; qu'elle apprehendoit si fort de le desobliger qu'elle ne lui avoit jamais donné aucun sujet de se rebuter. Tout cela ne fit aucun effet sur l'esprit de cette bizarre Marguerite, ce qui jeta le malheureux Saint-Germain dans un si furieux desespoir qu'il ne chercha depuis que des occasions de faire paroître à cette cruelle la violence de son amour par quelque sinistre mort, comme il la pensa trouver : car, un soir que lui et sept de ses camarades sortoient d'un cabaret ayant tous l'epée au côté, ils firent rencontre de quatre gentilshommes dont il y en avoit un qui etoit capitaine de cavalerie, lesquels leur voulurent disputer le haut du pavé dans une rue etroite où ils passoient; mais ils furent contraints de ceder, en disant que leur nombre seroit bientôt egal, et du même pas allèrent prendre quatre ou cinq autres gentilshommes, lesquels se mirent à chercher ceux qui les avoient fait quitter le haut du pavé, et qu'ils rencontrèrent dans la Grande-Rue. Comme Saint-Germain s'etoit le plus avancé dans la dispute, il avoit eté remarqué par ce capitaine à son chapeau bordé d'argent, qui brilloit dans l'obscurité; aussi, dès qu'il l'eut remarqué, il s'adressa à lui en lui donnant un coup de coutelas sur la tête qui lui coupa son chapeau et une partie du crâne. Ils crurent qu'il etoit mort et qu'ils etoient assez vengés, ce qui les fit retirer, et les compagnons de Saint-Germain songèrent moins à aller après ces braves qu'à le relever. Il etoit sans pouls et sans mouvement, ce qui les obligea à l'emporter à sa maison, où il fut visité par les chirurgiens, qui lui trouvèrent encore de la vie. Ils le pansèrent, remirent le crâne et mirent le premier appareil.

La première dispute avoit causé de la rumeur dans le voisinage; mais ce coup fatal y en apporta bien davantage. Tous les voisins se levèrent, et chacun en parloit diversement, mais tous concluoient que Saint-Germain etoit mort. Le bruit en alla jusques à la maison de cette cruelle Marguerite, laquelle se leva aussitôt du lit et s'en alla en deshabillé chez son galant, qu'elle trouva en l'etat où je viens de vous le representer. Quand elle vit la mort peinte sur son visage, elle tomba evanouie, en telle sorte que l'on eut peine à la faire revenir. Quand elle fut remise, tous ceux du voisinage l'accusèrent de ce desastre, et lui representèrent que, si elle l'eût souffert auprès d'elle, elle auroit evité cet accident. Alors elle se mit à arracher ses cheveux et à faire des actions d'une personne touchée de douleur. Ensuite elle le servit avec une telle assiduité (tout le temps qu'il fut hors de connoissance) qu'elle ne se depouilla ni coucha pendant ce temps-là, et ne permit pas à ses propres sœurs de lui rendre aucun service. Quand il commença à connoître, l'on jugea que sa presence lui seroit plus prejudiciable qu'utile, pour les raisons que vous pouvez entendre. Enfin il guerit, et, quand il fut en parfaite convalescence, on le maria avec sa Marguerite, au grand contentement des parens, et beaucoup plus des mariés.

Après que Leandre eut fini son histoire, ils retournèrent à la ville, où etant ils soupèrent, et, après avoir un peu veillé, l'on coucha les epousés.

Ces mariages avoient eté faits à petit bruit, ce qui fut cause qu'ils n'eurent point de visites ce jour-là, ni le lendemain; mais deux jours après ils en furent tellement accablés qu'ils avoient peine à trouver quelques momens de relâche pour etudier leurs rôles : car tout le beau monde les vint feliciter, et durant huit jours ils reçurent des visites. Après la fête passée, ils continuèrent leur exercice avec plus de quietude, excepté Ragotin, lequel se precipita dans l'abîme du desespoir, comme vous allez voir dans ce dernier chapitre.

Chapitre XVII.

Desespoir de Ragotin et fin du Roman comique.

La Rancune, se voyant hors d'esperance de reussir en l'amour qu'il portoit à l'Etoile, aussi bien que Ragotin, se leva de bonne heure et alla trouver le petit homme, qu'il trouva aussi levé et qui ecrivoit, lequel lui dit qu'il faisoit sa propre epitaphe. « Eh quoi! dit la Rancune, l'on n'en fait que pour les morts, et vous êtes encore en vie! Et ce que je trouve le plus etrange, c'est que vous-même la faites! — Oui, dit Ragotin, et je vous la veux faire voir. »

Il ouvrit le papier, qu'il avoit plié, et lui fit lire ces vers :

Ci gît le pauvre Ragotin,
Lequel fut amoureux d'une très belle Etoile
    Que lui enleva le Destin,
Ce qui lui fit faire promptement voile
    En l'autre monde, où il sera
    Autant de temps qu'il durera.
    Pour elle il fit la comedie
Qu'il achève aujourd'hui par la fin de sa vie.

« Voilà qui est magnifique, dit la Rancune, mais vous n'aurez pas la satisfaction de la voir dessus vôtre sepulture : car l'on dit que les morts ne voient ni n'entendent rien. — Ha! dit Ragotin, que vous êtes en partie cause de mon desastre! car vous me donniez toujours de grandes esperances de flechir cette belle, et vous sçaviez bien tout le secret. » Alors la Rancune lui jura serieusement qu'il n'en sçavoit rien positivement, mais qu'il s'en doutoit, comme il lui avoit dit, quand il lui conseilloit d'etouffer cette passion, lui remontrant que c'etoit la plus fière fille du monde. « Et il semble (ajouta-t-il) que la profession qu'elle fait doive licencier les femmes et les filles de cet orgueil, qui est ordinaire à celles d'autres condition. Mais il faut avouer qu'en toutes les caravanes de comediens l'on n'en trouvera point une si retenue et qui ait tant de vertu; et elle a mis Angelique à ce pli-là, car de son naturel elle a une autre pente, et son enjouement le temoigne assez. Mais enfin il faut que je vous decouvre une chose que je vous ai tenue cachée jusqu'à present : c'est que j'etois aussi amoureux d'elle que vous, et je ne sçais qui seroit l'homme qui, après l'avoir pratiquée comme j'ai fait, s'en seroit pu empêcher. Mais, comme je me vois hors d'esperance aussi bien que vous, je suis resolu de quitter la troupe, d'autant qu'on y a reçu le frère de la Caverne. C'est un homme qui ne sçauroit faire d'autres personnages que ceux que je represente, et ainsi l'on me congediera sans doute; mais je ne veux pas attendre cela, je les veux prevenir et m'en aller à Rennes trouver la troupe qui y est, où je serai assurement reçu, puisqu'il y manque un acteur. » Alors Ragotin lui dit : « Puisque vous etiez frappé d'un même trait, vous n'aviez garde de parler pour moi à l'Etoile. » Mais la Rancune jura comme un demon qu'il etoit homme d'honneur et qu'il n'avoit pas laissé de lui en faire des ouvertures; mais, comme il lui avoit dejà dit, elle n'avoit jamais voulu ecouter. « Eh bien! dit Ragotin, vous avez resolu de quitter la troupe, et moi aussi. Mais je veux bien faire un plus grand abandonnement, car je veux quitter tout à fait le monde. » La Rancune ne fit point de reflexion sur son epitaphe, qu'il lui avoit baillée; il crut seulement qu'il avoit fait resolution d'entrer dans un couvent, ce qui fut cause qu'il ne prit point garde à lui, ni n'en avertit personne que le poète, auquel il en bailla une copie.

CHAPITRE XVII.

Quand Ragotin fut seul, il songea au moyen qu'il pourroit tenir pour sortir du monde. Il prit un pistolet, qu'il chargea, et y mit deux balles pour s'en donner dans la tête; mais il jugea que cela feroit trop de bruit. Ensuite il mit la pointe de son épée contre sa poitrine, dont la piqûre lui fit mal, ce qui l'empêcha de l'enfoncer. Enfin il descendit à l'ecurie cependant que les valets dejeunoient. Il prit des cordes qui etoient attachées au bât d'un cheval de voiture et en accommoda une au râtelier et la mit autour de son cou; mais, quand il voulut se laisser aller, il n'en eut pas le courage et attendit que quelqu'un entrât. Il y arriva un cavalier etranger, et alors il se laissa aller, tenant toujours un pied sur le bord de la crèche. Pourtant, s'il y fût demeuré longtemps, il se seroit enfin etranglé. Le valet d'etable, qui etoit descendu pour prendre le cheval du cavalier, voyant Ragotin ainsi pendu, le crut mort, et cria si fort que tous ceux du logis descendirent. On lui ôta la corde du cou et on le fit revenir, ce qui fut assez facile. On lui demanda quel sujet il avoit de prendre une si etrange resolution; mais il ne le voulut pas dire. Alors la Rancune tira à part mademoiselle de l'Etoile (que je pourrois appeler mademoiselle du Destin, mais, etant si près de la fin de ce roman, je ne suis point d'avis de lui changer de nom), à laquelle il decouvrit tout le mystère, de quoi elle fut fort etonnée. Mais elle le fut bien davantage quand ce mechant homme fut assez temeraire pour lui dire qu'il etoit aux mêmes termes, mais qu'il ne prenoit pas une si sanglante resolution, se contentant de demander son congé.

A tout cela elle ne repondit pas une parole, et le laissa.

Quelque peu de temps après, Ragotin declara à la troupe le dessein qu'il avoit d'accompagner le lendemain M. de Verville et de se retirer au Mans. Cette circonstance fit que tous y consentirent ; ce qu'ils n'eussent pas fait s'il eût voulu s'en aller seul, attendu ce qui etoit arrivé. Ils partirent le lendemain de bon matin, après que monsieur de Verville eut fait mille protestations de continuation d'amitié aux comediens et comediennes, et principalement au Destin, qu'il embrassa, lui temoignant la joie qu'il avoit de voir l'accomplissement de ses desirs. Ragotin fit un grand discours en forme de compliment, mais si confus que je ne le mets point ici. Quand ils furent au point de partir, Verville demanda si les chevaux avoient bu ; le valet d'etable repondit qu'il etoit trop matin, et qu'ils les pourroient faire boire en passant la rivière. Ils montèrent à cheval après avoir pris congé de M. de la Garouffière, lequel s'etoit aussi disposé à partir, et qui fut civilement remercié par les nouveaux mariés de la peine qu'il s'etoit donnée de venir de si loin pour honorer leurs noces de sa presence. Après cent protestations de services reciproques, il monta à cheval, et la Rancune le suivit, lequel, nonobstant son insensibilité, ne put pas empêcher le cours de ses larmes, qui attirèrent celles du Destin, se ressouvenant (nonobstant le naturel farouche de la Rancune) des services qu'il lui avoit rendus, et principalement à Paris sur le Pont-Neuf, lorsqu'il y fut attaqué et volé par la Rappinière. Quand Verville et Ragotin eurent passé les ponts, ils descendirent à la rivière pour faire boire leurs chevaux ; Ragotin s'avança par un endroit où il y avoit une rive taillée, où son cheval broncha si rudement, que le petit bout d'homme perdit les etriers et sauta par dessus la tête du cheval dans la rivière, qui etoit fort profonde en cet endroit-là. Il ne sçavoit pas nager, et, quand il l'auroit sçu, l'embarras de sa carabine, de son epée et de son manteau l'auroient fait demeurer au fond, comme il fit. Un des valets de Verville etoit allé prendre le cheval de Ragotin, qui etoit sorti de l'eau, et un autre se depouilla promptement et se jeta dans la rivière au lieu où il etoit tombé ; mais il le trouva mort. L'on appela du monde, et on le sortit. Cependant Verville envoya avertir les comediens de ce malheur, et à même temps son cheval. Tous y accoururent, et, après avoir plaint son sort, ils le firent enterrer dans le cimetière d'une chapelle de sainte Catherine, qui n'est guère eloignée de la rivière.

Cet evenement funeste verifie bien le proverbe commun : *Qui a pendre n'a pas noyer*. Ragotin n'avoit pas le premier, puisqu'il ne put s'étrangler ; mais il avoit le second, puisqu'il fut effectivement noyé.

Ainsi finit ce petit bout d'avocat comique, dont les aventures, disgrâces, accidens, et la funeste mort, seront dans la memoire des habitans du Mans et d'Alençon, aussi bien que les faits heroïques de ceux qui composoient cette illustre troupe. Roquebrune, voyant le corps mort de Ragotin, dit qu'il falloit changer deux vers à son epitaphe, dont la Rancune lui avoit baillé une copie, comme je vous ai deja dit, et qu'il falloit la mettre comme il s'ensuit:

    Ci gît le pauvre Ragotin,
Lequel fut amoureux d'une très belle Etoile
    Que lui enleva le Destin,
  Ce qui lui fit faire promptement voile
    En l'autre monde sans bateau;
    Pourtant il y alla par eau.
    Pour elle il fit la comedie
Qu'il achève aujourd'hui par la fin de sa vie.

Les comediens et comediennes s'en retournèrent à leur logis, et continuèrent leur exercice avec l'admiration ordinaire.

FIN DU TOME SECOND.

ERRATA ET ADDENDA.

Introduction, p. xxxj, au lieu de : Histoire *politique* de la nouvelle guerre, lisez : Histoire *poétique*.

T. I, p. 48, au lieu de : Histor. de *Nerty*, lisez : de *Niert*.

— p. 51, note 2, ajouter : On lit aussi dans les Mémoires de Grammont, par Hamilton, ch. 13 : « A Dieu ne plaise que cela nous regarde, nous qui faisons profession de ne coucher dans ces mémoires que ce que nous tenons de celui même dont nous écrivons les faits et les dits ! Qui jamais, excepté l'écuyer Féraulas, a pu tenir compte des pensées, des soupirs et du nombre d'exclamations que son illustre maître faisoit partout ? »

— p. 56, note 1, ajouter : Hamilton se moqua aussi, à plusieurs reprises, de cet usage, dans les Mém. de Grammont (ch. 3, p. 15, et ch. 13, p. 320, édit. Paulin.)

— p. 169, aux deux vers : « Allons de nos voix et de nos luths d'ivoire », etc., ajouter en note : On peut voir cette chanson, au moins en partie, dans la *Coméd. de chans.*, IV, sc. 3 (*Ancien Th. franç.*, édit. Jannet, t. 9, p. 195).

— p. 190, 5e ligne, aux mots : « comme quand on joue au pot cassé », ajouter en note : Rabelais mentionne parmi les jeux de Gargantua le casse-pot (*Garg.*, I, 22). Voici la note de Le Duchat sur ce passage : « Au pot cassé, dit Mathurin Cordier, ch. 38, nº 26, de son *De corrupt. serm. emend.* On pend au plancher, avec une corde, un vieux pot de terre, puis on bande les yeux à tous ceux de la compagnie, lesquels, en cet état, vont tour à tour, un bâton à la main, tâcher d'atteindre le pot, au hasard que les éclats en volent sur eux, ce qui cause un tintamarre où il y a toujours du danger. Scarron, ch. 18 de la 1re partie de son *Roman comique*, parle d'une autre manière de jouer au pot cassé. » Effectivement, le jeu auquel notre auteur fait ici allusion seroit plutôt une espèce de palet, un de ces jeux où les enfants se divertissent à lancer des tessons de pots les uns contre les autres. C'est, d'ailleurs, ce que semblent indiquer les termes de Mathurin Cordier à l'endroit mentionné : « *Ludamus ollâ pertusâ. Certemus ruptis fictilibus.* »

— p. 272, note 1, au lieu de : Courtenan, gouverneur de Nantes, lisez : Mantes.

— p. 331, note 2, ajouter : Ce mot de *tapabor*, comme celui de *tabar* (manteau), venoit probablement de l'espagnol *tapar* (courir), en provençal *tapa*. V. Rev. fr., nouv. série, n° 78, p. 367, art. de M. Th. Bernard.

T. II, p. 203, note 2, ajouter : Mademoiselle de Gournay, dans son *Traité de la néantise de la commune vaillance de ce temps et du peu de prix de la qualité de la noblesse*, écrit : « Ceux mesmes de qui la noblesse est franche à leur mode du costé des pères sont presque tous meslez à ceste condition citoyenne qu'ils appellent roturière, par les mères, femmes ou maris d'eux, ou leurs proches, ou sont... prêts de s'y mesler, rebuttans fort et ferme les alliances de leur ordre, si les richesses y sont plus courtes de dix escus... Et faut noter en passant que bien souvent ils désirent en vain ces affinitez, estans eux-mesmes fort peu desirez par elles. »

— p. 270. A propos de la chanson des cloches, M. Ed. Fournier veut bien nous communiquer la note suivante, extraite d'un grand travail qu'il prépare sur nos airs et chansons populaires :

« Cette chanson, que les cloches chantent seules aujourd'hui, est une chanson historique. Elle date du temps où Charles VII n'avoit pour tout royaume qu'un petit coin de la France. On n'en connoît qu'un seul couplet, encore fut-on longtemps à n'en savoir que les derniers mots. C'est Brazier qui le retrouva. Le voici, tel qu'il le donne dans sa notice sur les *sociétés chantantes*, qui se trouve à la fin de son *Histoire des petits théâtres de Paris*, 1838, in-12, t. 2, p. 192 :

> Mes amis, que reste-t-il
> A ce dauphin si gentil ?
>   Orléans, Beaugency,
>   Notre-Dame de Cléry,
>   Vendôme, Vendôme.

« Mon ami Adolphe Duchalais, qui s'occupoit d'une histoire de Beaugency, sa ville natale, ayant eu connoissance de ce couplet, alla voir Brazier pour savoir où il l'avoit trouvé. « Je le tiens de ma nourrice, qui étoit
« de votre pays, lui répondit le chansonnier; elle me l'a
« tant chanté, en me berçant, que je ne l'ai jamais oublié. »
Duchalais n'eut plus de cesse qu'il n'eût consulté toutes les paysannes des environs de Beaugency, et il en découvrit enfin qui savoient le fameux couplet. M. Philipon de la Madeleine avoit fait la même trouvaille; aussi, parlant de la détresse de Charles VII dans son livre de l'*Orléanois*, p. 213, il cite la chanson en note, en l'accompagnant de ces lignes: « Le souvenir de ses mal-
« heurs et de l'affection du peuple se retrouve dans ce
« couplet, avec lequel nos paysannes des hameaux de
« Villemarceaux et de Cravant bercent et endorment
« leurs enfants. » L'air est resté; c'est, comme vous savez, celui du *Carillon de Vendôme*. »

TABLE DES MATIÈRES
DU
ROMAN COMIQUE

TOME Ier.

INTRODUCTION. — Du roman comique, satirique et bourgeois, au XVIIe siècle, et en particulier du *Roman comique* de Scarron. v

PREMIÈRE PARTIE.

Au coadjuteur, c'est tout dire 3
Au lecteur scandalisé des fautes d'impression qui sont dans mon livre 5
CHAPITRE Ier. — Une troupe de comediens arrive dans la ville du Mans. 7
CHAP. II. — Quel homme etoit le sieur de la Rappinière 12
CHAP. III. — Le deplorable succès qu'eut la comedie. 17
CHAP. IV. — Dans lequel on continue à parler du sieur

TABLE DES MATIÈRES.

la Rappinière, et de ce qui arriva la nuit en sa maison 21

CHAP. V. — Qui ne contient pas grand'chose 24

CHAP. VI. — L'aventure du pot de chambre; la mauvaise nuit que la Rancune donna à l'hôtellerie; l'arrivée d'une partie de la troupe; mort de Doguin, et autres choses memorables. 31

CHAP. VII. — L'aventure des brancards 37

CHAP. VIII. — Dans lequel on verra plusieurs choses necessaires à savoir pour l'intelligence du present livre. 41

CHAP. IX. — Histoire de l'amante invisible. 48

CHAP. X. — Comment Ragotin eut un coup de busc sur les doigts 75

CHAP. XI. — Qui contient ce que vous verrez si vous prenez la peine de le lire 83

CHAP. XII. — Combat de nuit. 92

CHAP. XIII. — Plus long que le precedent. Histoire de Destin et de mademoiselle de l'Etoile 101

CHAP. XIV. — Enlevement du curé de Domfront. . . 127

CHAP. XV. — Arrivée d'un operateur dans l'hôtellerie; suite de l'histoire de Destin et de l'Etoile; serenade. 134

CHAP. XVI. — L'ouverture du theatre, et autres choses qui ne sont pas de moindre consequence 173

CHAP. XVII. — Le mauvais succès qu'eut la civilité de Ragotin. 178

CHAP. XVIII. — Suite de l'histoire de Destin et de l'Etoile 182

CHAP. XIX. — Quelques reflexions qui ne sont pas hors de propos; nouvelle disgrâce de Ragotin, et autres choses, que vous lirez s'il vous plaît. 199

CHAP. XX. — Le plus court du present livre. Suite

du trebuchement de Ragotin, et quelque chose de semblable qui arriva à Roquebrune 207

Chap. XXI. — Qui peut-être ne sera pas trouvé fort divertissant 210

Chap. XXII. — A trompeur trompeur et demi . . . 217

Chap. XXIII. — Malheur imprevu qui fut cause qu'on ne joua point la comedie 243

SECONDE PARTIE.

Chap. Ier. — Qui ne sert que d'introduction aux autres. 257

Chap. II. — Des bottes. 261

Chap. III. — L'histoire de la Caverne. 267

Chap. IV. — Le Destin trouve Leandre 283

Chap. V. — Histoire de Leandre. 287

Chap. VI. — Combat à coups de poings; mort de l'hôte, et autres choses memorables 293

Chap. VII. — Terreur panique de Ragotin, suivie de disgrâces; aventure du corps mort; orage de coups de poings, et autres accidens surprenans dignes d'avoir place en cette veritable histoire 300

Chap. VIII. — Ce qui arriva du pied de Ragotin . . . 311

Chap. IX. — Autre disgrâce de Ragotin 323

Chap. X. — Comment madame Bouvillon ne put resister à une tentation et eut une bosse au front . . . 327

Chap. XI. — Des moins divertissans du present volume 333

Chap. XII. — Qui divertira peut-être aussi peu que le precedent 340

Chap. XIII. — Mechante action du sieur de la Rappinière 346

TOME II.

Chap. XIV. — Le juge de sa propre cause 5
Chap. XV. — Effronterie du sieur de la Rappinière. . 50
Chap. XVI. — Disgrâce de Ragotin 55
Chap. XVII. — Ce qui se passa entre le petit Ragotin et le grand Baguenodière. 68
Chap. XVIII. — Qui n'a pas besoin de titre. 79
Chap. XIX. — Les deux frères rivaux 83
Chap. XX — De quelle façon le sommeil de Ragotin fut interrompu. 117

TROISIÈME PARTIE.

Chap. Ier. — Qui fait l'ouverture de cette troisième partie. 129
Chap. II. — Où vous verrez le dessein de Ragotin. . 134
Chap. III. — Dessein de Leandre, harangue et reception de Ragotin à la troupe comique. 139
Chap. IV. — Départ de Leandre et de la troupe comique pour aller à Alençon; disgrâce de Ragotin. . . 148
Chap. V. — Ce qui arriva aux comediens entre Vivain et Alençon; autre disgrâce de Ragotin 158
Chap. VI. — Mort de Saldagne. 168
Chap. VII. — Suite de l'histoire de la Caverne 179
Chap. VIII. — Fin de l'histoire de la Caverne 185
Chap. IX. — La Rancune desabuse Ragotin sur le sujet de l'Etoile, et l'arrivée d'un carrosse plein de noblesse, et autres aventures de Ragotin. 190

Chap. X. — Histoire du prieur de Saint-Louis et l'arrivée de M. de Verville 202

Chap. XI. — Resolution des mariages du Destin avec l'Etoile et de Leandre avec Angelique 219

Chap. XII. — Ce qui arriva au voyage de la Fresnaye; autre disgrâce de Ragotin. 222

Chap. XIII. — Suite et fin de l'histoire du prieur de Saint-Louis. 226

Chap. XIV. — Retour de Verville, accompagné de M. de la Garouffière; mariage des comédiens et comediennes; autre disgrâce de Ragotin 264

Chap. XV. — Histoire des deux jalouses 271

Chap. XVI. — Histoire de l'amante capricieuse. ... 280

Chap. XVII. — Désespoir de Ragotin et fin du *Roman comique* 290

Errata et addenda 297

FIN DE LA TABLE.

CATALOGUE

DE LA

BIBLIOTHÈQUE
ELZEVIRIENNE

Et des autres ouvrages

DU FONDS DE P. JANNET

A PARIS

Chez P. JANNET, Libraire

Rue de Richelieu, 15

—

Juin 1857

TABLE DES MATIÈRES.

	Pages.
Avertissement.	3
Théologie.	7
Morale.	8
Beaux-Arts.	9
Belles-Lettres :	
I Linguistique.	10
II Poésie.	10
III Théâtre.	22
IV Romans.	29
V Contes et Nouvelles.	30
VI Facéties.	32
VII Polygraphes et Mélanges.	34
Histoire :	
I Voyages.	46
II Histoire de France (*Collection générale de Chroniques et Mémoires*).	46
III Histoire étrangère.	48
Ouvrages de différents formats.	49
La Propriété littéraire et artistique, Courrier de la librairie.	53
Manuel de l'amateur d'estampes.	54
Recueil de Maurepas.	54
La *Muse historique* de Loret.	55
Library of old authors.	56

Tous les volumes de la *Bibliothèque elzevirienne* se vendent reliés en percaline, non rognés et non coupés, sans augmentation de prix.

Il a été tiré de chaque volume quelques exemplaires sur *papier fort*, qui se vendent le double du prix des exemplaires ordinaires.

AVERTISSEMENT (Août 1856).

Au mois de septembre 1852, je fis imprimer un prospectus dans lequel je disais :

« Pour un très grand nombre de personnes — et de personnes instruites — la littérature française se compose des ouvrages d'une vingtaine d'auteurs du XVIIe siècle et du XVIIIe; la poésie française commence avec Boileau, le théâtre avec Corneille, le roman avec Le Sage. Tout ce qui est antérieur est dédaigné comme produit d'une époque barbare.....

« En fixant ainsi au milieu du dix-septième siècle l'origine de notre littérature, on supprime précisément ce qu'elle a de spontané, de vraiment national. A partir de cette époque, en effet, nos écrivains, familiarisés avec les lettres grecques et latines, ne songent plus qu'à imiter les modèles d'Athènes et de Rome, et l'on voit tomber dans un oubli profond tout ce qui constitue notre littérature du moyen âge, si riche et si variée, ces légendes naïves, ces épopées chevaleresques, ces mystères, et, enfin, ces poésies légères ou satiriques, ces contes, ces facéties, partie d'autant plus importante de notre littérature qu'elle représente plus essentiellement le côté saillant de l'esprit national.

« Si ces richesses littéraires sont généralement ignorées, ce n'est pas, il faut être juste, qu'on n'ait rien fait pour les tirer de l'oubli : quelques écrivains de la fin du siècle dernier y ont travaillé avec plus de bonne volonté que de bonheur. Plus tard, d'importantes publications ont eu lieu; mais il s'en faut que la mine soit épuisée. Ajoutons que la plupart des ouvrages du moyen âge publiés dans ces derniers temps ont été tirés à petit nombre, se vendent fort cher, et ne sont pas réellement à la portée du vrai public.

« Aujourd'hui cependant l'élan est donné. Le public veut connaître cette époque ignorée et si long-temps calomniée, le moyen âge. »

Ce prospectus annonçait une Revue mensuelle qui devait paraître à partir du mois de janvier 1853, et reproduire les principaux monuments de la littérature du moyen âge. Mais je ne tardai pas à abandonner le projet de cette publication périodique. Je pensai qu'il valait mieux publier chaque ouvrage séparément, en volumes d'un format commode, dignes de tous par leur exécution matérielle, à la portée de tous par la modicité de leur prix. Le plan de la *Bibliothèque elzevirienne* était trouvé, du moins quant à la partie matérielle. Au point de vue littéraire, il fallait le compléter. Il ne s'agissait plus exclusivement du moyen âge : avec ma nouvelle combinaison, il devenait possible d'étendre considérablement mon cadre, et de reproduire une foule d'ouvrages postérieurs au moyen âge, mais précieux pour l'étude des mœurs, de la littérature et de l'histoire ; de placer dans un nouveau jour, au moyen de travaux consciencieux, les chefs-d'œuvre de notre littérature classique.

Je me mis immédiatement à l'œuvre. En donnant à ma collection le titre de *Bibliothèque elzevirienne*, je m'imposais des obligations difficiles à remplir. Les petits volumes sortis des presses des Elzevier sont imprimés avec une perfection qui fera toujours l'admiration des connaisseurs. La netteté des caractères, l'élégance des ornements, la qualité du papier, tout concourt à faire de ces volumes des livres admirables. La typographie a fait d'immenses progrès depuis deux siècles sous le rapport des moyens d'exécution; mais quant aux résultats, il n'en est pas de même. Les plus beaux livres de notre époque sont imprimés dans un format peu commode, sur du papier très blanc, brillant, glacé, satiné, mais brûlé, cassant et d'une qualité déplorable, avec des caractères mal proportionnés et difficiles à lire. Rien de tout cela ne pouvait me convenir. Je n'eus pas grand'peine à trouver le format : c'est celui des Elzevier un peu agrandi, avec cette différence que la feuille est tirée in-16, ce qui donne des volumes plus réguliers que l'in-12 des Elzevier. Le papier, il fallut le faire fabriquer, car on ne fait plus guère de papier de fil; le filigrane, qui reproduit mon nom, prouve la destination de celui que j'emploie. Quant aux caractères, je fis faire des fontes de ceux qui me parurent les plus convenables, en attendant qu'il me fût possible d'employer ceux que je devais faire graver. Les ornements furent copiés par M. Le Maire, un graveur habile, sur ceux dont se servaient les Elzevier. Les imprimeurs se prêtèrent à des modifications qui assuraient la régularité du tirage. Tout cela prit beaucoup de temps, et les neuf premiers volumes de la *Bibliothèque elzevirienne* furent mis en vente seulement au mois d'août 1853.

Ma collection fut accueillie avec faveur. Le public se chargea de prouver qu'elle répondait à un besoin. La critique se montra d'une extrême bienveillance. Bref, le succès de la *Bibliothèque elzevirienne* fut assuré dès l'appparition des premiers volumes, et depuis il ne s'est pas démenti.

Je n'ai pas voulu jusqu'ici donner un catalogue détaillé des ouvrages qui doivent composer la *Bibliothèque elzevirienne*. Je craignais de fournir des indications utiles à des concurrents peu scrupuleux. C'est un fait malheureusement trop connu que, lorsqu'une nouvelle combinaison de librairie réussit, chacun se croit autorisé à marcher dans la voie de l'inventeur. Mais, pour moi, le danger s'amoindrit chaque jour : le nombre des volumes déjà publiés et des volumes prêts à paraître, le matériel dont je dispose, l'affection des érudits qui veulent bien concourir à l'accroissement de ma collection, et, enfin, la bienveillance du public, tout tend à me rassurer contre les résultats d'une concurrence déloyale. Aussi je n'hésite plus à donner le plan de la *Bibliothèque elzevirienne*, plan qui n'est pas absolument définitif, mais qui, s'il n'annonce pas tous les volumes que je dois publier, n'en comprend guère sur lesquels il n'ait déjà été fait pour mon compte des travaux préparatoires, et qui ne doivent voir le jour dans un délai plus ou moins rapproché.

P. JANNET.

CATALOGUE[1]

THÉOLOGIE[2]

Légendes en prose, du XIIIe siècle, recueillies et annotées par M. L. Moland. 2 vol.   10 fr.

Légendes en vers, recueillies et annotées par MM. Ch. d'Héricault et L. Moland. 2 vol.   10 fr.

* L'Internelle Consolation, première version françoise de l'Imitation de Jesus-Christ. Nouvelle édition, publiée par MM. L. Moland et Ch. d'Héricault. 1 vol.   5 fr.

Les Pensées de Pascal. Edition de M. Prosper Faugère. 2 vol.   10 fr.

Les Provinciales de Pascal. Edition de M. Prosper Faugère. 2 vol.   10 fr.

---

1. Les ouvrages déjà publiés sont désignés par un astérisque *. Ceux dont le titre n'est pas précédé de ce signe sont sous presse ou en préparation.

2. La partie religieuse de ce catalogue est encore fort incomplète, mais elle ne tardera pas à recevoir d'assez grands développements.

MORALE.

Les *Essais de Michel de* MONTAIGNE. Edition revue et annotée par M. le Dr J.-F. PAYEN. 4 vol.   20 fr.

La Sagesse, de CHARRON. 1 vol. 5 fr.

* *Réflexions, Sentences et Maximes morales* de LA ROCHEFOUCAULD. Nouvelle édition, conforme à celle de 1678, et à laquelle on a joint les Annotations d'un contemporain sur chaque maxime, les variantes des premières éditions et des notes nouvelles, par G. DUPLESSIS. Préface par SAINTE-BEUVE. 1 vol.   5 fr.

> Les *Annotations d'un contemporain* sur les *Maximes* de La Rochefoucauld ont été attribuées à Mme de La Fayette. Elles paraissent ici pour la première fois. Quelques unes seulement avaient été publiées par Aimé Martin.

* *Les Caractères* de THÉOPHRASTE, traduits du grec, avec les *Caractères ou les mœurs de ce siècle*, par LA BRUYÈRE. Nouvelle édition, collationnée sur les éditions données par l'auteur, avec toutes les variantes, une lettre inédite de La Bruyère et des notes littéraires et historiques, par Adrien DESTAILLEUR. 2 volumes.   10 fr.

> Cette édition est le fruit de plusieurs années de travail. M. Destailleur s'est attaché à reproduire toutes les variantes des éditions données par l'auteur. Il a indiqué avec soin les passages des moralistes anciens et modernes qui se sont rencontrés avec La Bruyère. Il a fait assez pour que M. S. de Sacy ait pu dire : « Voilà enfin un La Bruyère auquel il ne manque rien. »

OEuvres complètes de VAUVENARGUES.

Le livre du chevalier de la Tour Landry pour l'enseignement de ses filles; publié d'après les manuscrits de Paris et de Londres, par M. Anatole de MONTAIGLON, membre résidant de la Société des Antiquaires de France. 5 fr.

Ce livre, œuvre d'un gentilhomme du XIVe siècle, contient de précieux renseignements sur les mœurs du moyen âge. Les sentiments du chevalier sur l'éducation des filles, déduits avec une naïveté, une liberté d'expressions qui paraissent étranges aux lecteurs de notre époque, sont appuyés du récit d'aventures empruntées à la Bible, aux chroniques et aux souvenirs personnels du chevalier de la Tour, récits souvent piquants et toujours gracieux, qui assignent à son livre une place distinguée parmi les œuvres des conteurs français.

BEAUX-ARTS.

* *Memoires pour servir à l'Histoire de l'Academie royale de peinture et de sculpture*, depuis 1648 jusqu'en 1664, publiés pour la première fois, d'après le manuscrit de la Bibliothèque Impériale, par M. Anatole DE MONTAIGLON. 2 volumes.   8 fr.

Epuisé.

* *Le livre des peintres et graveurs,* par Michel DE MAROLLES, abbé de Villeloin. Nouvelle édition, revue par M. Georges DUPLESSIS. 1 vol.   3 fr.

Epuisé.

BELLES-LETTRES.

I. LINGUISTIQUE.

Recueil des Grammairiens français du XVIe siècle, avec introduction et notes par M. GUESSARD. 3 volumes.   15 fr.

II. POÉSIE.

1. Poétique.

Recueil d'anciens traités de poétique française, avec introduction et notes par M. SERVOIS. 2 vol.   10 fr.

2. Poèmes chevaleresques.

* *Gerard de Rossillon*, chanson de geste publiée en provençal et en français, d'après les manuscrits de Paris et de Londres, par M. FRANCISQUE-MICHEL. 1 vol.   5 fr.

* *Floire et Blanceflor*, poèmes du XIIIe siècle, publiés d'après les manuscrits, avec une Introduction, des Notes et un Glossaire, par M. Edelestand DU MÉRIL. 1 vol.   5 fr.

Le Roman de la Rose ou de Guillaume de Dôle, en vers, du XIIIe siècle, publié pour la première fois d'après le manuscrit unique du Vatican, par M. Gustave SERVOIS. 1 vol.   5 fr.

3. Poésies de différents genres.

Recueil général des Fabliaux et Contes des poètes françois, revus sur les manuscrits et annotés par M. A. DE MONTAIGLON.
    Ce Recueil formera quatre volumes à 5 fr.

* *Le Dolopathos*, recueil de contes en vers, du XIIe siècle, par HERBERS, publié d'après les manuscrits par MM. Ch. BRUNET et A. DE MONTAIGLON. 1 vol.   5 fr.

Poésies du Roi de Navarre. 2 vol.   10 fr.

Poésies de Marie de France. 2 vol.   10 fr.

OEuvres complètes de RUTEBEUF. 2 vol.   10 fr.

Le Roman de la Rose, par Guillaume DE LORRIS et Jean DE MEUNG. 2 vol.   10 fr.

**Chansons, ballades et rondeaux* de Jehannot de LESCUREL, poète françois du XIVe siècle, publiés d'après le manuscrit unique par M. A. DE MONTAIGLON. 1 vol.   2 fr.
    Dans sa préface, l'éditeur s'est attaché à faire ressortir l'importance de ces poésies, d'ailleurs très remarquables, comme spécimen de la langue du XIVe siècle, « langue plus claire, plus intelligible, plus voisine « de notre langue actuelle que celle de bien des œuvres « postérieures ».

Poésies de Jean FROISSART. 2 vol.   10 fr.

Poésies de Christine DE PISAN. 2 vol.   10 fr.

Poésies d'Eustache DESCHAMPS. 2 vol.   10 fr.

Poésies d'Alain CHARTIER. 1 vol.   5 fr

Poésies de Charles D'ORLÉANS. 1 vol.   5 fr.

* *OEuvres complètes de* François Villon. Nouvelle édition, revue, corrigée et mise en ordre, avec des notes historiques et littéraires, par P. L.-Jacob, bibliophile. 1 vol.   5 fr.

* *Recueil de poésies françoises des XVe et XVIe siècles,* morales, facétieuses, historiques, réunies et annotées par M. A. de Montaiglon. Tomes I à V. Chaque volume :   5 fr.

Dans ce recueil figureront les pièces anonymes piquantes et devenues rares, les œuvres de poètes qui n'ont laissé que peu de vers, les pièces les plus remarquables d'écrivains féconds, mais qu'on ne peut réimprimer en entier.

Le premier volume contient :

1. Le Debat de l'homme et de la femme (par frère Guillaume Alexis).
2. Le Monologue des Nouveaulx Sotz de la joyeuse Bende.
3. Les Tenèbres de Mariage.
4. Les Ditz de maistre Aliborum, qui de tout se mesle.
5. S'ensuit le mistère de la saincte Lerme, comment elle fut apportée de Constantinople à Vendosme.
6. Les Regretz de messire Barthelemy d'Alvienne, et la Chançon de la defense des Venitiens.
7. La Patenostre des Verollez.
8. Varlet à louer à tout faire (par Christophe de Bordeaux, Parisien).
9. Chambrière à louer à tout faire (par le même).
10. S'ensuyvent les Regretz et Complainte de Nicolas Clereau, avec la mort d'iceluy (par Gilles Corrozet).
11. Dyalogue d'ung Tavernier et d'un Pyon, en françoys et en latin.
12. Le Pater noster des Angloys.
13. Le Doctrinal des nouveaux mariés.
14. La piteuse desolation du monastère des Cordeliers de Maulx, mis à feu et bruslé.
15. Discours joyeux des Friponniers et Friponnières, ensemble la Confrairie desdits Friponniers et les Pardons de ladite Confrairie.

16. La vraye medecine qui guarit de tous maux et de plusieurs autres.

17. La medecine de maistre Grimache, avec plusieurs receptes et remèdes contre plusieurs et diverses maladies, toutes vrayes et approuvées.

18. La grande et triumphante monstre et bastillon de six mille Picardz, faicte à Amiens, à l'honneur et louenge de nostre sire le Roy, le XX juing mil cinq cens XXXV.

19. La Replicque des Normands contre la Chanson des Picardz.

20. Les Contenances de table.

21. Le Testament de Martin Leuther.

22. Sermon joyeulx de la vie Saint Ongnon, comment Nabuzardan, le maistre cuisinier, le fit martirer, avec les miracles qu'il faict chacun jour.

23. Les Commandements de Dieu et du Dyable.

24. La Complaincte du nouveau marié, avec le Dit de chascun, lequel marié se complainct des extenciles qui luy fault avoir à son mesnaige, et est en manière de chanson, avec la Loyauté des hommes.

25. De la Nativité de Monseigneur le Duc, filz premier de Monseigneur le Dauphin.

26. Sermon joyeulx d'un Ramonneur de cheminées.

27. Eglogue sur le retour de Bacchus, en laquelle sont introduits deux vignerons, assavoir : Colinot de Beaulne et Jaquinot d'Orleans, composé par Calvi de la Fontaine.

28. Les Ditz des bestes et aussy des oiseaulx.

29. La legende et description du Bonnet carré, avec les proprietez, composition et vertus d'icelluy.

30. Le Discours du trespas de Vert Janet.

31. Le Blason des Basquines et Vertugalles.

32. Les Souhaitz du monde.

Le second volume contient :

33. Sermon nouveau et fort joyeulx auquel est contenu tous les maulx que l'homme a en mariage. Nouvellement composé à Paris.

34. Le Doctrinal des filles à marier.

35. Nuptiaux virelays du mariage du roy d'Escosse et de madame Magdeleine, première fille de France, ensemble une ballade de l'apparition des trois deesses, avec le Blazon de la cosse en laquelle à tousjours germiné la belle fleur de lys. Faict par Jean Leblond, sieur de Branville.

36. La Loyaulté des femmes, avec les Neuf preux de gour-

mandise et aussi une bonne recepte pour guerir les yvrongnes.

37. Les moyens d'eviter merencolie, soy conduire et enrichir en tous estatz par l'ordonnance de Raison, composé nouvellement par Dadouville.

38. Le Courroux de la Mort contre les Angloys, donnant proesse et couraige aux François.

39. La Pronostication des anciens laboureurs.

40. Les sept marchans de Naples, c'est assavoir : l'adventurier, le religieux, l'escolier, l'aveugle, le villageois, le marchant et le bragart.

41. S'ensuit le Sermon fort joyeux de saint Raisin.

42. La Complainte de Nostre-Dame, tenant son chier filz entre ses bras, descendu de la croix.

43. Les droits nouveaulx establis sur les femmes.

44. S'ensuyt le Doctrinal des bons serviteurs.

45. S'ensuyt ung Sermon fort joyeulx pour l'entrée de table.

46. La Complaincte de Monsieur le Cul contre les inventeurs des vertugalles.

47. La Prinse de Pavie par Monsieur d'Anguien, accompaigné du duc d'Urbin et plusieurs capitaines envoyez par le Pape.

48. La Boutique des usuriers, avec le recouvrement et abondance des vins, composé par M. Claude Mermet, notaire de Sainct-Rambert en Savoye, 1574.

49. Bigorne qui mange tous les hommes qui font le commandement de leurs femmes.

— Note sur Bigorne et sur Chicheface.

50. La Remembrance de la Mort.

51. Le Blason des barbes de maintenant, chose très joyeuse et recreative.

52. La Reformation des tavernes et destruction de Gormandise, en forme de dialogue.

53. La Plaincte du Commun contre les boulengers et ces brouillons taverniers ou cabaretiers et autres, avec la Desesperance des usuriers.

54. La Doctrine du père au fils.

55. Monologue nouveau et fort joyeulx de la Chambrière desproveue du mal d'amours.

56. La Folye des Angloys, composée par Me L. D.

57. Apologie des Chambrières qui ont perdu leur mariage à la blancque.

58. L'Heur et guain d'une Chambrière qui a mis son ma-

riage à la blanque pour soy marier, repliquant à celles qui y ont le leur perdu.

59. Le Banquet des chambrières fait aux Estuves le jeudy gras, 1541.

60. Prosa cleri parisiensis ad ducem de Mena, post cædem regis Henrici III. — Prose du clergé de Paris addressée au duc de Mayne après le meurtre du roy Henry III. traduite en françois par Pierre Pighenat, curé de Saint-Nicollas-des-Champs, 1589.

61. Le Debat de la Vigne et du Laboureur.

62. La Vie de saint Harenc, glorieux martir, et comment il fut pesché en la mer et porté à Dieppe.

Le tome III contient :

63. Sermon joyeulx d'ung fiancé qui emprunte ung pain sur la fournée à rabattre sur le temps advenir.

64. Le monologue des sots joyeulx de la nouvelle bande, la declaration du preparatif de leur festin, mis en lumière par le seigneur du Rouge et Noir, adressant à tous joyeux sotz et aultres.

65. Epistre envoyée par feu Henry, roy d'Angleterre, à Henry, son fils, huytiesme de ce nom, à presant regnant audict royaulme (1512).

66. Le danger de se marier, par lequel on peut cognoistre les perils qui en peuvent advenir, tesmoins ceux qui ont esté les premiers trompez.

67. Le grant testament de Taste-Vin, roy des pions.

68. Le debat et procès de Nature et de Jeunesse, à deux personnages, c'est assavoir Jeunesse, Nature. Avec les joyeulx commandemens de la table et plusieurs nouveaulx ditiés.

69. Les Omonimes, satire des mœurs corrompues de ce siècle, par Antoine du Verdier, homme d'armes de la compagnie de monsieur le seneschal de Lyon (1572).

70. L'art de rhetorique pour rimer en plusieurs sortes de rimes.

71. La resolution de Ny Trop Tost Ny Trop Tard Marié.

72. Les souhaitz des hommes.

73. Les souhaitz des femmes.

74. La voye de paradis, avec aucunes louanges de Nostre-Dame.

75. Le jaloux qui bat sa femme.

76. Les secrets et loix de mariage, par Jehan Divry.

77. Le songe doré de la Pucelle.

78. Les presomptions des femmes mondaines.

79. La deploration des trois Estatz de France sur l'entreprise des Anglois et Suisses, par Pierre Vachot (1513).

80. Sermon joyeux de la patience des femmes obstinées contre leurs marys, fort joyeux et recreatif à toutes gens.

81. L'epistre du Chevalier gris à la très noble et très superillustre princesse et très sacrée vierge Marie, fille et mère du très grant et très souverain monarche universel Jesus de Nazareth.

82. Deploration et complaincte de la mère Cardine de Paris, cy-devant gouvernante du Huleu, sur l'abolition d'iceluy.

83. L'Enfer de la mère Cardine.

Le tome IV contient :

84. La complainte douloureuse du Nouveau Marié.

85. La fontaine d'Amours et sa description. Nouvellement imprimé.

86. La singerie des huguenots, marmots et guenons de la nouvelle derrision Theodobezienne, contenant leurs arrests et sentences par jugement de raison naturelle. Composée par Me Artus Desiré (1574).

87. La doctrine des princes et des servans en court.

88. Pronostication generalle pour quatre cens quatre vingt-dix-neuf ans, calculée sur Paris et autres lieux de mesme longitude. Imprimée nouvellement à Paris, mille cinq cens soixante et un.

89. L'Aigle qui a fait la poule devant le Coq à Landrecy. Imprimé à Lyon, chez le Prince, près Nostre-Dame de Confort (par Claude Chapuis, 1543).

90. La deffaicte des faulx monnoyeurs, par Dadonville.

91. Les estrennes des filles de Paris, par Jean Divry.

92. Le sermon de l'Endouille.

93. La deploration de la cité de Genefve sur le faict des heretiques qui l'ont tiranniquement opprimée.

94. Le debat du Vin et de l'Eau (par Pierre Jamec).

95. La venue et resurrection de Bon-Temps, avec le bannissement de Chière-Saison. A Lyon, par Grand Jean Pierre, près Nostre Dame de Confort.

96. Les moyens très utiles et necessaires pour rendre le monde paisible et faire revenir le Bon-Temps.

97. Le debat de la Dame et de l'Escuyer (par maître Henri Baude).

98. Epistre envoiée de Paradis au très chrestien roy de

France François premier du nom, de par les empereurs Pepin et Charlemagne, ses magnifiques predecesseurs, et presentée audit seigneur par le Chevallier Transfiguré, porteur d'icelle (1515).

99. Le testament d'un amoureux qui mourut par amour. Ensemble son epitaphe, composé nouvellement.

100. Le *De profundis* des amoureux.

101. La fuite des Bourguignons devant la ville de Bourg en Bresse, le quinziesme d'octobre mil cinq cens cinquante sept, regnant Henry roy de France, second du nom (1557).

102. Le triomphe de très haulte et puissante dame Verolle, royne du Puy d'Amours, nouvellement composé par l'inventeur des menus plaisirs honnestes. Lyon, François Juste, 1539.

103. Le pourpoinct fermant à boutons.

104. Description de la prinse de Calais et de Guynes, composée par forme et stile de procès par M. G. de M... A Paris, chez Barbe Regnault.

105. Hymne à la louange de Monseigneur le duc de Guyse, par Jean de Amelin. A Paris, en la boutique de Federic Morel, 1558.

106. Epitaphe de la ville de Calais, faicte par Anthoine Fauquel, natif de la ville d'Amiens, plus une chanson sur la prinse dudict Calais (par Jacques Pierre, dit Château-Gaillard). A Paris, par Jean Caveiller, 1558.

107. Le discours du testament de la prinse de la ville de Guynes, composé par maistre Anthoine Fauquel, prebstre, natif de la ville et cité d'Amiens. A Paris, à l'imprimerie d'Olivier de Harsy, 1558.

108. Ballade sur la mode des haulx bonnets.

Le tome V contient :

109. Le Debat de la Demoiselle et de la Bourgoise, nouvellement imprimé à Paris, très bon et joïeulx.

110. La Complainte de France. Imprimé nouvellement. 1568.

111. Ode sacrée de l'Eglise françoyse sur les misères de ces troubles huictiesmes depuis vingt-cinq ans en çà. Imprimée nouvellement. 1586.

112. Les trois Mors et les trois Vifz, avec la Complaincte de la Damoyselle.

113. Le Caquet des bonnes Chamberières, declairant aulcunes finesses dont elles usent envers leurs maistres et

maistresses. Imprimé par le commandement de leur secretaire maistre Pierre Babillet, avec la manière pour connoistre de quel boys se chauffe Amour.

114. La presentation de mes seigneurs les Enfants de France, faicte par très haulte princesse madame Alienor, royne de France, avec l'accomplissement de la paix et proufitz de mariage. Avec privilége (1530).

115. La Complainte du commun peuple à l'encontre des boulangers qui font du petit pain et des taverniers qui brouillent le bon vin, lesquelz seront damnez au grant diable s'ilz ne s'amendent. Avec la louange de tous ceux qui vivent bien et la chanson des brouilleurs de vin. A Paris, pour Nicolas le Heudier, rue Saint Jacques, près le collége de Marmontier.

116. Le Dict des pays, avec les Conditions des femmes et plusieurs autres belles balades.

117. La Complainte de Venise (1508).

118. L'Amant despourveu de son esperit, escripvant à sa mye, voulant parler le courtisan, avec la reponse de la dame. On les vend à Paris en la rue Neufve Notre-Dame, à l'ansaigne Sainct Nicolas.

119. Le grand regret et complainte du preux et vaillant capitaine Ragot, très scientifique en l'art de parfaicte belistrerie (avec une note historique de l'éditeur sur Ragot).

120. Le testament de Jehan Ragot.

121. Dialogue plaisant et recreatif entremeslé de plusieurs discours plaisans et facetieux en forme de coq à l'asne.

122. Le rousier des Dames, sive le Pelerin d'amours, nouvellement composé par Messire Bertrand Desmarins de Masan.

123. Les Ditz et ventes d'amours.

124. La Prognostication des prognostications, non seulement de ceste presente année M.D.XXXVII, mais aussi des aultres à venir, voire de toutes celles qui sont passées, composée par maistre Sarcomoros, natif de Tartarie, et secretaire du très illustre et très puissant roy de Cathai, serf de vertus. M.D.XXXVII

125. Deploration sur le trespas de très noble princesse Madame Magdelaine de France, royne d'Escoce. Au Palais, par Gilles Corrozet et Jehan André, libraires. Avec privilége (1537).

126. La Deploration de Robin (1556).

127. Le debat de deux Damoyselles, l'une nommée la Noire et l'autre la Tannée.

128. La grant malice des Femmes.
129. Les Merveilles du monde selon le temps qui court, une ballade Francisque, et une aultre ballade de l'esperance des Hennoyers.

Le tome VI est sous presse.

OEuvres de Jehan REGNIER. 1 vol.   5 fr.

Le Livre de Matheolus et le Rebours de Matheolus. 2 vol.   10 fr.

Poésies de MARTIAL DE PARIS dit D'AUVERGNE. 1 vol.   5 fr.

* OEuvres de Guillaume COQUILLART, revues et annotées par M. Charles D'HÉRICAULT. 2 volumes.   10 fr.

Poésies de Guillaume CRETIN. 1 vol.   5 fr.

OEuvres complètes de Pierre GRINGORE, avec des notes par MM. Anatole DE MONTAIGLON et Charles D'HÉRICAULT. 4 vol.   20 fr.

* OEuvres complètes de ROGER DE COLLERYE. Edition revue et annotée par M. Charles D'HÉRICAULT. 1 vol.   5 fr.

* Poésies de Bonaventure DES PERIERS, suivies du *Cymbalum mundi*, revues sur les éditions originales et annotées par M. Louis LACOUR. 1 vol.   5 fr.

Voyez page 35 de ce catalogue.

OEuvres de Clément MAROT, de Jean MAROT et de Michel MAROT, avec variantes et notes par M. Georges GUIFFREY. 4 vol.   20 fr.

Poesies d'Etienne DOLET. 1 vol.   5 fr.

OEuvres complètes de MARGUERITE D'ANGOULÊME, reine de Navarre. 2 vol.   10 fr.

Voy. page 35 de ce catalogue.

Poésies de FRANÇOIS Ier. 1 vol. 5 fr.

OEuvres de Jacques TAHUREAU. 2 vol. 10 fr.

OEuvres de MELLIN DE SAINT-GELAIS, avec un commentaire inédit de Bernard DE LA MONNOYE. 2 vol. 10 fr.

OEuvres de Joachim DU BELLAY, revues et annotées par M. J. BOULMIER. 2 vol. 10 fr.

Poésies d'Olivier DE MAGNY. 2 vol. 10 fr.

OEuvres de Louise LABÉ. 1 vol. 5 fr.

Poésies de Jacques GREVIN. 2 vol. 10 fr.

Poésies de Jacques PELLETIER, du Mans. 2 volumes. 10 fr.

Poésies de Remy BELLEAU. 2 vol. 10 fr.

Poésies d'Amadis JAMYN. 2 vol. 10 fr.

*OEuvres complètes de RONSARD, avec variantes et notes par M. Prosper BLANCHEMAIN. Chaque volume. 5 fr.

L'édition formera six volumes à 5 fr. Les tomes I et II sont en vente.

OEuvres de J. A. DE BAÏF. 2 vol. 10 fr.

OEuvres de Philippe DESPORTES. 2 vol. 10 fr.

OEuvres de VAUQUELIN DE LA FRESNAYE. 2 vol. 10 fr.

OEuvres de BERTAUT. 2 vol. 10 fr.

* OEuvres de Mathurin REGNIER, avec les commentaires revus et corrigés, précédées de l'*Histoire de la Satire en France*, pour servir de discours préliminaire, par M. VIOLLET LE DUC. 1 vol. 5 fr.

Le travail de M. Viollet Le Duc, publié pour la première fois en 1822, a été revu et modifié par lui pour la nouvelle édition. L'*Histoire de la satire* a reçu des additions.

* *Les Tragiques*, de Théodore-Agrippa d'Aubigné. Edition annotée par M. Ludovic Lalanne. 1 vol.   5 fr.

* *OEuvres complètes de* Théophile, revues et annotées par M. Alleaume. 2 vol.   10 fr.

OEuvres complètes de Malherbe. 2 vol. 10 fr.

OEuvres de Maynard. 1 vol.   5 fr.

Poésies de Sarazin. 1 vol.   5 fr.

* *OEuvres complètes de* Saint-Amant, revues et annotées par Ch. L. Livet. 2 vol.   10 fr.

    Cette édition est le résultat d'un travail de plusieurs années. M. Livet a réuni dans ces deux volumes tous les ouvrages de Saint-Amant, imprimés et inédits. De nombreuses notes expliquent les allusions, éclaircissent les passages difficiles, et font connaître les nombreux personnages nommés dans ces œuvres.

Poésies de maître Adam Billaut. 2 vol. 10 fr

* *OEuvres complètes de* Racan, revues et annotées par M. Tenant de Latour. 2 vol.   10 fr.

Poésies du chevalier de Cailly. 1 vol. 5 fr.

* *Extrait abrégé des vieux Memoriaux de l'abbaye de Saint-Aubin-des-Boys, en Bretagne.* 1 vol.   2 fr.

    Epuisé.

* *OEuvres de* Chapelle *et de* Bachaumont. Nouvelle édition, revue et corrigée sur les meilleurs textes, notamment sur l'édition de 1732, précédée d'une notice par M. Tenant de Latour. 1 vol.   4 fr.

Poésies de Furetière. 1 vol.   5 fr.

OEuvres de Segrais. 2 vol.   10 fr.

*_OEuvres complètes de_ LA FONTAINE, revues et annotées par M. MARTY-LAVEAUX. Tome II (Contes et nouvelles). 5 fr.

<small>L'édition formera quatre volumes.</small>

OEuvres de BOILEAU, commentées par les collaborateurs de la _Bibliothèque Elzevirienne._

* _OEuvres choisies de_ SENECÉ, revues sur les diverses éditions et sur les manuscrits originaux, par M. E. CHASLES et P. A. CAP. 1 vol. 5 fr.

*_OEuvres posthumes de_ SENECÉ, publiées d'après les manuscrits autographes, par M. Emile CHASLES et P. A. CAP. 1 vol. 5 fr.

La Fleur des Chansons, d'après les livres manuscrits et imprimés.

Recueil des Noels composés dans les divers idiomes de la France, par M. Albert de la FIZELIÈRE. 3 vol. 15 fr.

III. THÉATRE.

Recueil de pièces relatives à l'histoire du théâtre en France. 1 vol. 5 fr.

* _Ancien théâtre françois_, ou Collection des ouvrages dramatiques les plus remarquables depuis les mystères jusqu'à Corneille, publié avec des notices et éclaircissements. 10 volumes. Chaque vol. 5 fr.

<small>Les trois premiers volumes sont la reproduction d'un recueil unique, conservé au Musée Britannique, à Londres, contenant 64 pièces, dont voici les titres:</small>

TOME I.

1. Le Conseil du Nouveau marié, à deux personnages, c'est assavoir : le Mary et le Docteur.

2. Farce nouvelle, très bonne et fort joyeuse, du Nouveau marié qui ne peult fournir à l'appoinctement de sa femme, à quatre personnages, c'est assavoir : le Nouveau Marié, la Femme, la Mère et le Père.

3. Farce nouvelle, très bonne et fort joyeuse, de l'Obstination des femmes, à deux personnaiges, c'est assavoir : le Mari et la Femme.

4. Farce nouvelle, très bonne et fort joyeuse, du Cuvier, à troys personnages, c'est assavoir : Jaquinot, sa Femme et la Mère de sa femme.

5. Farce nouvelle, très bonne et fort joyeuse, à troys personnages, c'est assavoir : Jolyet, la Femme et le Père.

6. Farce nouvelle, à cinq personnaiges, des Femmes qui font refondre leurs maris, c'est assavoir : Thibault, Collart, Jennette, Pernette et le Fondeur.

7. Farce nouvelle et fort joyeuse du Pect, à quatre personnages, c'est assavoir : Hubert, la Femme, le Juge et le Procureur.

8. Farce nouvelle, très bonne et fort joyeuse, des Femmes qui demandent les arrerages de leurs maris, et les font obliger par *nisi*, à cinq personnaiges, c'est assavoir : le Mary, la Dame, la Chambrière et le Voysin.

9. Farce nouvelle d'ung Mary jaloux qui veult esprouver sa femme, à quatre personnages, c'est assavoir : Colinet, la Tante, le Mary et sa Femme.

10. Farce moralisée, à quatre personnaiges, c'est assavoir : deux Hommes et leurs deux Femmes, dont l'une a malle teste et l'autre est tendre du cul.

11. Farce nouvelle et fort joyeuse, à quatre personnages, c'est assavoir : le Mary, la Femme, le Badin qui se loue et l'Amoureux.

12. Farce nouvelle, très bonne et fort joyeuse, de Pernet qui va au vin, à troys personnaiges, c'est assavoir : Pernet, sa Femme et l'Amoureux.

13. Farce nouvelle, très bonne et fort joyeuse, d'un Amoureux, à quatre personnages, c'est assavoir : l'Homme, la Femme, l'Amoureux et le Médecin.

14. Colin qui loue et despite Dieu, en ung moment à cause de sa femme, à troys personnages, c'est assavoir : Colin, sa Femme et l'Amant.

15. Farce nouvelle, très bonne et fort joyeuse, à quatre personnaiges, c'est assavoir : le Gentilhomme, Lison, Naudet, la Damoyselle.

16. Farce nouvelle à troys personnages, c'est assavoir : le Badin, la Femme et la Chambrière.

17. Farce nouvelle, très bonne et fort joyeuse, de Jeninot qui fist un roy de son chat, par faulte d'autre compagnon, en criant : Le roy boit ! et monta sur sa maistresse pour la mener à la messe, à troys personnaiges, c'est assavoir : le Mary, la Femme et Jeninot.

18. Farce nouvelle de frère Guillebert, très bonne et fort joyeuse, à quatre personnages, c'est assavoir : Frère Guillebert, l'Homme vieil, sa Femme jeune, la Commère.

19. Farce nouvelle, très bonne et fort joyeuse, de Guillerme qui mangea les figues du curé, à quatre personnaiges, c'est assavoir : le Curé, Guillerme, le Voysin et sa Femme.

20. Farce nouvelle, très bonne et fort joyeuse, de Jenin filz de rien, à quatre personnaiges, c'est assavoir : la Mère et Jenin, son fils, le Prestre et ung Devin.

21. La Confession Margot, à deux personnaiges, c'est assavoir : le Curé et Margot.

22. Farce nouvelle, très bonne et fort joyeuse, de George le Veau, à quatre personnaiges, c'est assavoir : George le Veau, sa Femme, le Curé et son Clerc.

TOME II.

23. Sermon joyeux de bien boire, à deux personnaiges, c'est assavoir : le Prescheur et le Cuysinier.

24. Farce nouvelle, très bonne et très joyeuse, de la Résurrection de Jenin-Landore, à quatre personnaiges, c'est assavoir : Jenin, sa Femme, le Curé et le Clerc.

25. Farce nouvelle, fort joyeuse, du Pont aux Asgnes, à quatre personnages, c'est assavoir : Le Mary, la Femme, Messire *Domine de* et le Boscheron.

26. Farce nouvelle, très bonne et fort joyeuse, à troys personnages, d'un Pardonneur, d'un Triacleur et d'une Tavernière, c'est assavoir : le Triacleur, le Pardonneur et la Tavernière.

27. Farce nouvelle du Pasté et de la Tarte, à quatre personnaiges, c'est assavoir : deux Coquins, le Paticier et sa Femme.

28. Farce nouvelle de Mahuet, badin, natif de Baignolet, qui va à Paris au marché pour vendre ses œufz et sa cresme, et ne les veult donner sinon au pris du marché, et est à quatre personnages, c'est assavoir : Mahuet, sa Mère, Gaultier et la Femme.

29. Farce nouvelle et fort joyeuse des Femmes qui font escurer leurs chaulderons et deffendent que on ne mette la

pièce auprès du trou, à troys personnages, c'est assavoir : la première Femme, la seconde et le Maignen.

30. Farce nouvelle, très bonne et fort joyeuse, à troys personnages, d'un Chauldronnier, c'est assavoir: l'Homme, la Femme et le Chauldronnier.

31. Farce nouvelle, très bonne et fort joyeuse, à trois personnaiges, c'est assavoir : le Chauldéronnier, le Savetier et le Tavernier.

32. Farce joyeuse, très bonne et recreative pour rire, du Savetier, à troys personnaiges, c'est assavoir : Audin, savetier ; Audette, sa Femme, et le Curé.

33. Farce nouvelle d'ung Savetier nommé Calbain, fort joyeuse, lequel se maria à une savetière, à troys personnaiges, c'est assavoir : Calbain, la Femme et le Galland.

34. Farce nouvelle, à quatre personnaiges, c'est assavoir : le Cousturier, Esopet, le Gentilhomme et la Chambrière.

35. Farce nouvelle, très bonne et fort joyeuse, à trois personnaiges, c'est assavoir : Maistre Mimin le Gouteux, son varlet Richard le Pelé, sourd, et le Chaussetier.

36. Farce nouvelle d'ung Ramoneur de cheminées, fort joyeuse, à quatre personnaiges, c'est assavoir : le Ramoneur, le Varlet, la Femme et la Voysine.

37. Sermon joyeux et de grande value
    A tous les foulx qui sont dessoubz la nue,
    Pour leur monstrer à saiges devenir,
    Moyennant ce que, le temps advenir,
    Tous sotz tiendront mon conseil et doctrine,
    Puis congnoistront clerement, sans urine,
    Que le monde pour sages les tiendra
    Quand ils auront de quoy : notez cela.

38. Sottie nouvelle, à six personnaiges, c'est assavoir : le Roy des Sotz, Triboulet, Mitouflet, Sottinet, Coquibus, Guippelin.

39. Sottie nouvelle, à cinq personnages, des Trompeurs, c'est assavoir: Sottie, Teste Verte, Fine Mine, Chascun et le Temps.

40. Farce nouvelle, très bonne, de Folle Bobance, à quatre personnaiges, c'est assavoir : Folle Bobance, le premier Fol, gentilhomme ; le second Fol, marchant, et le tiers Fol, laboureux.

41. Farce joyeuse, très bonne, à deux personnaiges, du Gaudisseur qui se vante de ses faictz, et ung Sot qui lui respond au contraire, c'est assavoir : le Gaudisseur et le Sot.

42. Farce nouvelle, très bonne et fort recreative pour rire, des cris de Paris, à troys personnaiges, c'est assavoir : le premier Gallant, le second Gallant et le Sot.

43. Farce nouvelle du Franc Archier de Baignolet.

44. Farce joyeuse de Maistre Mimin, à six personnaiges, c'est assavoir : le Maistre d'escolle; Maistre Mimin, estudiant; Raulet, son père; Lubine, sa mère; Raoul Machue, et la Bru Maistre Mimin.

45. Farce nouvelle, très bonne et fort joyeuse, à troys personnaiges, de Pernet qui va à l'escolle, c'est assavoir : Pernet, la Mère, le Maistre.

46. Farce nouvelle, très bonne et fort joyeuse, à troys personnaiges, c'est assavoir : la Mère, le Filz et l'Examinateur.

47. Farce nouvelle de Colin, filz de Thevot le Maire, qui vient de Naples et amène ung Turc prisonnier, à quatre personnaiges, c'est assavoir : Thevot le Mère, Colin son filz, la Femme, le Pelerin.

48. Farce nouvelle, à trois personnaiges, c'est assavoir: Tout Mesnaige, Besogne faicte, la Chamberière qui est malade de plusieurs maladies, comme vous verrez ci dedans, et le Fol qui faict du medecin pour la guarir.

49. Le Debat de la Nourrice et de la Chamberière, à troys personnaiges, c'est assavoir : la Nourrisse, la Chamberière, Johannes.

50. Farce nouvelle des Chamberières qui vont à la messe de cinq heures pour avoir de l'eaue beniste, à quatre personnaiges, c'est assavoir : Domine Johannes, Troussetaqueue, la Nourrice et Saupiquet.

Tome III.

51. Moralité nouvelle des Enfans de Maintenant, qui sont des escoliers de Jabien, qui leur monstre à jouer aux cartes et aux dez et entretenir Luxures, dont l'ung vient à Honte, et de Honte à Desespoir, et de Desespoir au gibet de Perdition, et l'aultre se convertist à bien faire. Et est à treize personnages, c'est assavoir : le Fol, Maintenant, Mignotte, Bon Advis, Instruction, Finet, premier enfant; Malduict, second enfant; Discipline, Jabien, Luxure, Honte, Desespoir, Perdition.

52. Moralité nouvelle, contenant
Comment Envie, au temps de Maintenant,
Fait que les Frères que Bon Amour assemble
Sont ennemys et ont discord ensemble,

Dont les parens souffrent maint desplaisir,
Au lieu d'avoir de leurs enfans plaisir.
Mais à la fin Remort de conscience,
Vueillant user de son art et science,
Les fait renger en paix et union
Et tout leur temps vivre en communion.

A neuf personnaiges, c'est assavoir : le Preco, le Père, la Mère, le premier Filz, le second Filz, le tiers Filz, Amour fraternel, Envie, et Remort de conscience.

53. Moralité nouvelle d'ung Empereur qui tua son nepveu qui avoit prins une fille à force ; et comment, ledict Empereur estant au lict de la mort, la sainte Hostie luy fut apportée miraculeusement. Et est à dix personnaiges, c'est assavoir : l'Empereur, le Chappelain, le Duc, le Conte, le Nepveu de l'Empereur, l'Escuyer, Bertaut et Guillot, serviteurs du Nepveu ; la Fille violée, la Mère de la Fille, avec la sainte Hostie qui se présenta à l'Empereur.

54. Moralité ou histoire rommaine d'une Femme qui avoit voulu trahir la cité de Romme, et comment sa Fille la nourrit six sepmaines de son lait en prison, à cinq personnaiges, c'est assavoir : Oracius, Valerius, le Sergent, la Mère et la Fille.

55. Farce nouvelle, fort joyeuse et morale, à quatre personnaiges, c'est assavoir : Bien Mondain, Honneur spirituel, Pouvoir Temporel et la Femme.

56. Farce nouvelle, très bonne, morale et fort joyeuse, à troys personnaiges, c'est assavoir : Tout, Rien et Chascun.

57. Bergerie nouvelle, fort joyeuse et morale, de Mieulx que devant, à quatre personnaiges, c'est assavoir : Mieulx que devant, Plats Pays, Peuple pensif et la Bergière.

58. Farce nouvelle moralisée des Gens Nouveaulx qui mangent le monde et le logent de mal en pire, à quatre personnaiges, c'est assavoir : le premier Nouveau, le second Nouveau, le tiers Nouveau et le Monde.

59. Farce nouvelle, à cinq personnaiges, c'est assavoir : Marchandise et Mestier, Pou d'Acquest, le Temps qui court et Grosse Despense.

60. La vie et l'histoire du Maulvais Riche, à traize personnaiges, c'est assavoir : le Maulvais Riche, la Femme du Maulvais Riche, le Ladre, le Prescheur, Trotemenu, Tripet, cuisinier ; Dieu le Père, Raphaël, Abraham, Lucifer, Sathan, Rahouart, Agrappart.

61. Farce nouvelle des Cinq Sens de l'Homme, moralisée et fort joyeuse pour rire et recréative, et est à sept

personnaiges, c'est assavoir : l'Homme, la Bouche, les Mains, les Yeulx, les Piedz, l'Ouye et le Cul.

62. Debat du Corps et de l'Ame.

63. Moralité nouvelle, très bonne et très excellente, de Charité, où est demontré les maulx qui viennent aujourd'huy au Monde par faulte de Charité, à douze personnaiges : le Monde, Charité, Jeunesse, Vieillesse, Tricherie, le Pouvre, le Religieux, la Mort, le Riche Avaricieux et son Varlet, le Bon Riche vertueux et le Fol.

64. Le Chevalier qui donna sa Femme au Dyable, à dix personnaiges, c'est assavoir : Dieu le Père, Nostre Dame, Gabriel, Raphael, le Chevalier, sa Femme, Amaury, escuyer; Anthenor, escuyer; le Pipeur et le Dyable.

Le tome IV contient les œuvres dramatiques d'Etienne Jodelle; les *Esbahis*, de Jacques Grevin; la *Reconnue*, de Remy Belleau. — Les tomes V et VI contiennent les huit premières comédies de Pierre de Larivey. La dernière pièce fait partie du tome VII, qui contient en outre *les Contens,* par Odet de Tournebu; *les Neapolitaines*, par François d'Amboise; *les Déguisez*, par Jean Godard; *la nouvelle Tragi-comique* du Capitaine Lasphrise. — Le tome VIII contient *Tyr et Sidon*, par Jean de Schelandre; *les Corrivaux*, par Pierre Troterel, sieur d'Aves; *l'Impuissance*, par Veronneau; *Alizon*, par L. C. Discret. — Le tome IX contient la *Comédie des proverbes*, la *Comédie de chansons*, la *Comédie des comédies*, la *Comédie des comédiens*, de Gougenot, le *Galimatias* de Deroziers-Beaulieu. — Le tome X et dernier contient un Glossaire.

Recueil général des farces qui ne font point partie de l'*Ancien théâtre français*, publié d'après les manuscrits et les imprimés par M. A. DE MONTAIGLON. 5 vol.   25 fr.

Mystère de la Passion, par Arnoul GRÉBAN, publié d'après les manuscrits par MM. C. d'HÉRICAULT et L. MOLAND. 3 vol.   15 fr.

*Les *Comédies de Pierre de* LARIVEY, Champenois. 2 vol.   20 fr.

Ces deux volumes contiennent les neuf comédies de Pierre de Larivey. C'est un tirage à part, à cent exemplaires, avec titre particulier, des tomes V et VI et de partie du tome VII de l'*Ancien théâtre françois*.

Histoire de la vie et des ouvrages de CORNEILLE, par M. J. TASCHEREAU. 1 vol.   5 fr.

   Introduction aux *OEuvres complètes de Pierre* CORNEILLE.

OEuvres complètes de Pierre CORNEILLE, publiées d'après le système orthographique de l'auteur et annotées par M. J. TASCHEREAU. 6 vol.   30 fr.

   Le tome Ier paraîtra incessamment.

OEuvres complètes de MOLIÈRE, revues et annotées par M. J. TASCHEREAU. 4 vol.   20 fr.

OEuvres complètes de Jean RACINE, revues et annotées par M. Emile CHASLES. 2 vol. 10 fr.

Théâtre historique, ou Recueil de pièces anciennes relatives à l'histoire de France, avec des notes. 2 vol.   10 fr.

IV. ROMANS.

* *Melusine,* par Jehan d'Arras; nouvelle édition, publiée d'après l'édition originale de Genève, 1478, in-fol., par M. Ch. BRUNET. 1 vol. 5 fr.

* *Le Roman de Jehan de Paris,* publié d'après les premières éditions, et précédé d'une notice par M. Emile MABILLE. 1 vol.   3 fr.

* *Le Roman bourgeois,* ouvrage comique, par Antoine FURETIÈRE. Nouvelle édition, avec des notes historiques et littéraires par M. Edouard FOURNIER, précédée d'une Notice par M. Ch. ASSELINEAU. 1 vol.   5 fr.

   Le *Roman bourgeois*, décrié au XVIIe siècle par les

ennemis de l'auteur, mal réimprimé au XVIIIe, était à peine connu au XIXe. L'édition publiée par MM. Asselineau et Fournier a révélé à nos contemporains un des livres les plus sensés, les plus amusants, les mieux écrits, du siècle de Louis XIV, le plus précieux peut-être pour l'étude des mœurs bourgeoises et littéraires à cette époque.

* *Le Roman comique,* par Scarron, revu et annoté par M. Victor Fournel. 2 vol. 10 fr.

* *Histoire amoureuse des Gaules,* par Bussy-Rabutin, revue et annotée par M. Paul Boiteau, suivie des Romans historico-satiriques du XVIIe siècle, recueillis et annotés par M. C.-L. Livet. 3 vol. 15 fr.

Deux volumes sont en vente.

* *Six mois de la vie d'un jeune homme* (1797), par Viollet le Duc. 1 vol 4 fr.

Les Aventures de Don Juan de Vargas, racontées par lui-même, traduites de l'espagnol, sur le manuscrit inédit, par Charles Navarin. 1 vol. 3 fr.

A tort ou à raison, on regarde généralement cet ouvrage comme un livre apocryphe, un pastiche, une imitation des romans de Le Sage et des contes de Voltaire. Ajoutons qu'on déclare l'imitation très heureuse; partant, le livre d'une lecture agréable et facile, écrit avec beaucoup d'esprit et de talent.

V. CONTES ET NOUVELLES.

**Hitopadésa,* ou l'Instruction utile, recueil d'apologues et de contes, traduit du sanscrit, avec des notes historiques et littéraires et un Appendice contenant l'indication des sources et des imitations, par M. Ed. Lancereau, membre de la Société Asiatique. 1 vol. 5 fr.

On trouve dans ce volume beaucoup de fables et de

contes qui ont passé dans les littératures modernes, particulièrement dans la nôtre.

Nouvelles françoises en prose, du XIIIe siècle, avec Notices et notes par MM. MOLAND et Ch. D'HÉRICAULT. 1 vol.   5 fr.

Nouvelles françoises en prose, du XIVe siècle, publiées par les mêmes. 1 vol.   5 fr.

Nouvelles françoises en prose, du XVe siècle, publiées par les mêmes. 1 vol.   5 fr.

**Le Livre du chevalier de la Tour Landry,* pour l'enseignement de ses filles, publié par M. A. DE MONTAIGLON. 1 vol.   5 fr.

Voyez page 9 de ce catalogue.

Le Violier des histoires romaines, ancienne traduction françoise des *Gesta Romanorum.* 2 volumes.   10 fr.

**Les Cent nouvelles nouvelles,* publiées d'après le seul manuscrit connu, avec introduction et notes par M. Thomas WRIGHT, membre correspondant de l'Institut de France. 2 vol. 10 fr.

Recueil de petits contes latins, tirés des manuscrits et annotés par M. Thomas WRIGHT, 1 vol.   5 fr.

*MORLINI *novellæ, fabulæ et Comœdia.* Editio tertia, emendata et aucta. 1 vol.   5 fr.

Ouvrage peu connu, par suite de l'extrême rareté des éditions précédentes, et précieux pour l'histoire des contes et des fables. La *Comédie* a trait à l'expédition envoyée par Louis XII à la conquête du royaume de Naples.

Les Contes de Pogge, Florentin. Traduction française du XVe siècle. 1 vol.   5 fr.

* *Les nouvelles recreations et joyeux devis* de Bonaventure DES PERIERS, revus sur les éditions originales et annotées par M. Louis LACOUR. 1 vol.   5 fr.

   Tome II des Œuvres. Voy. page 35.

L'Heptameron de la reine de Navarre. 2 volumes.   10 fr.

   Voy. page 35 de ce catalogue.

Propos rustiques, Baliverneries, contes et discours d'Eutrapel, par Noel DU FAÏL, sieur DE LA HÉRISSAYE. 2 vol.   10 fr.

Les Serées de Guillaume Bouchet. 3 vol.   15 fr.

Le Decameron de Boccace, traduction d'Antoine LE MAÇON. 2 vol.   10 fr.

* *Les facetieuses nuits du seigneur Straparole,* traduites par Jean LOUVEAU et Pierre DE LARIVEY. 2 vol.   10 fr.

La Philosophie fabuleuse, par Pierre DE LARIVEY, édition revue et annotée par M. Ed. LANCEREAU. 1 vol.   5 fr.

VI. FACÉTIES.

* MORLINI *novellæ, fabulæ et comœdia.* Editio tertia, emendata et aucta. 1 vol.   5 fr.

   Voy. page 31 de ce catalogue.

**Les quinze Joyes de mariage.* 2e édition, de la Bibliothèque elzevirienne, conforme au manuscrit de la Bibliothèque publique de Rouen, avec les variantes des anciennes éditions et des notes. 1 vol.   3 fr.

   Cet ouvrage si remarquable, qu'on attribue à l'auteur du *Petit Jehan de Saintré,* Antoine de la Sale, a toujours eu de nombreux admirateurs, au nombre desquels se trouvent Rabelais et Molière. Il a été imprimé plusieurs fois; l'éditeur a reconnu l'existence de quatre textes différents, tous plus ou moins tronqués. En s'aidant des anciennes éditions et du manuscrit de la Bibliothèque publique de Rouen, il est parvenu à rétablir le texte tel qu'il a dû sortir de la plume de l'auteur. Les variantes recueillies à la fin du volume justifient pleinement ce travail, et les notes placées au bas des pages rendent l'intelligence du texte facile aux personnes même les moins versées dans la connaissance de notre littérature du moyen âge.

Les Evangiles des Quenouilles. Nouvelle édition, revue sur les éditions anciennes et les manuscrits, avec Préface, Glossaire et Table analytique. 1 vol. 3 fr.

« Ceci n'est pas seulement un livre amusant : c'est
« encore un des livres les plus précieux pour l'histoire
« des mœurs, des opinions et des préjugés... C'est le
« répertoire le plus curieux des croyances, des erreurs
« et des préjugés répandus au moyen âge parmi le peu-
« ple. » (*Extrait de la Préface*.)

La Nouvelle Fabrique des excellens traits de verité, par Philippe D'ALCRIPE, sieur de Neri en Verbos. Nouvelle édition, augmentée des *Nouvelles de la terre de Prestre Jehan*. 1 volume. 4 fr.

Cet ouvrage, de la fin du XVIe siècle, est le type et la source de ces nombreuses histoires où l'exagération joue un si grand rôle. De ce volume viennent en droite ligne les *Facetieux devis et plaisans contes du sieur du Moulinet*, les histoires de M. de Crac et de sa famille, et les célèbres *Aventures du baron de Münchhausen*. En somme, c'est un livre fort amusant, et qui fait connaître un des côtés de l'esprit railleur de nos pères.

OEuvres de RABELAIS, seule édition conforme aux derniers textes revus par l'auteur, avec les variantes des anciennes éditions, des notes et un Glossaire. 2 vol. 10 fr.

Les Contes de Pogge, florentin, traduction française du XVe siècle. 1 vol.   5 fr.

> Voy. page 31 de ce catalogue.

Les Bigarrures et touches du seigneur des Accords, avec les contes du sieur GAULARD et les Escraignes dijonnoises. 2 vol.   10 fr.

Tabarin, 2 vol.   10 fr.

Bruscambille. 2 vol.   10 fr.

* *Recueil general des Caquets de l'Accouchée.* Nouvelle édition, revue sur les pièces originales et annotée par M. Edouard FOURNIER, avec une Introduction par M. LE ROUX DE LINCY. 1 vol.   5 fr.

> Dans cet ouvrage, les mœurs, les usages, les abus du premier quart du XVIIe siècle, sont passés en revue avec autant de liberté que de malice. Grâce aux notes dont cette édition est accompagnée, ce livre facétieux sera désormais un de ceux que l'on consultera avec le plus de fruit sur l'histoire du temps.

* *Le Dictionnaire des Pretieuses,* par le sieur de Somaize. Nouvelle édition, augmentée de divers opuscules du même auteur relatifs aux Précieuses, et d'une clef historique et anecdotique par M. C. L. LIVET. 2 vol.   10 fr.

VII. POLYGRAPHES ET MÉLANGES.

OEuvres complètes de Pierre DE BOURDEILLES abbé de BRANTHOME, et d'André de BOURDEILLES, son frère aîné, publiées pour la première fois selon le plan de l'auteur, augmentées de nombreux fragments inédits, et annotées par M. Prosper MÉRIMÉE, de l'Académie française, et M. Louis LACOUR, archiviste paléographe.

OEuvres complètes de MARGUERITE D'ANGOULÊME, reine de NAVARRE. 4 vol.   20 fr.

OEuvres diverses, 2 vol. — Heptameron, 2 vol.

OEuvres françaises de Bonaventure DES PERIERS, revues sur les éditions originales et annotées par M. Louis LACOUR. 2 vol.   10 fr.

Tome I : Poésies, *Cymbalum Mundi*, Opuscules. — Tome II : Nouvelles Recreations et joyeux devis.

OEuvres complètes de la Fontaine, revues et annotées par M. MARTY-LAVEAUX. 4 volumes.   20 fr.

Le tome I contiendra les *Fables*, le tome II les *Contes*, les tomes III et IV le Théâtre et les autres œuvres.

Croniques des Samedis de Mlle *de Scudéry,* recueillies par CONRART, annotées par PELLISSON-FONTANIER, et publiées par M. F. FEUILLET DE CONCHES. 1 vol.   5 fr.

* *Variétés historiques et littéraires,* recueil de pièces volantes rares et curieuses, en prose et en vers, avec des notes par M. Edouard FOURNIER. Tomes I à VII. Le volume,   5 fr.

Le 1er volume contient :

1. Ensuit une remonstrance touchant la garde de la librairie du Roy, par Jean Gosselin, garde d'icelle librairie.

2. Le Diogène françois, ou Les facétieux discours du vray anti-dotour comique blaisois.

3. Histoires espouvantables de deux magiciens qui ont esté estranglez par le diable, dans Paris, la semaine saincte.

4. Discours faict au parlement de Dijon sur la presentation des Lettres d'abolition obtenues par Helène Gillet, condamnée à mort pour avoir celé sa grossesse et son fruict.

5. Histoire veritable de la conversion et repentance d'une courtisane venitienne.

6. Les singeries des femmes de ce temps descouvertes, et particulièrement d'aucunes bourgeoises de Paris.

7. La Chasse et l'Amour, à Lysidor.

8. Dialogue fort plaisant et recreatif de deux marchands : l'un est de Paris et l'autre de Pontoise, sur ce que le Parisien l'avoit appelé Normand.

9. Discours prodigieux et espouvantable de trois Espaignols et une Espagnolle, magiciens et sorciers, qui se faisoient porter par les diables de ville en ville.

10. Histoire admirable et declin pitoyable advenu en la personne d'un favory de la cour d'Espagne.

11. Examen sur l'inconnue et nouvelle caballe des frèyes de la Rozée-Croix.

12. Role des presentations faictes au Grand Jour de l'Eloquence françoise.

13. Recit veritable du grand combat arrivé sur mer, aux Indes Occidentales, entre la flotte espagnole et les navires hollandois, conduits par l'amiral Lhermite, devant la ville de Lyma, en l'année 1624.

14. Discours veritable de l'armée du très vertueux et illustre Charles, duc de Savoye et prince de Piedmont, contre la ville de Genève.

15. Histoire miraculeuse et admirable de la contesse de Hornoc, flamande, estranglée par le diable, dans la ville d'Anvers, pour n'avoir trouvé son rabat bien godronné, le 15 avril 1616.

16. Discours au vray des troubles naguères advenus au royaume d'Arragon.

17. Recit naïf et veritable du cruel assassinat et horrible massacre commis le 26 aoust 1652, par la Compagnie des frippiers de la Tonnellerie, en la personne de Jean Bourgeois.

18. Les Grands Jours tenus à Paris par M. Muet, lieutenant du petit criminel.

19. La revolte des Passemens.

20. Ordonnance pour le faict de la police et reglement du camp.

21. Combat de Cyrano de Bergerac avec le singe de Brioché, au bout du Pont-Neuf.

22. La prinse et deffaicte du capitaine Guillery.
23. Le bruit qui court de l'Espousée.
24. La conference des servantes de la ville de Paris.
25. Le triomphe admirable observé en l'aliance de Betheleem Gabor, prince de Transilvanie, avec la princesse Catherine de Brandebourg.
26. La descouverture du style impudique des courtisannes de Normandie à celles de Paris, envoyée pour estrennes, de l'invention d'une courtisanne angloise.
27. La Rubrique et fallace du monde.
28. Plaidoyers plaisans dans une cause burlesque.
29. Les merveilles et les excellences du Salmigondis de l'aloyau, avec les Confitures renversées.

Le second volume contient:
1. Mémoire sur l'état de l'Académie françoise, remis à Louis XIV vers l'an 1696.
2. Le Miroir de contentement, baillé pour estrenne à tous les gens mariez.
3. Le Patissier de Madrigal en Espagne, estimé estre Dom Carles, fils du roy Philippe.
4. Discours sur l'apparition et faits pretendus de l'effroyable Tasteur, dédié à mesdames les poissonnières, harengères, fruitières et autres qui se lèvent le matin d'auprès de leurs maris, par l'Angoulevent.
5. La Destruction du nouveau moulin à barbe.
6. Dissertation sur la veritable origine des moulins à barbe.
7. Les cruels et horribles tormens de Balthazar Gerard, Bourguignon, vray martyr, souffertz en l'execution de sa glorieuse et memorable mort, pour avoir tué Guillaume de Nassau, prince d'Orenge.
8. Histoire des insignes faussetez et suppositions de Francesco Fava, medecin italien.
9. Histoire veritable et divertissante de la naissance de mie Margot et de ses aventures.
10. Le caquet des poissonnières sur le departement du roy et de la cour.
11. La Moustache des filous arrachée, par le sieur du Laurens.
12. Accident merveilleux et espouvantable du desastre arrivé le 7 mars 1618 d'un feu inremediable lequel a bruslé et consommé tout le Palais de Paris.
13. Ordonnances generales d'amour.
14. L'Adieu du plaideur à son argent.

15. Rencontre et naufrage de trois astrologues judiciaires, Mauregard, J. Petit et P. Larivey, nouvellement arrivez en l'autre monde.

16. Discours de l'inondation arrivée au fauxbourg S.-Marcel-lez-Paris, par la rivière de Bièvre, 1625.

17. La Permission aux servantes de coucher avec leurs maistres, ensemble l'Arrest de la part de leurs maistresses.

18. La muse infortunée contre les froids amis du temps.

19. Remonstrance aux nouveaux mariez et mariées et ceux qui desirent de l'estre, ensemble pour cognoistre les humeurs des femmes.

20. Le Tocsin des filles d'amour.

21. Plaisant galimatias d'un Gascon et d'un Provençal, nommez Jacques Chagrin et Ruffin Allegret.

22. Particularitez de la conspiration et la mort du chevalier de Rohan, de la marquise de Villars, de Van den Ende, etc.

23. Cartels de deux Gascons et leurs rodomontades, avec la dissection de leur humeur espagnole.

24. Le hazard de la blanque renversé et la consolation des marchands forains.

25. Sermon du cordelier aux soldats, ensemble la responce des soldats au cordelier.

26. L'ouverture des jours gras, ou l'entretien du carnaval.

27. Histoire veritable du combat et duel assigné entre deux demoiselles sur la querelle de leurs amours.

28. L'innocence d'amour, à Lysandre.

Le tome III contient :

1. Placet des amans au roy contre les voleurs de nuit et les filoux.

2. Reponse des filoux (par Mlle de Scudery).

3. Recit veritable de l'attentat fait sur le precieux corps de N.-S. Jesus-Christ entre les mains du prestre disant la messe, le 24 mai 1649, en l'église de Sannois.

4. Histoire prodigieuse du fantome cavalier solliciteur qui s'est battu en duel le 27 janvier 1615, près Paris.

5. La chasse au vieil grognard de l'antiquité. 1622.

6. L'Onophage, ou le mangeur d'asne, histoire veritable d'un procureur qui a mangé un asne.

7. Les Regrets des filles de joie de Paris sur le subject de leur bannissement.

8. Histoire joyeuse et plaisante de M. de Basseville et

d'une jeune demoiselle, fille du ministre de St-Lo, laquelle fut prise et emportée subtilement de la maison de son père.

9. L'ordre du combat de deux gentilshommes faict en la ville de Moulins, accordé par le roy nostre sire.

10. La Response des servantes aux langues calomnieuses qui ont frollé sur l'ance du panier ce caresme ; avec l'advertissement des servantes bien mariées et mal pourveues à celles qui sont à marier, et prendre bien garde à eux avant que de leur mettre en mesnage.

11. Nouveau reglement general sur toutes sortes de marchandises et manufactures qui sont utiles et necessaires dans ce royaume, par de la Gomberdière.

12. Le Trebuchement de l'ivrongne, par G. Colletet.

13. Lettres nouvelles contenant le privilége et l'auctorité d'avoir deux femmes.

14. Règles, Statuts et Ordonnances de la caballe des filous reformez depuis huict jours dans Paris, ensemble leur police, estat, gouvernement, et le moyen de les cognoistre d'une lieue loing sans lunettes.

15. Privilège des Enfans Sans-Souci, qui donne lettre patente à madame la comtesse de Gosier Sallé.... pour aller et venir par sous les vignobles de France.

16. La Rencontre merveilleuse de Piedaigrette avec maistre Guillaume revenant des Champs-Elizée, avec la genealogique des coquilberts.

17. Le Ballieux des ordures du monde.

18. Discours veritable des visions advenues au premier et second jour d'aoust 1589 à la personne de l'empereur des Turcs, sultan Amurat, en la ville de Constantinople, avec les protestations qu'il a fait pour la manutention du christianisme.

19. Le Pasquil du rencontre des cocus à Fontainebleau.

20. Exemplaire punition du violement et assassinat commis par François de La Motte, lieutenant du sieur de Montestruc, en la garnison de Metz en Lorraine, à la fille d'un bourgeois de ladite ville, et executé à Paris le 5 décembre 1607.

21. Le Satyrique de la cour, 1624.

22. Les Estranges tromperies de quelques charlatans nouvellement arrivez à Paris, descouvertes aux despens d'un plaideur, par C. F. Duppé.

23. La Pièce de cabinet, dédiée aux poètes du temps (par E. Carneau).

24. Priviléges et reglemens de l'Archiconfrérie vulgai-

rement dite des Cervelles emouquées ou des Ratiers.

25. Advis de Guillaume de la Porte, hotteux ès halles de la ville de Paris.

26. Les Misères de la femme mariée, où se peuvent voir les peines et tourmens qu'elle reçoit durant sa vie, mis en forme de stances par Mme Liebault.

27. Les Priviléges et fidelitez des Chastrez, ensemble la responce aux griefs proposez en l'arrest donné contre eux au profit des femmes.

28. Le Pont-Neuf frondé.

29. La Tromperie faicte à un marchand par son apprenty, lequel coucha avec sa femme, qui avoit peur de nuict, et de ce qui en advint, avec le testament du martyr amoureux.

30. Legat testamentaire du prince des Sots à M. C. d'A-creigne, Tullois, pour avoir descrit la defaite de deux mille hommes de pied, avec la prise de vingt-cinq enseignes, par Monseigneur le duc de Guyse.

31. Oraison funèbre de Caresme prenant, composée par le serviteur du roy des Melons andardois.

Le tome IV contient :

1. Brief discours de la reformation des mariages.
2. Les jeux de la cour.
3. Songe.
4. Le tableau des ambitieux de la cour, nouvellement tracé par maistre Guillaume à son retour de l'autre monde.
5. Lettre d'ecorniflerie et declaration de ceux qui n'en doivent jouir.
6. L'estrange ruse d'un filou habillé en femme, ayant duppé un jeune homme d'assez bon lieu soubs apparence de mariage.
7. Le passe-port des bons beuveurs.
8. Factum du procez d'entre messire Jean et dame Renée.
9. Le purgatoire des hommes mariez, avec les peines et les tourmentz qu'ils endurent incessamment au subject de la malice et mechanceté des femmes.
10. Memoire touchant la seigneurie du Pré-aux-Clercs, appartenant à l'Université de Paris, pour servir d'instruction à ceux qui doivent entrer dans les charges de l'Université.
11. Histoire horrible et effroyable d'un homme plus qu'enragé qui a esgorgé et mangé sept enfans dans la ville

de Chaalons en Champagne. Ensemble l'execution memorable qui s'en est ensuivie.

12. L'entrée de Gaultier Garguille en l'autre monde, poëme satyrique.

13. Les estrennes du Gros Guillaume à Perrine, presentées aux dames de Paris et aux amateurs de la vertu.

14. La lettre consolatoire escripte par le general de la compagnie des Crocheteurs de France à ses confrères, sur son restablissement au dessus de la Samaritaine du Pont-Neuf, narratifve des causes de son absence et voyages pendant icelle.

15. Les plaisantes ephemerides et pronostications très certaines pour six années.

16. Epitaphe du petit chien Lyco-phagos, par Courtault, son conculinaire et successeur en charge d'office, à toutes les legions des chiens academiques, par Vincent Denis Perigordien.

17. La grande cruauté et tirannie exercée par Mustapha, nouvellement empereur de Turquie, à l'endroit des ambassadeurs chrestiens, tant de France, d'Espaigne et d'Angleterre. Ensemble tout ce qui s'est passé au tourment par luy exercé à l'endroit de son nepveu, lui ayant fait crever les yeux.

18. Le different des Chapons et des Coqs touchant l'alliance des Poulles, avec la conclusion d'yceux.

19. Recit en vers et en prose de la farce des Precieuses.

20. Histoire miraculeuse de trois soldats punis divinement pour les forfaits, violences, irreverences et indignités par eux commises avec blasphèmes execrables contre l'image de monsieur saint Antoine, à Soulcy, près Chastillon-sur-Seine, le 21e jour de juin dernier passé (1576).

21. Le fantastique repentir des mal mariez.

22. Le grand procez de la querelle des femmes du faux-bourg Saint-Germain avec les filles du faux-bourg de Montmartre, sur l'arrivée du regiment des Gardes. Avec l'arrest des commères du faux-bourg Saint-Marceau intervenu en ladicte cause.

23. Les contre-veritez de la court, avec le dragon à trois testes.

24. Le coq-à-l'asne, ou le pot aux roses, adressé aux financiers.

25. Traduction d'une lettre envoyée à la reine d'Angleterre par son ambassadeur, surprise près le Moüy par la garnison du Havre de Grâce, 15 juin 1590.

26. Remonstrance aux femmes et filles de la France. Extrait du prophète Esaye, au chapitre III de ses propheties.

27. Histoire veritable du combat et duel assigné entre deux demoiselles sur la querelle de leurs amours.

28. L'Innocence d'amour, à Lysandre.

Le tome V contient :

1. Les Triolets du temps. 1649.
2. Discours sur la mort du chapelier.
3. Reglement d'accord sur la preference des savetiers cordonniers.
4. L'Œuf de Pasques ou pascal, à M. le lieutenant civil, par Jacques de Fonteny.
5. Catechisme des Courtisans, ou les Questions de la cour, et autres galanteries.
6. Exil de Mardy-Gras.
7. Ordre à tenir pour la visite des pauvres honteux.
8. L'Anatomie d'un Nez à la mode, dedié aux bons beuveurs.
9. Extrait de l'inventaire qui s'est trouvé dans les coffres de M. le chevalier de Guise, par Mlle d'Entraigue, et mis en lumière par M. de Bassompierre.
10. Les nouvelles admirables lesquelles ont envoyées les patrons des gallées qui ont esté transportées du vent en plusieurs et divers pays et ysles de la mer, et principalement ès parties des Yndes.
11. Le Gan de Jan Godard, Parisien.
12. Discours de deux marchants fripiers et de deux tailleurs, avec les propos qu'ils ont tenus touchant leur estat.
13. Discours admirable d'un magicien de la ville de Moulins qui avoit un demon dans une phiole, condamné d'estre bruslé tout vif par arrest de la Cour de Parlement.
14. Vraye Pronostication de Me Gonin pour les malmariez, plates-bourses et morfondus, et leur repentir.
15. La misère des apprentis imprimeurs, appliquée par le detail à chaque fonction de ce penible estat.
16. Arrest de la Cour de Parlement qui fait deffenses à tous pastissiers et boulangers de fabriquer ni vendre, à l'occasion de la feste des Rois, aucuns gasteaux.
17. La Maltote des Cuisinières, ou la Manière de bien ferrer la mule.

18. Cas merveilleux d'un bastelier de Londres, lequel, sous ombre de passer les passans outre la rivière de Thames, les estrangloit.

19. Les de Relais, ou le Purgatoire des bouchers, poulayers, paticiers, cuisiniers, joueurs d'instrumens, comiques et autres gens de mesme farine.

20. Discours de la mort de très haute et très illustre princesse madame Marie Stuard, royne d'Escosse.

21. L'Onozandre, ou le Grossier, satyre.

22. Le Conseil tenu en une assemblée des dames et bourgeoises de Paris.

23. Vengeance des femmes contre les hommes.

24. Ballet nouvellement dansé à Fontaine-Bleau par les dames d'amour Ensemble leurs complaintes adressées aux courtisanes de Venus à Paris.

25. Satyre contre l'indecence des questeuses.

26. Les contens et mescontens sur le sujet du temps.

27. Vers pour Monseigneur le Dauphin au sujet d'une aventure arrivée entre lui et le petit Brancas.

28. La Vraye Pierre philosophale, ou le moyen de devenir riche à bon conte.

Le tome VIe contient :

1. Les estranges et desplorables accidens arrivez en divers endroits sur la rivière de Loire et lieux circonvoisins par l'effroyable desbordement des eaux et l'espouvantable tempeste des vents, le 19 et 20 janvier 1633. Ensemble les miracles qui sont arrivez à des personnes de qualité et autres qui ont esté sauvées de ces perilleux dangers.

2. Le feu royal, faict par le sieur Jumeau, arquebusier ordinaire de Sa Majesté.

3. Histoire veritable du prix excessif des vivres de la Rochelle pendant le siège.

4. La grande proprieté des bottes sans cheval en tout temps, nouvellement descouverte, avec leurs appartenances, dans le grand magazin des esprits curieux.

5. Les estrennes de Herpinot, presentées aux dames de Paris, desdiez aux amateurs de la vertu, par C. D. P., comedien françois.

6. Harangue de Turlupin le souffreteux, 1615.

7. Sommaire traicté du revenu et despence des finances de France, ensemble les pensions de nosseigneurs et dames de la Cour, escrit par Nicolas Remond, secretaire d'Estat.

8. Quatrains au roy sur la façon des harquebuses et pistolets, enseignans le moyen de recognoistre la bonté et le

vice de toutes sortes d'armes à feu et les conserver en leur lustre et bonté, par François Poumerol, arquebusier.

9. Zest-Pouf, historiette du temps.

10. Catechisme des Normands.

11. Edit du roy portant suppression des charges de capitaines des levrettes de la chambre du roy.

12. Histoire veritable de la mutinerie, tumulte et sedition faite par les prestres Sainct-Medard contre les fidèles, le samedy xxviie jour de decembre 1561.

13 Les choses horribles contenues en une lettre envoyée à Henry de Valois par un enfant de Paris le vingt-huitième de janvier 1589.

14. Le Cochon mitré, dialogue.

15. Stances sur le retranchement des festes, en 1666.

16. Le Pont-Breton des procureurs.

17. La plaisante nouvelle apportée sur tout ce qui se passe en la guerre de Piedmont, avec la harangue du capitaine Picotin faicte au duc de Savoye sur le mescontentement des soldats françois.

18. Le Carquois satyrique.

19. L'estrange et veritable accident arrivé en la ville de Tours, où la royne couroit grand danger de sa vie sans le marquis de Rouillac et de M. de Vignolles, le vendredy vingt-neufviesme janvier 1616.

20. Arrest notable donné au profit des femmes contre l'impuissance des maris, avec le plaidoyé et conclusion de Messieurs les gens du roy.

21. Satyre sur la barbe de M. le president Molé.

22. Recit veritable de l'execution faite du capitaine Carrefour, general des voleurs de France, rom̂u vif à Dijon le 12e jour de decembre 1622.

23. Brief dialogue, exemplaire et recreatif, entre le vray soldat et le marchand françois, faisant mention du temps qui court.

24. La musique de la taverne et les propheties du cabaret, ensemble le Mepris des Muses.

Le tome VII contient :

1. Manifeste et prédictions des plus véritables affaires qui se doibvent passer en France cette année 1620, par le sieur de La Bourdanière.

2. La faiseuse de mouches.

3. Les plaisantes ruses et cabales de trois bourgeoises de Paris.

4 L'Archi-Sot, écho satyrique.

5. Sur les revenus des Pasteurs.

6. La Requeste présentée à Nosseigneurs du Parlement... pour la diminution d'une demie année des loyers des maisons, chambres et boutiques (19 juin 1652).

7. Reproches du capitaine Guillery faits aux carabins, picoreurs et pillards de l'armée de messieurs les Princes.

8. Manifeste de Pierre du Jardin, capitaine de la Garde, prisonnier en la Conciergerie du Palais.

9. Histoire du poète Sibus.

10. Discours sur les causes de l'extresme cherté qui est aujourd'hui en France (1586).

11. Le May de Paris.

12. Le pot aux rozes decouvert du plaisant voyage fait par quelques curieux au bois de Vincennes, à dessein de voir Jean de Werth.

13. Edict du Roy pour contenir les serviteurs et servantes en leurs devoirs.

14. Discours de la deffaicte qu'a faict M. le duc de Joyeuse et le sieur de Laverdin contre les ennemis du Roy à La Motte Sainct-Eloy.

15. Lettre de Calvin, apportée des enfers par l'esprit du sieur Groyer, aux pasteurs du petit Troupeau.

16. Discours de la prinse du capitaine Chapeau et du capitaine la Callande, ensemble l'exécution qui en a esté faicte à Montargy.

17. Sur l'enlèvement des reliques de saint Fiacre, apportées de la ville de Meaux pour la guérison du derrière du C. de R.

18. Institution de l'Ordre des Chevaliers de la Joye, établi à Mézières.

19. La grande division arrivée ces derniers jours entre les femmes et les filles de Montpellier.

20. Discours de la fuyte des impositeurs italiens.

21. Les ceremonies faites dans la nouvelle chapelle du chasteau de Bissestre le 25 aoust 1634.

22. Discours nouveau de la grande science des femmes, trouvé dans un des sabots de maistre Guillaume.

23. Les amours du Compas et de la Règle, et ceux du Soleil et de l'Ombre.

24. Ennuis des paysans champestres.

25. Le plaisir de la noblesse, sur la preuve certaine et profict des estauffes et soyes..., par B. de Laffémas.

26. Conspiration faite en Picardie (1576).

27. La nouvelle defaitte des Croquans en Quercy, par M. le mareschal de Themines.

28. Les vertus et propriétés des Mignons.

29. Passage du cardinal de Richelieu à Viviers.

30. Le vray Discours des grandes processions qui se font depuis les frontières de l'Allemagne jusques à la France (1584).

31. Le Canard qui mange cinq de ses frères et qui est mangé à son tour par un colonel.

HISTOIRE.

I. VOYAGES.

* *Histoire notable de la Floride*, contenant les trois voyages faits en icelle par certains capitaines et pilotes françois, descrits par le capitaine LAUDONNIÈRE; à laquelle a été ajousté un *Quatriesme voyage*, fait par le capitaine GOURGUES. 1 volume. 5 fr.
Epuisé.

Mémoires des Voyages du sieur Demarez, revus sur le seul exemplaire connu de l'édition originale, et annotés par M. Charles NAVARIN. 1 vol. 4 fr.

* *Relation des trois ambassades* du comte de Carlisle, de la part de Charles II, vers Alexey Michailowitz, czar de Moscovie, Charles, roy de Suède, et Frederic III, roy de Danemarck. Nouvelle édition, avec préface, notes et glossaire par le prince Augustin GALITZIN. 1 volume. 5 fr.

II. HISTOIRE DE FRANCE.

Collection générale de Chroniques et Mémoires relatifs à l'histoire de France. 200 vol.

Cette collection comprendra les ouvrages qui font partie des diverses collections publiées jusqu'à ce jour, et plusieurs autres imprimés ou inédits. Chaque ouvrage, revu sur les manuscrits et les éditions anciennes, accompagné de notes et d'une table des matières, se vendra séparément. Il n'y aura ni faux-titre, ni indication quelconque qui puisse obliger les amateurs à prendre les volumes dont ils n'auraient pas besoin. Les ouvrages divers ne seront rattachés entr'eux que par le plan de la collection et la *Table générale des matières*.

De cette collection feront partie :

* *Les Aventures du baron de Fæneste*, par Théodore-Agrippa D'AUBIGNÉ. Édition revue et annotée par M. Prosper MÉRIMÉE, de l'Académie françoise. 1 vol. 5 fr.

Mémoires de la Reine MARGUERITE, suivis des *Anecdotes tirées de la bouche de* M. DU VAIR. Notes par M. Ludovic LALANNE. 1 vol. 5 fr.

* *Mémoires de* Henri DE CAMPION, suivis d'un choix des *Lettres* d'Alexandre DE CAMPION. Notes par M. C. MOREAU. 1 vol. 5 fr.

* *Les Courriers de la Fronde en vers burlesques*, par SAINT-JULIEN, annotés par M. C. MOREAU. 2 vol. 10 fr.

* *Mémoires et Journal du marquis* D'ARGENSON, ministre des Affaires Étrangères sous Louis XV, annotés par M. le marquis D'ARGENSON. Tomes I et II. Le volume à . . . . 5 fr.

L'ouvrage formera 5 volumes.

**Mémoires de la Marquise de Courcelles*, écrits par elle-même, précédés d'une Notice et accompagnés de notes par M. Paul POUGIN. 1 vol. 4 fr.

**Mémoires de Madame de la Guette*. Édition revue et annotée par M. C. MOREAU. 1 vol. 5 fr.

Souvenirs de madame de Caylus. 1 vol.

Mémoires de l'abbé de Choisy, suivis de l'*Histoire de la Comtesse des Barres,* avec préface et notes par M. Gustave DESNOIRESTERRES. 1 vol. 5 fr.

OEuvres complètes de Branthome.
    Voyez page 34 de ce catalogue.

Chroniques des Samedis de Mlle de Scudéry, recueillies par CONRART, annotées par PELLISSON-FONTANIER, et publiées par M. F. FEUILLET DE CONCHES. 1 vol. 5 fr.

III. HISTOIRE ÉTRANGÈRE.

* *Histoire notable de la Floride.* 1 vol. 5 fr.
    Voyez page 46 de ce catalogue.

* *Relation des trois ambassades du comte de Carlisle.* 1 vol. 5 fr.
    Voyez page 46 de ce catalogue.

* *Histoire du Pérou,* traduite de l'espagnol sur le manuscrit inédit du P. Anello OLIVA, par M. H. TERNAUX-COMPANS. 1 vol. 3 fr.

OUVRAGES DE DIFFÉRENTS FORMATS

Qui font partie du Fonds de P. JANNET.

Bibliographie lyonnaise du xve *siècle*, par M. A. PÉRICAUD aîné. Nouv. édit. *Lyon*, imprimerie de Louis Perrin, 1851, in-8. 1re partie.   7 50
    2e partie.   4 »
    3e partie.   2 »

Catalogue de la bibliothèque lyonnaise de M. Coste, rédigé et mis en ordre par Aimé VINGTRINIER, son bibliothécaire. *Lyon*, 1853, 2 vol. gr. in-8. (18,641 articles.)   12 »

Catalogue des livres imprimés, manuscrits, estampes, dessins et cartes à jouer composant la bibliothèque de M. C. Leber, avec des notes par le collecteur. Tome IV, contenant le supplément et la table des auteurs et des livres anonymes. *Paris*, 1852, in-8, avec 6 grav.   8 »
    Grand papier, fig. col.   25 »
    Grand papier vélin, fig. col.   30 »

Choix de fables de La Fontaine, traduites en vers basques par J.-B. ARCHU. *La Reole*, 1848, in-8.   7 50

Chronique et hystoire faicte et composee par reverend pere en Dieu TURPIN, contenant les prouesses et faiciz darmes advenuz en son temps du tres magnanime Roy Charlemaigne et de son nepveu Raouland. (*Paris*, 1835,) in-4 goth. à 2 col., avec lettres initiales fleuries et tourneures.   20 »
    Pap. de Hollande.   25 »

Dialogue (Le) *du fol et du sage*. (*Paris*, 1833,) pet. in-8 goth.   9 »
    Pap. de Holl. (à 10 exempl.).   12 »
    Pap. de Chine (à 4 exempl.).   15 »

Dialogue facetieux d'un gentilhomme françois se complaignant de l'amour, et d'un berger qui, le trouvant dans un bocage, le reconforta, parlant à luy en son patois. Le tout fort plaisant. *Metz*, 1671 (1847), in-16 oblong.   9 »

Dictionnaire pour l'intelligence des auteurs classiques grecs et latins, tant sacrés que profanes, par Fr. SABBATHIER. Paris, 1815, in-8. (Tome 37e et dernier.) 6 »

Dit (Le) de Menage, pièce en vers du XIVe siècle, publié, pour la première fois par M. G.-S. TREBUTIEN. (*Paris*, 1835,) in-8 goth. 2 50
   Pap. de Holl. 4 »

Dit (Un) d'aventures, pièce burlesque et satirique du XIIIe siècle, publiée pour la première fois par M. G.-S. TREBUTIEN. (*Paris*, 1835,) in-8 goth. 2 50

Essai synthétique sur l'origine et la formation des langues (par Copineau). *Paris*, 1774, in-8. 4 »

Histoire des campagnes d'Annibal en Italie pendant la deuxième guerre punique, suivie d'un abrégé de la tactique des Romains et des Grecs, par Fréd. GUILLAUME, général de brigade. *Milan*, de l'impr. royale, 1812, 3 vol. gr. in-4 et atlas de 49 planches gr. in-fol. 20 »

Histoire du Mexique, par don Alvaro TEZOZOMOC, trad. sur un manuscrit inédit par H. TERNAUX-CAMPANS. *Paris*, 1853, 2 vol. in-8. 15 »

Lai d'Ignaurès, en vers, du XIIe siècle, par RENAUT, suivi des lais de Melion et du Trot, en vers, du XIIIe siècle, publiés pour la première fois par MM. MONMERQUÉ et Francisque MICHEL. *Paris*, 1832, gr. in-8, pap. vél., avec deux *fac-simile* color. 9 »
   Pap. de Holl. 15 »
   Pap. de Chine. 15 »

Lettre d'un gentilhomme portugais à un de ses amis de Lisbonne sur l'exécution d'Anne Boleyn, publiée par M. Francisque MICHEL. *Paris*, 1832, br. in-8, pap. vélin. 3 »

Manuel du libraire et de l'amateur de livres, par M. Jacq.-Ch. BRUNET, quatrième édition originale. *Paris*, 1842-1844, 5 vol. in-8 à deux colonnes. 200 »

Moralité de la rendition de Joseph, filz du patriarche Jacob; comment ses frères, esmeuz par envye, s'assemblèrent pour le faire mourir... *Paris*, 1835, in-4 goth. format d'agenda, pap. de Holl. 36 »

Moralité de Mundus, Caro, Demonia, à cinq personnages. — Farce des deux savetiers, à trois personnages. *Paris*, Silvestre, 1838, in-4 goth. format d'agenda. 12 »

Moralité nouvelle du mauvais riche et du ladre, à douze personnages. (*Paris*, 1833,) petit in-8 goth. 9 »

Pap. de Holl. (à 10 exempl.). 12 »
Pap. de Chine (à 4 exempl.). 15 »

Moralité très singulière et très bonne des blasphémateurs du nom de Dieu. (Paris, 1831), pet. in-4 goth. format d'agenda, pap. de Holl. 36 »

Mystère de saint Crespin et de saint Crespinien, publié pour la première fois par L. Dessalles et P. Chabaille. Paris, 1836, gr. in-8 orné d'un *fac-simile*. 14 »
Pap. de Holl. (*fac-simile* sur vélin). 30 »
Pap. de Chine. 30 »

Payen (Dr J. F.). — **Publications relatives à Montaigne.**

1° *Notice bibliographique sur Montaigne.* Paris, 1837, in-8. (*Epuisée.*)

2° *Documents inédits ou peu connus sur Montaigne.* Paris, 1847, in-8, portrait, *fac-simile*. (*Epuisés.*)

3° *Nouveaux documents inédits ou peu connus sur Montaigne.* 1850, in-8, *fac-simile*. 3 fr.

4° *De Christophe Kormart et de son analyse sur les Essais de Montaigne.* Paris, 1849, in-8. (*Epuisé.*)

5° *Documents inédits sur Montaigne*, n° 3. — Éphémérides, Lettres, et autres Pièces autographes et *inédites* de Montaigne et de sa fille Eléonore. *Paris*, Jannet, 1855, in-8, *fac-simile*. 3 fr.

6° *Recherches sur Montaigne, documents inédits*, n° 4. — Examen de la Vie publique de Montaigne, par M. Grün. — Lettres et remontrances nouvelles. — Bourgeoisie romaine. — Habitation et tombeau à Bordeaux. — Vues, plans, cachets, *fac-simile*. — R. Sebon. *Paris*, 1856, in-8. 5 r.

Poésies françoises de J.-G. Alione (d'Asti), composées de 1494 à 1520, avec une notice biographique et bibliographique par M. J.-C. Brunet. *Paris*, 1836, pet. in-8 goth. orné d'un *fac-simile*. 15 »

Proverbes basques, recueillis (et publiés avec une traduction

française) par Arnauld Oihénart. *Bordeaux*, 1847, in-8.
10 »

Recueil de réimpressions d'opuscules rares ou curieux relatifs à l'histoire des beaux-arts en France, publié par les soins de MM. T. Arnauldet, Paul Chéron, Anatole de Montaiglon. In 8, papier de Hollande. (Tirage à 100 exemplaires.)

I. Ludovicus Henricvs Lomenius, Briennæ comes, de pinacotheca sua. 1 50
II. Vie de François Chauveau, graveur, et de ses deux fils, Evrard, peintre, et René, sculpteur, par J.-M. Papillon. 3 50

Relation des principaux événements de la vie de Salvaing de Boissieu, premier président en la chambre des comptes de Dauphiné, suivie d'une critique de sa généalogie et précédée d'une Notice historique, par Alfred de Terrebasse. *Lyon*, impr. de Louis Perrin, 1850, in-8, fig. 7 »

Roman de Mahomet, en vers, du XIIIe siècle, par Alex. du Pont, et livre de la loi au Sarrazin, en prose, du XIVe siècle, par Raymond Lulle ; publiés pour la première fois et accompagnés de notes par MM. Reinaud et Francisque Michel. *Paris*, 1831, gr. in-8 pap. vél., avec deux *fac-simile* coloriés. 12 »

Roman de la Violette ou de Gérard de Nevers, en vers, du XIIIe siècle, par Gibert de Montreuil, publié pour la première fois par M. Francisque Michel. *Paris*, 1834, gr. in-8 pap. vél. avec trois *fac-simile* et six gravures entourées d'arabesques et tirées sur papier de Chine. 36 »
Pap. de Chine. 60 »

Roman (Le) de Robert le Diable, en vers, du XIIIe siècle, publié pour la première fois par G.-S. Trébutien. *Paris*, 1837, pet. in-4 goth. à deux col., avec lettres tourneures et grav. en bois. 20 »
Pap. de Holl. 30 »
Pap. de Chine. 36 »

Roman du Saint-Graal, publié pour la première fois par Francisque Michel. *Bordeaux*, 1841, in-12. 4 »

Table des auteurs et des prix d'adjudication des livres composant la bibliothèque de M. le comte de La B*** (La Bédoyère). Gr. in-8, pap. vél. 2 50

Table des prix d'adjudication des livres composant la bibliothèque de M. L***(Libri). *Paris*, 1847, in-8. 1 50

Table des prix d'adjudication des livres de M. I. m. d. R. (du Roure). *Paris*, 1848, in-8. 1 25

Trésor des origines, ou Dictionnaire grammatical raisonné de la langue française, par Ch. POUGENS. *Paris*, imprimerie royale, 1819, in-4. 6 »

Manuel-Annuaire de l'imprimerie, de la librairie et de la presse, par F. GRIMONT, avocat, s. Chef du bureau de la librairie au Ministère de l'intérieur. In-12. 4 »

Sous presse le *Manuel* pour 1857, complément de la 1re édition, avec tables analytiques de toutes les matières contenues dans les deux volumes.

LA PROPRIÉTÉ LITTÉRAIRE ET ARTISTIQUE

COURRIER DE LA LIBRAIRIE

Ce Journal paraît tous les samedis. Il contient les documents officiels concernant l'imprimerie, la librairie, et tout ce qui s'y rattache, — une Chronique judiciaire, — le Catalogue, d'après les documents officiels, des livres, cartes, estampes, œuvres de musique, etc., imprimés en France. — A titre de prime, les abonnés reçoivent : 1º le *Catalogue général de la librairie française au XIXe siècle*, par M. Paul Chéron, ouvrage exclusivement imprimé pour eux, et qui ne sera pas mis dans le commerce ; 2º un bon de *vingt francs* de livres à prendre dans la *Bibliothèque Elzevirienne*, à leur choix. — Prix de l'abonnement pour un an : Paris, 20 fr.; départements, 22 fr.; Etranger, 20 fr., et le port en sus.— Bureaux, à Paris, rue de Richelieu, 15 ; à Leipzig, chez T. O. Weigel; à Londres, chez John Russell Smith. — Rédacteur en chef, P. Boiteau. Propriétaire-Gérant, P. Jannet.

MANUEL
DE
L'AMATEUR D'ESTAMPES
PAR M. CH. LE BLANC

OUVRAGE DESTINÉ A FAIRE SUITE AU

Manuel du Libraire et de l'Amateur de Livres

PAR M. J.-CH. BRUNET

Conditions de la Publication.

Le *Manuel de l'Amateur d'Estampes* sera publié en 16 livraisons, composées chacune de dix feuilles, ou 160 pages gr. in-8, à deux colonnes, imprimées sur papier vergé, avec monogrammes intercalés dans le texte. Le prix de chaque livr. est fixé à 4 fr. 50 c.; il est tiré quelques exempl. sur *papier vélin* au prix de *huit francs* la livraison.

LES 8 PREMIÈRES LIVRAISONS (**A-Melar**) SONT EN VENTE

Ces livraisons forment deux volumes, la moitié de l'ouvrage.

La 9e livraison paraîtra le 15 juin 1857, les suivantes dans un délai rapproché.

RECUEIL
DE
CHANSONS, SATIRES, ÉPIGRAMMES

Et autres poésies relatives à l'histoire des XVIe, XVIIe et XVIIIe siècles

CONNU SOUS LE NOM DE

RECUEIL DE MAUREPAS

PUBLIÉ PAR M. ANATOLE DE MONTAIGLON

Ancien Élève de l'École des Chartes
Membre résidant de la Société des Antiquaires de France.

Le **Recueil de Maurepas** sera publié en six forts volumes grand in-8º à 2 colonnes, imprimés sur beau papier vergé, en caractères neufs. Il paraîtra un volume tous les deux mois. Le prix est fixé à 25 fr. par volume, ou 150 fr. pour l'ouvrage complet. Chaque volume sera payé au moment de la livraison. Il ne sera tiré que 300 exemplaires. La souscription sera close prochainement, et le prix sera augmenté pour les personnes qui n'auront pas souscrit.

LA MUSE HISTORIQUE

ou

RECUEIL DES LETTRES EN VERS

CONTENANT LES NOUVELLES DU TEMPS, ÉCRITES A SON ALTESSE
MADEMOISELLE DE LONGUEVILLE, DEPUIS DUCHESSE
DE NEMOURS (1650 — 1665)

Par J. LORET.

*Nouv. édition, revue sur les manuscrits et sur les éditions originales
et augmentée d'une table générale des matières,
par* ED. V. DE LA PELOUZE *et* J. RAVENEL.

Les Lettres en vers de Loret sont assurément un des ouvrages les plus curieux à consulter, une des sources les plus abondantes en précieux renseignements auxquelles il soit possible de puiser, pour quiconque veut étudier avec soin l'histoire politique ou littéraire de la France pendant la période de temps qu'embrasse cette gazette rimée. Pour seize années de la vie du grand siècle, on y trouve, en effet, outre la relation de tous les actes importants de la minorité et des premiers jours du règne de Louis XIV, le récit détaillé de ces mille petits faits divers qui préparent, qui expliquent les grands événements; qui ont passé presque inaperçus des contemporains eux-mêmes, et dont les plus pénibles et les plus minutieuses recherches n'amèneraient pas toujours l'historien à saisir la trace ailleurs. Là, toutefois, ne se borne pas le mérite de la *Muse historique* Un certain attrait nous pousse tous, plus ou moins, à rechercher les particularités intimes de la vie des personnages que l'histoire fait poser devant nous; cette curiosité est, ici, très amplement satisfaite. Bruits de la ville, nouvelles de la cour, entrées princières, fêtes publiques, festins royaux, représentations théâtrales, bals et ballets, mystères de la ruelle et parfois de l'alcôve, Loret tient note de tout, révèle tout, décrit tout en vers abondants et faciles, spirituels et naïfs, burlesques mais pleins de bon sens, libres mais non effrontés, empreints toujours d'un profond respect pour la vérité.

Ces qualités, aujourd'hui bien reconnues, et le haut prix qu'atteignent dans les ventes publiques les exemplaires même imparfaits de la *Muse historique*, nous ont décidé à réimprimer ce livre. Les éditeurs, indépendamment de ce qu'il leur a été possible de se procurer des lettres originales imprimées, ont fort utilement consulté deux manuscrits des bibliothèques Impériale et de l'Arsenal. Un troisième, inappréciable volume relié aux armes de Fouquet et de la comtesse de Verrue, auxquels il a successivement appartenu, a été mis à leur disposition avec la plus gracieuse obligeance par son possesseur actuel, M. Grangier de la Marinière, le zélé bibliophile. Ces diverses communications, la dernière surtout, ont permis de faire disparaître presque entièrement les voiles souvent bien épais que, lors de l'impression de sa gazette, Loret a jetés, par prudence, sur un grand nombre de figures de son musée historique.

Rien n'a été négligé, sous le rapport des soins littéraires, pour que cette nouvelle édition soit digne des amateurs auxquels elle est destinée. L'exécution matérielle sera dirigée de manière à satisfaire les plus difficiles.

L'ouvrage, sous presse, se composera de 4 forts volumes grand in-8 à 2 colonnes. — Prix de chaque volume : 15 fr.

LIBRARY OF OLD AUTHORS.

M. John Russel Smith, libraire à Londres, publie une collection destinée à prendre en Angleterre la place occupée en France par la *Bibliothèque elzevirienne*. Plusieurs ouvrages sont en vente ou sous presse. Tous les volumes sont imprimés uniformément et avec soin, avec des fleurons et lettres ornées, reliés en percaline, et se vendent à des prix modérés. Voici la liste des premières publications.

En vente :

The Dramatic and Poetical Works of JOHN MARSTON. Now first collected and edited by J. O. Halliwell. 3 vols. cart. en toile.   22 50

The Vision and Creed of PIERS PLOUGHMAN. Edited by Thomas Wright; a new edition, revised, with additions to the Notes and Glossary. 2 vols. cart.   15 »

JOHN SELDEN'S Table Talk. A new and improved Edition, by S. W. SINGER. 1 vol.   7 50

Francis Quarle's Enchiridion. 1 vol. cart.   4 50

INCREASE MATHER'S Remarkable Providences of the Earlier Days of American Colonization. With Introductory Preface by GEORGE OFFOR. Portrait.   7 50

The Poetical Works of WILLIAM DRUMMOND of Hawthornden. Edited by W. B. Turnbull. Portrait.   7 50

GEORGE WITHER'S Hymns and Songs of the Church.   7 50

The Miscellanies of JOHN AUBREY, F. R. S.   6 »

The Miscellaneous Works of Sir THOMAS OVERBURY, 1 vol.   7 50

The Poetical Works of the Rev. ROBERT SOUTHWELL. 1 v.   6 »

The Iliads and the Odysseys of HOMER, translated by GEORGE CHAPMAN. 2 vol.   18 »

Sous presse :

The Journal of a Barrister of the name of MANNINGHAM, for the years 1600, 1601 and 1602; containing Anecdotes of Shakespeare, Ben Johnson, Marston, Spenser, Sir W. Raleigh, Sir John Davys, etc. Edited from the ms. in the British Museum, by Thomas Wright.

The Rev. JOSEPH SPENCE'S Anecdotes of Books and Men, about the time of Pope and Swift. A new Edition by S. W. Singer.

The Prose Works of GEOFFREY CHAUCER, including the Translation of Boethius, the Testament of Love, and the Treatise on the Astrolabe. Edited by T. Wright.

King JAMES' Treatise on Demonology. With Notes.

The Poems, Letters and Plays of Sir JOHN SUCKLING.

THOMAS CAREW'S Poems and Masque.

Dépôt à Paris, chez P. JANNET, éditeur de la Bibliothèque Elzevirienne, rue Richelieu, 15.

7402. — Imprimerie Guiraudet et Jouaust, 338, r. .-Honoré.

www.ingramcontent.com/pod-product-compliance
Lightning Source LLC
Chambersburg PA
CBHW070908170426
43202CB00012B/2244